SAP ERP公有云实务教程

SAP ERP公有云编委会 著

清华大学出版社
北 京

内 容 简 介

本书全面介绍SAP ERP公有云的特点、优势、业务功能以及智能应用场景等内容。全书分为三部分。第一部分（第1章）介绍SAP ERP公有云的起源、功能概述和技术特点。第二部分（第2～7章）讲解SAP ERP公有云的主要业务线功能，包括销售、寻源与采购、供应链、生产管理、财务和专业服务项目管理。第三部分（第8章）讲述4个不同类型的SAP ERP公有云客户如何进行数字化管理和转型的故事。

本书适合作为高等院校经济管理和计算机相关专业高年级本科生、研究生的教材，也可供希望深入了解SAP ERP公有云产品的读者参考。

本书封面贴有清华大学出版社防伪标签，无标签者不得销售。

版权所有，侵权必究。举报：010-62782989，beiqinquan@tup.tsinghua.edu.cn。

图书在版编目（CIP）数据

SAP ERP 公有云实务教程/SAP ERP 公有云编委会著 . —北京：清华大学出版社，2023.6
ISBN 978-7-302-63883-4

Ⅰ.①S… Ⅱ.①S… Ⅲ.①企业管理－应用软件－高等学校－教材 Ⅳ.① F270.7

中国国家版本馆 CIP 数据核字 (2023) 第 103428 号

责任编辑：刘向威
装帧设计：常雪影
责任校对：李建庄
责任印制：丛怀宇

出版发行：清华大学出版社
网　　址：http://www.tup.com.cn，http://www.wqbook.com
地　　址：北京清华大学学研大厦 A 座　　邮　编：100084
社 总 机：010-83470000　　邮　购：010-62786544
投稿与读者服务：010-62776969，c-service@tup.tsinghua.edu.cn
质 量 反 馈：010-62772015，zhiliang@tup.tsinghua.edu.cn

印 装 者：三河市龙大印装有限公司
经　　销：全国新华书店
开　　本：185mm×260mm　　印　张：24.25　　字　数：416 千字
版　　次：2023 年 7 月第 1 版　　印　次：2023 年 7 月第 1 次印刷
印　　数：1~2000
定　　价：98.00 元

产品编号：102286-01

序 FOREWORD

一、数字经济是推动中国经济发展的新引擎

肇始于1769年的工业革命，在两百多年的发展演进过程中，一直致力于解决的是需求旺盛和产能不足的问题。

但是以2008年全球金融危机的爆发为分界点，全球经济逐渐陷入市场萎靡，面对的问题也随之逆转为产能过剩和需求不足，究其原因就在于长期以来大量同质化和标准化的产品过剩，导致了有效需求不足。

为了走出这一困境，德国率先提出了"工业4.0"的概念。之后，美国、中国、英国和日本等世界经济强国都纷纷提出了利用数字技术抢占未来高端制造业的国家战略，目的就是使本国制造业形成新时代的核心竞争力——大规模个性化的定制能力，从而有效释放整个社会被压抑的真实需求，找到新的增量空间，以在存量世界的竞争中找到新的战略突破口。

这个新的战略突破口就是数字经济。2016年在杭州G20峰会上，中国政府明确把发展数字经济定义为未来创新增长的主要路径，其背景就是在以云计算、大数据、物联网、人工智能、机器人和区块链为代表的数字化技术和工具的帮助下，使得供给侧有条件对消费端的隐性需求进行实时洞察，通过智能生产、精准营销和敏捷物流，高效完成供需双方的精准匹配，从而有效地降低整个社会的运行成本，快速满足消费者对美好生活的向往。

从人类历史全局视角和全球大格局层面进行大跨度的审视，我们可以看到，数字经济这一新经济形态，对人类社会结构甚至人类文明都将可能带来长远和深刻的影响。毫无疑问，我们已经站在了数字文明的门口。

面对时代的机遇和挑战，加快发展数字经济，促进数字经济和实体经济深度融合是今天数字经济发展的主旋律之一。2023年2月底国家发布的《数字中国建设整体布局规划》，强调了建设数字中国，推进中国式现代化的路径：到2025年，基本形成横向打通、纵向贯通、协调有力的一体化推进格局，数字中国建设取得重要进展；到2035年，数字化发展水平进入世界前列，数字中国建设取得重大成就。这为今后一个时期加快发展数字经济、推动全社会的数字化转型指明了方向。

二、云计算是建设数字经济基础设施的重要基石

步入数字经济，高质量发展是中国经济增长的长期主题。

以数字经济为核心，打造新业态、新模式和新生活，将成为经济发展的新常态。在已经到来的数字经济新时代，支持整个社会经济发展的技术和资源已经不再仅仅是工业经济时代已经存在的"水、电、煤、油、铁、公、机"等物理基建，更需要在此之上叠加以云计算为核心的数字基础设施。

云计算的特点就是一切即服务（XaaS），包括基础设施即服务（IaaS）、平台即服务（PaaS）和软件即服务（SaaS）。从技术维度来看，云计算是建设新型数字基础设施，确保产业数字化和转型升级必不可少的技术支撑。从商业维度来看，云计算是拓展数字化发展空间，打造新业态、新模式、新生活，实现企业数字化转型的重要创新工具和手段。

今天，我们已经迎来了云时代，云计算对中国社会经济生活的方方面面都已经产生了深远的影响。

1992年，SAP作为一家缘起于德国的全球最大的企业应用软件供应商来到中国，迄今已经超过30年。秉持着"在中国，为中国"的创新理念，SAP不仅见证了中国改革开放所取得的举世瞩目之成就，也很荣幸地参与到了这场伟大的云计算转型的变革当中。

"春江水暖鸭先知"。在这个云计算开启的风云际会转折期，SAP尽管是工业文明时代信息通信技术（ICT）的行业翘楚，但从十多年前开始，就勇于自我革命，开启了一场积极拥抱云计算的伟大征程——耗费700亿美元，不仅重写了核心产品的数亿行源代码，彻底将其云化，而且在细分的各个应用领域，拥有了覆盖企业价值链端到端的诸朵"SaaS云"和支撑这些云产品的"PaaS云"，并且逐一在中国市场落地生根。

可以说，SAP已经成为助力中国企业和产业数字化转型升级的用户最值得信任的SaaS和PaaS领导者。无论企业现在处于哪个阶段，希望达成什么目标，支持各种云模式的SAP解决方案及相关服务都可以满足企业的数字化转型要求。

三、 ERP依然是云时代企业数字化建设的核心

企业资源计划（ERP）是企业应用软件的代表性产品，每一位从事企业信息化工作的专业人士，对于"物料需求计划（MRP）——制造资源计划（MRPII）——ERP"的三阶段发展历程都不会陌生，ERP扮演着企业信息化骨干（information backbone）的作用。

进入数字化阶段，经历了云计算、物联网、大数据、人工智能等技术加持后，ERP发生了脱胎换骨的变化。它将承担企业数字化核心（digital core）的重任，成为企业数字化转型的建设中心。

从系统工程的角度，企业是一个充满不确定性的复杂系统。企业经营的本质，就是在不确定的内外部变化当中，不断地去追求资源的最佳配置和利用。半个多世纪之前，香农定律就揭示了信息对于消除不确定性的重要作用。ERP作为企业资源相关数据的集大成者，毫无疑问是企业管理的战略级武器。

在信息化时代，虽然企业获得的数据和由此转化生成的信息比较有限，但是ERP还是扮演了企业信息化骨干的角色。究其原因，一是从功能的角度，ERP实现了对关键的生产要素——人、财、物的实时信息闭环，对于企业管理的重要性不言而喻；二是从商品的角度，ERP对生产要素信息进行了标准化，让ERP从各自为战的项目型软件开发的困境中摆脱出来，成为在标准化基础之上不断迭代进化的有机产品，让ERP成为每家企业都消费得起的商品化软件。

进入到数字化时代，企业获得了前所未有的海量数据，而数据本身也上升到新型生产要素的高度，成为企业运营和创新必不可少的资源。ERP的处理对象，也适时扩展到大数据的范畴。SAP在2010年推出的高性能分析应用软件（HANA），让ERP同时具备了在事务处理和数据分析两类任务的高性能能力，是ERP能够继续在数字化时代发挥主导作用的标志性里程碑。

从此，ERP从传统生产要素的信息处理领域转向包括数据在内的新型生产要素的数据处理领域，成为引领众多企业应用软件的数字化核心。

今天，ERP已经成为承载SaaS形态的各类企业应用软件的基石。无论是私有云还是公有云，SAP都提供了对应的ERP产品。

随着云计算的日渐普及，所有的企业应用软件向SaaS形态转型将是不可阻挡的趋势。在这些SaaS系统中，没有一个系统能够像ERP那样对企业的业务领域有如此广泛的覆盖，也没有一个系统能够做到像ERP那样对企业的业务数据有如此精密和周全的连接。正如信息化时代ERP是企业信息化骨干一样，在数字化时代，ERP也是连接各类企业级SaaS应用的枢纽和打通端到端业务的纽带。

四、 数字化人才培养是SAP"在中国，为中国"的重要举措

数字化时代人才建设和培养是数字经济发展的重要组成部分，具有极其重要的意义。在数字化时代，技术的快速发展已经深刻影响到了社会的各个领域，越来越多的企业和组织开始依赖于数字技术来提升效率和竞争力。因此，数字化时代需要拥有一批精通数字技术和信息化管理的专业人才。

数字化时代人才的建设和培养，既包括高等教育机构的人才培养，也包括企业自身的员工培训与提升计划。在高等教育领域，需要培养一批既精通数字技术又具备创新能力和实践能力的专业人才。而企业也需要将数字化时代的技术和应用融入员工培训计划当中，不断提升员工的数字化能力。

SAP起源于德国，学习和实践相结合是德国教育享誉全球的重要原因。德国教育非常注重理论与实践相结合的教学方法。学生在校期间会有较多的实践课程和实习机会，以便更好地掌握专业知识和技能。进入企业之后，员工也有非常多的进行产学

结合的机会，不断在工作中接受职业教育和高等教育。

SAP非常荣幸能够秉承德国教育的优秀传统，组织一批SAP中国的优秀技术专家，为中国的大学和企业编写和提供这本高质量的教材，帮助学员们更好地理解SAP的ERP云产品，并将所学知识应用到实际工作中。这项工作已经成为SAP"在中国，为中国"战略的一项重要举措。

数字化的未来已来，一切皆有可能！

在中国，为中国！

博士
SAP 全球执行副总裁、大中华区总裁
2023 年 3 月 27 日于北京

前言 PREFACE

本书主要面向希望学习SAP ERP公有云（SAP S/4HANA Cloud, Public Edition）的读者，致力于通过通俗易懂的语言，结合现实中的案例分析，让读者了解SAP ERP公有云的理念、特点和业务功能。同时使读者理解在这个快速变革的时代，ERP架构在云端的意义，以及SAP ERP公有云在企业数字化转型中具有的核心作用。

SAP ERP公有云的定位是智慧企业的数字核心，涵盖从获取订单到收款；从寻源采购到付款；从产品设计想法到市场推出；从生产计划到执行；从业务数据到财务分析洞察的端到端业务流程。通过引导式配置，系统支持业务流程的灵活扩展和快速调整，帮助企业专注于业务运营与管理，而不必在IT系统的维护上花费太多时间。

我们希望本书能使读者对SAP ERP公有云的业务应用和企业实践有一个全貌的理解：

（1）快速理解典型功能、最佳业务实践和业务价值；

（2）从模拟企业的业务需求入手，逐步理解如何基于SAP ERP公有云开箱即用的功能和最佳业务实践，执行销售、采购、供应链、生产、财务和服务的端到端业务流程；

（3）学习不同业务线的嵌入式分析功能，理解SAP ERP公有云如何帮助企业随时获得业务洞察，进而敏捷决策；

（4）更棒的是，各章都有一个相关的智能业务场景示范，读者可以更容易理解SAP ERP公有云如何帮助企业持续创新，成为一家智慧企业；

（5）通过几个真实的客户案例，读者可以身临其境地了解不同行业的企业借助

SAP ERP公有云成功实现数字化转型的故事。

内容速览

本书共分8章，涵盖了SAP ERP公有云的概念、业务、分析功能、智能场景、智能技术和行业客户案例。同时也通过界面演示，让读者对SAP ERP公有云的友好的界面风格、简捷的操作流程、业务与分析一体化等特点有初步了解。

第1章：SAP ERP公有云概览。本章介绍了ERP的概念和发展历程，以及传统ERP在当今时代面临的挑战。书中解释了如何应对这种挑战，云端部署ERP的优势，以及SAP ERP公有云为企业带来的价值等。

接下来讲解SAP ERP公有云的定位、业务覆盖、智能技术、交付方法论等。本章提供一个模拟客户案例，包括业务背景和组织架构，便于读者在后续章节基于业务上下文来理解SAP ERP公有云提供的所有业务功能。

本章着重强调了"按标准适配"的云思维。SAP ERP公有云内置了大量不同行业的最佳实践及其对应的标准功能，并帮助众多客户取得项目的成功。标准功能的成功意味着SAP在对不同行业深入理解的基础上，提供大量的配置选项和各种开箱即用的流程选择，让企业可以根据自身的业务需求，灵活、快速地配置出自己所需要的流程，并能基于业务发展的需求而持续改善。

第2~7章：业务功能。这6章对SAP ERP公有云的核心业务功能进行讲解和流程演示，内容涵盖销售管理、采购与寻源、供应链、生产管理、财务管理和专业服务项目管理。

通过讲解典型流程的每个步骤，希望能够为ERP初学者提供一个入门引导，而对于业界有一定经验的读者，则可以借此了解SAP ERP公有云的一些产品功能和特点。

业务功能包含了嵌入式业务分析和智能场景的讲解，目的在于帮助读者全面体验SAP ERP公有云集业务、财务和分析于一体，敏捷响应客户需求，持续帮助企业智能运营的特点，从而理解SAP ERP公有云如何帮助客户成为一家智慧企业。

第8章：客户案例。本章介绍了SAP ERP公有云的几个不同客户的数字化实践，这些案例故事包括了全球运营、可持续发展、数字化转型等不同主题。 读者可以了解到企业家如何借助SAP ERP公有云来高效管理企业，持续获得成功的故事。

SAP ERP公有云的最佳业务实践在不同企业中被打造成不同风帆，助力企业在各自赛道乘风破浪。

阅读提示

本书各章节彼此贯穿，也相对独立。因此，读者可以按照目录顺序渐进学习，也可将本书作为工具书，在需要的时候按需查找特定主题，以便为读者后续的操作练习提供指导。

读完此书后，如果读者对SAP ERP公有云产生了兴趣，想要进一步了解更详细的技术细节，可以通过SAP官网及SAP各类免费学习资源获得相关资料。

致谢

本书是SAP ERP公有云专家团队共同努力、协同工作的成果，各章节都由该主题的专家进行编写和审校。在他们本已繁忙的工作时间表里，能够打造这样一本书殊为不易。我们感谢每位专家对本书的贡献。

本书核心编写团队成员：

第1章——SAP ERP公有云概览（冯景超）（特聘）

第2章——销售管理（付凡）

第3章——采购与寻源（闫润）

第4章——供应链（高宏、沈棕仁）

第5章——生产管理（陈惠波、高宏）

第6章——财务管理（朱忆南、李晓青）

第7章——专业服务项目管理（朱俭）

第8章——客户案例（SAP李晓青、帛丝云商王增慧、司享网络高丹、杜萍）

各章节智能场景汇编（袁霜）

全书统稿及组织编写由陈曦负责，刘侃、甘淑芳、仇甘承、谢爱华、张若样全程提供咨询和支持。

在本书的编写过程中，衷心感谢SAP公司大中华区总裁黄陈宏博士的鼓励与推动，以及公司领导（蔡亦丰、许正淳、刘秋美）给予的大力支持，生态体系（茹建军、陈玉清、王菁、娜仁）的多方协助，大学联盟（杨坤、孙斌、关铮）的支持。特别感谢彭俊松博士的建议与分享，以及SAP ERP公有云方案咨询团队（侯月、程红艳）、研究院专家团队（刘宇、韩欣扬）和服务团队（喻勇）对各章节进行的审校工作。在案例的编写过程中，SAP合作伙伴帛丝云商的李洪波先生、司享网络的周晓玲女士和王琦先生的鼎力支持都让我们深怀感激。同时非常感谢清华大学出版社刘向威博士在整个过程中给予我们的支持和帮助。正是所有人的共同努力，经过几番认真和辛苦的修改与调整，才让这本书问世。

"学而时习之，不亦乐乎"。希望您在SAP ERP公有云的学习和实践中有所收获、享受乐趣。对于本书中的任何疏漏，也请不吝指正和海涵。

SAP ERP公有云编委会

2023年3月

目录 CONTENTS

第一部分 概论篇

第1章 SAP ERP公有云概览 3

1.1 经典 ERP 概念 3
    1.1.1 ERP 定义 3
    1.1.2 ERP 的发展与特点 5
1.2 SAP ERP 8
    1.2.1 发展概况 8
    1.2.2 管理实践 9
1.3 传统 ERP 面临的挑战 12
    1.3.1 数字经济带来的挑战 12
    1.3.2 解决之道——云思维与云 ERP 13
1.4 云计算与云ERP的价值 15
    1.4.1 云计算简介 15
    1.4.2 云 ERP 的价值 19
    1.4.3 云 ERP 架构与安全管理 25
1.5 SAP ERP公有云——智慧企业的核心 32
    1.5.1 SAP 的智慧企业管理套件 32

1.5.2　业务功能 ………………………………………………………… 36
1.5.3　智能技术支持 …………………………………………………… 43
1.6　SAP ERP公有云交付框架 ……………………………………………… 50
1.6.1　SaaS 项目的敏捷交付 …………………………………………… 51
1.6.2　SAP Activate ……………………………………………………… 51
1.6.3　SAP Activate 的特点 ……………………………………………… 53
1.7　模拟案例介绍 ……………………………………………………………… 55
1.7.1　案例背景 …………………………………………………………… 55
1.7.2　组织架构设计 ……………………………………………………… 57

第二部分　功能篇

第 2 章　销售管理　65

2.1　销售主数据 ………………………………………………………………… 67
2.1.1　业务伙伴（客户）主数据 ………………………………………… 67
2.1.2　产品主数据（分销链视图） ……………………………………… 70
2.1.3　价格主数据 ………………………………………………………… 71
2.2　销售管理业务流程 ………………………………………………………… 73
2.2.1　售前活动 …………………………………………………………… 74
2.2.2　销售订单 …………………………………………………………… 78
2.2.3　产品交货 …………………………………………………………… 87
2.2.4　发票管理 …………………………………………………………… 92
2.3　销售分析洞察 ……………………………………………………………… 96
2.3.1　客户分析 …………………………………………………………… 97
2.3.2　报价及销售订单分析 ……………………………………………… 99
2.3.3　销售量/利润率分析 ……………………………………………… 101
2.4　销售智能场景 ……………………………………………………………… 102

第3章 采购与寻源 109

- 3.1 采购主数据 110
  - 3.1.1 业务伙伴（供应商）主数据 111
  - 3.1.2 产品主数据（采购视图） 112
  - 3.1.3 采购信息记录 113
- 3.2 采购管理业务流程 115
  - 3.2.1 采购申请 115
  - 3.2.2 采购询价 122
  - 3.2.3 采购订单 127
  - 3.2.4 采购收货 133
  - 3.2.5 供应商发票 136
- 3.3 采购分析洞察 140
  - 3.3.1 实时采购运营分析 141
  - 3.3.2 供应商绩效分析 145
  - 3.3.3 自定义灵活分析 146
- 3.4 采购智能场景 149

第4章 供应链 153

- 4.1 供应链主数据 154
  - 4.1.1 产品主数据（存储视图） 155
  - 4.1.2 物流物料标识管理 155
- 4.2 供应链管理业务流程 161
  - 4.2.1 内向入库交货 162
  - 4.2.2 仓库外向发货 170
  - 4.2.3 库存转储 173

4.2.4 库存盘点 ·· 178
4.2.5 供应链其他业务流程 ·· 182
4.3 供应链分析洞察 ·· 186
4.3.1 库存分析仪表盘 ·· 187
4.3.2 多维度库存及移动分析 ·· 188
4.3.3 库存 KPI 分析 ·· 189
4.3.4 库存周转分析与监控 ··· 190
4.4 供应链智能场景 ··· 190

第 5 章 生产管理 195

5.1 生产工程主数据 ·· 197
5.1.1 生产工程主数据 ·· 197
5.1.2 产品结构主数据 ·· 203
5.1.3 生产流程主数据 ·· 207
5.2 生产管理业务流程 ··· 210
5.2.1 生产计划 ·· 211
5.2.2 生产控制 ·· 213
5.2.3 生产执行 ·· 218
5.2.4 生产制造选项 ··· 230
5.3 生产分析洞察 ·· 232
5.3.1 生产计划监控分析 ··· 233
5.3.2 生产执行性能分析 ··· 238
5.3.3 生产成本分析 ··· 240
5.4 生产智能场景 ·· 241
5.4.1 需求驱动补货 ··· 242
5.4.2 缺陷代码建议 ··· 248

第 6 章　财务管理　251

- 6.1 财务管理主数据 ······ 253
  - 6.1.1 关键概念 ······ 253
  - 6.1.2 主数据 ······ 255
- 6.2 财务管理业务流程 ······ 257
  - 6.2.1 财务会计及关账 ······ 257
  - 6.2.2 财务操作 ······ 273
  - 6.2.3 资金 ······ 283
  - 6.2.4 产品成本管理 ······ 290
- 6.3 财务分析洞察 ······ 306
  - 6.3.1 销售会计核算 ······ 306
  - 6.3.2 生产成本分析 ······ 309
  - 6.3.3 成本中心预算 ······ 310
- 6.4 财务智能场景 ······ 311

第 7 章　专业服务项目管理　315

- 7.1 主数据与项目角色 ······ 316
  - 7.1.1 专业服务项目主数据 ······ 317
  - 7.1.2 项目角色与职责 ······ 318
- 7.2 专业服务业务流程 ······ 319
  - 7.2.1 项目计划 ······ 320
  - 7.2.2 项目执行 ······ 326
  - 7.2.3 项目结算 ······ 331
- 7.3 项目管理分析洞察 ······ 334
- 7.4 项目管理智能场景 ······ 336

第三部分 应用篇

第 8 章 客户案例　343

8.1　全球化运营案例——星童医疗 …………………… 343
8.2　智慧企业案例——大明矿业 …………………… 349
8.3　数字化转型案例——青岛花帝 …………………… 355
8.4　可持续发展案例——上海克莱德贝尔格曼 …………………… 362

第一部分　概论篇

Part 1

第1章 SAP ERP公有云概览

1.1 经典ERP概念

1.1.1 ERP定义

ERP(enterprise resource planning,企业资源计划)是帮助企业全面识别、规划并有机整合企业内部各项资源的系统,让企业能够对销售、采购、生产、供应链、财务等业务进行有效管理,以达成降低运营成本,提升管理效率的目的。

作为一种套装的集成业务管理软件包,ERP既是企业员工的业务操作平台,也是中层管理者所依赖的业务管理平台,同时也为企业高层提供决策依据和数据支持。ERP通常涵盖的业务范围如图1.1所示。

从运行机制上看,ERP主要是通过打通各核心业务流程,实时更新数据,追踪业务资源(资金、物料、生产能力等),监控业务流程的状态(订单、发票和收款等),帮助各个部门(制造、采购、销售、财务等)之间共享数据,实现协同运营。ERP促进所有业务职能之间的信息流动,并管理与外部利益相关者(客户、供应商等)之间的联系。

ERP系统通常涵盖以下管理功能。在许多ERP系统中,这些功能被称为ERP模块。

(1)财务会计。财务会计包括总账、固定资产、应付账款、应收账款、现金管理、期末关账、财务报表等。

图1.1 ERP涵盖的业务范围

（2）管理会计。管理会计包括预算编制、成本核算、成本管理、作业成本计算等。

（3）销售。销售包括客户信息管理、报价、定价、销售订单、发货、销售报告等。

（4）采购。采购包括供应商信息管理、合同管理、采购申请与审批、采购订单、入库、采购报告等。

（5）制造。制造包括产品数据（物料清单、工序等）、物料需求计划、产能计划、工单、调度、质量控制、制造流程控制、返修、设备维护管理等。

（6）供应链。供应链包括库存计划、仓储计划、库存管理（存货盘点、收货、发货、挑选和包装）、运输管理等。

（7）项目。项目包括项目规划、资源规划、工作分解结构、活动管理、项目进度、交付成果、计费（时间和费用）、项目利润与成本核算等。

（8）系统和数据管理。系统和数据管理包括管理系统配置、数据维护、用户权限等。

以上ERP模块都是企业整体业务系统的组成部分。业务流程彼此之间无缝衔接，某个模块发生的业务记录很可能会直接更新其他模块的数据（例如库存变化时，财务信息就随之变化）。各模块的界面和操作方法基本相同。

除了这些基本业务功能外，有些ERP还支持一些行业特定功能。例如，SAP ERP可以支持整车厂的准时生产、零售商的商品管理、化工和能源企业的环境健康与安全管理、贸易企业的大宗商品管理等。

国际化的ERP可以支持企业在不同国家开展业务。ERP需要能够处理不同地区的特定需求，包括支持多货币、多会计准则、多种税务规则、当地法律法规、人力资源相关的规则等；同时，系统中也需预置特定国家/地区的会计科目表和多语言单据（如报价单、交货单或发票等）。

ERP系统的运行基于各类操作系统、数据库、硬件环境和网络配置，可以基于本地硬件环境或者云架构进行部署。基于云的部署方式近年来广受欢迎，这得益于互联网和云计算技术的快速发展。

可以从不同角度来理解ERP概念。从商业角度，ERP是一种面向企业销售的计算机软件产品；从业务角度，ERP可以看作企业的所有流程、数据及财务状况的集合；从企业管理角度，ERP可被视为一套解决方案，是企业基础设施的关键要素，这也是本书论述的主要角度。

下面简要介绍ERP概念的演变，解释演变的原因，并阐述ERP将逐步从商品演变为服务的观点。

1.1.2 ERP的发展与特点

1. ERP发展历程

Gartner集团在20世纪90年代首次使用缩写ERP，用于整体阐述物料需求计划（MRP）、制造资源计划（MRPⅡ）以及计算机集成制造的概念。在没有取代这些术语的情况下，ERP代表了一个更完整的概念，它反映了制造业应用集成的发展，并更加强调制造和各业务领域的集成。

可以假定ERP这个名称源自术语"物料需求计划"（MRP）和"制造资源计划"（MRPⅡ）。MRP的开发是为了更有效地计算生产所需的物料。当MRP演变为MRPⅡ时，其中新增了销售计划、产能管理和生产调度等功能。随后计算机集成制造（CIM）被认为是下一个合乎逻辑的概念，因为它将产品开发和生产过程的技术功能嵌入进来，形成一个综合的制造集成框架。但专家们很快意识到盈利能力和客户满意度是真正适用于整个企业的管理目标，除了制造，还应包括财务、销售、供应链以及人力资源等。由此，包含上述所有功能的集成的企业管理解决方案诞生了，现在称为ERP（企业资源计划）。

虽然ERP的起源来自于制造业，但也有一些不包含制造功能的ERP软件。ERP供应商用不同的方式将各种模块组合在一起，以面向不同需求的企业客户。到20世纪90年代中期，ERP系统已经涵盖了所有核心的企业管理功能。ERP系统在20世纪90年代经历了快速增长，由于经济发展和"2000年问题（千年虫）"的双重原因，很多公司用ERP系统代替了他们的旧系统，各国政府和非营利性组织也开始使用ERP。

ERP最初专注于组织内部部门之间协作和后台业务应用程序的自动化管理，没有直接与支持客户和供应商协作的前台应用程序进行连接。这些前台应用程序通常指基于互联网的客户关系管理（CRM）、电子商务系统、供应链管理系统（SCM）和供应商关系管理（SRM）等，这些基于互联网的前端应用大大简化了企业与外部的沟通方式，并催生了ERPⅡ的概念。

ERPⅡ是2000年Gartner出版社发表的一篇题为*ERP is Dead-Long Live ERP Ⅱ*的文章中提出的。它描述了基于互联网的ERP软件，为员工和业务伙伴（如供应商和客户）提供对ERP的实时访问。ERPⅡ同时扩展了传统的ERP的范围，利用其管理资源中的信息与基于Web的前端业务系统进行交互，来帮助企业与业务伙伴的协作。ERPⅡ比第一代的ERP更加灵活，后来经常被称为商务套件。商务套件是ERP概念的延伸，强调企业间的协作和资源平衡。商务套件通常包含客户关系管理、供应链管理、供应商关系管理等各种电子商务应用。

发展到今天，现代ERP是"业务应用"+"智能技术"的集成，并涵盖了更多的功能和角色，例如领先的ERP软件可以辅助企业决策，支持合规管理，助力企业可持续发展等，同时也更加标准化，支持各种移动设备，提供更加友好的用户体验。

作为商业产品，ERP软件由专注于该软件市场领域的诸多供应商提供。目前（2023年），全球范围内主要的ERP供应商是SAP、Oracle和Microsoft等。企业在ERP产品选型时通常考虑标准功能的深度，行业需求覆盖的广度，配置选项（例如业务规则）的丰富程度，技术能力以及系统性能的优劣等多方面因素。

全球ERP软件市场规模预计从2022年的1673.3亿美元增长到2023年的1878.8亿美元，复合年增长率（CAGR）为12.3%（The Business Research Company研究报告）。而云ERP市场的增长会更快，雅虎财经预测全球云ERP市场将从2022年的647亿美元增长到2027年的1300亿美元，预测期内的复合年增长率为15.0%。

2. ERP系统的技术特点

ERP通常可以在主流的操作系统和硬件平台上运行。从技术层面看，ERP系统里包含数据层、应用程序层和表示层（即用户界面）三层架构。这三层架构形成三个逻辑上独立的层次，每层都可以独立开发、更新或扩展。云ERP的架构相对而言复杂一些，但数据层、应用层、用户界面三层架构的逻辑是相同的。

由于ERP软件面向各种类型和规模的公司，处理大量交易和数据的能力就成为一个关键的技术指标，而评估ERP系统的技术性能通常比评估其业务功能更复杂。ERP的复杂性要求系统具备一系列的系统管理功能，如用户权限管理、数据管理、系统监控或性能测量等。同时，ERP的业务流程中常会需要相应的文档作为支持，如产品规格说明书、合同附件等。系统中可通过热链接帮助用户通过访问相关文件服务器或网站来查找相关文档。这些系统和文档管理功能往往作为解决方案不可或缺的一部分提供给企业客户。

简单而言，不同ERP系统在技术上的区别可以从以下几方面表现。

（1）应用层：对业务、行业、本地化、全球化的支持等。

（2）数据层：数据存储的容量和数据处理的性能。

（3）表示层：界面的友好性、功能性、分析展示等。

（4）系统性能和管理功能：系统管理、安全管理等。

（5）标准化程度：功能越丰富，其标准化交付程度就越高，也更有成本优势。

ERP系统作为一套通用的标准的软件包，通过配置及定制开发等方式，可满足大多数行业的不同需求。ERP系统的实施一般有如下三种形式。

（1）标准实施。通常来说，ERP软件是面向一系列行业进行通用设计的，因此可以根据企业客户的需求，通过在系统中配置相应的组织架构、业务流程、数据结构以及设计专用报表等进行项目交付。

（2）预配置实施。打包的、预配置的模板是从通用软件中派生出来的。这些模板针对特定行业（例如汽车、零售）或特定规模的公司（例如中小企业）的典型需求提前进行配置。使用适合的预配置模板可以帮助企业直接借鉴内嵌的行业管理实践，并一定程度地缩短项目交付周期。

（3）定制开发。当客户需求比较复杂，并且非常强调个性化的需求时，项目团队可以在配置ERP软件的基础上，通过定制开发客户独有的应用程序，为客户提供一套量身定制的系统。这种方式通常成本较高，而且系统也不易升级，管理运营的难度较高。

ERP实施中还会用到各种项目管理工具、实施指南、技术工具、远程检查和各种其他有用的材料（例如通用演示文件）等。项目实施团队借助于这些工具，在实施方法论的指导下为不同客户完成ERP的实施项目。实施周期可能是几个月，也可能超过一年。

1.2 SAP ERP

1.2.1 发展概况

1972年，SAP（思爱普）成立于德国。作为全球领先的企业应用软件解决方案提供商，SAP致力于帮助各行业领域的、各种规模的企业实现卓越运营。SAP在全球范围内拥有超过2.69亿云用户，SAP的客户创造了全球87%的贸易。

1979年，SAP基于大型主机技术构建了ERP软件，产品名为SAP R/2（R代表实时，Realtime。而在此之前的R/1未被视作首个主要版本），集成了企业的核心业务管理功能，并能够处理多国家、多货币和多会计准则。

1992年，随着个人计算机数量的增长，SAP引入客户端/服务器（C/S）体系结构，在客户端、应用程序和数据库这三层上重建了ERP；同时淘汰了单色设计，引入了新型的图形界面，从而改善了用户体验，这就是曾经非常著名的SAP R/3。

2004年，Web已成为通用技术，越来越多的应用构建在Web上。SAP开发了名为SAP NetWeaver的新型应用程序技术平台，使所有SAP应用程序均可以在这个通用平台上运行。SAP引进了新的开发框架并支持通行的Web标准（例如面向服务的SOA架构），推出了面向客户或供应商的基于Web的业务管理系统，如SAP Customer Relationship Management（SAP客户关系管理）、SAP Supply Chain Management（SAP供应链管理）、SAP Supplier Relationship Management（供应商关系管理）等，形成了SAP商务套件（SAP Business Suite）。SAP R/3升级为SAP ECC（SAP ERP Central Component），表明其在SAP商务套件中的核心地位。ECC功能强大，能够支持25个行业的管理需求，例如工业设备及零部件制造、汽车、高科技、消费品、零售、能源、化工、专业服务、生命科学、电信、金融、医疗、高等教育、地产与工程、公共部门、交通与物流和公用事业等。

2015年，硬件体系的新一波技术进步不仅降低了硬件成本，海量内存和多核处理器也大幅提升了计算能力。为了充分利用新硬件的潜力，SAP基于其创新的内存计算平台（SAP HANA）、获得红点设计大奖的Fiori界面设计技术等重写了整个商务套件，称为SAP S/4HANA。SAP S/4HANA商务套件如图1.2所示。

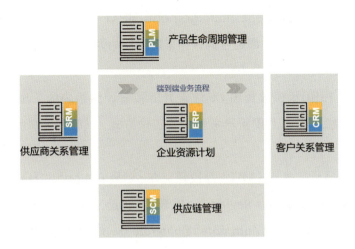

图1.2　SAP S/4HANA商务套件示意图

SAP S/4HANA是一款基于SAP HANA构建的实时的、智能的商务套件，让企业与业务伙伴、商业网络、物联网、大数据等实现互联。它能够通过SAP Fiori交付个性化的消费级用户体验，并帮助各条业务线快速实现价值和卓越运营。

2017年，随着云计算的蓬勃发展，SAP推出基于公有云架构的SAP ERP公有云，即S/4HANA Cloud, Public Edition。目前越来越多的客户选择SAP ERP公有云。

1.2.2　管理实践

ERP从字面上理解包含了企业（enterprise，E）、资源（resource，R）和计划（planning，P），而SAP ERP系统全面且具体地解释了企业、资源和计划的内涵。

（1）企业。企业在SAP ERP系统中映射为组织结构，如公司、工厂、销售组织等。

（2）资源。资源对应的是各类主数据，如产品、客户、供应商、设备等。

（3）计划。计划即业务规则，所有的业务都是在业务规则的指导下进行，并通过流程来执行。

业务流程（business process）是一系列事务（transaction）的有序组合。例如，订单履行（order to cash）这个业务流程，就是由创建订单、发货、开发票等事务组成的。而每个事务的执行过程必须由组织结构、主数据和业务规则共同定义，并唯一编码（事务代码）。在SAP ERP公有云中，事务被表述为应用，取代了SAP本地部署系统中"事务代码"的概念，但本质上是一样的。

在管理咨询中，业务流程再造（business process re-engineering，BPR）、业

务流程管理(business process management, BPM)和业务流程自动化(business process automation, BPA)都是咨询顾问常常提到的词汇,而这些管理理念的落地往往都需要借助于ERP。

BPR最初于1990年初被提出,专注于分析和设计组织内的工作流和业务流程。BPR旨在帮助组织从根本上重新思考他们的工作方式,以改善客户服务、削减运营成本,提升竞争力。

1990年,麻省理工学院(MIT)教授迈克尔·哈默(Michael Hammer)在《哈佛商业评论》(*Harvard Business Review*)上发表了《再造:不是自动化,而是重新开始》(*Reengineering Work: Don't Automate, Obliterate*)一文,他在文中称对管理者而言的主要任务,是消除不增加价值的工作形式,而不是利用技术使其自动化。该声明含蓄地指责管理人员关注了错误的问题,他们让信息技术主要用于将现有流程自动化,而不是去除过时的非增值工作。

Hammer的主张很简单,认为大部分正在完成的工作不会为客户增加任何价值,这些工作应该被移除,而不是通过自动化来加速。即使是知名的管理思想家,如彼得·德鲁克和汤姆·彼得斯也接受并提倡将业务流程再造作为在动态世界中重新取得成功的新工具。在接下来的几年中,越来越多的出版物、书籍和期刊文章致力于讨论BPR,许多咨询公司也顺应这一趋势并开发了BPR的各种方法。

到1993年,多达60%的财富500强公司声称已经开始业务流程再造,或者有计划这样做。经过BPR咨询后,启动SAP ERP项目就是这些企业将再造的业务流程在组织内推行的最好方式。在SAP ERP项目实施中,所有业务流程都会被讨论和设计,并定义在实施蓝图中,然后通过SAP ERP设定组织架构、主数据和业务规则,让整个组织通过运行新的ERP系统就可以执行再造的业务流程,并实时地获取数据、评估绩效。

由于BPR的概念相对激进,近年已逐渐被BPM的概念所替代。狭义上BPM可以作为软件的形式存在(包括工作流引擎、业务规则、Web表单和协作工具),但广义上它代表一种稳健的、逐步改善的管理思想,是一种致力于达成各业务环节整合,并实现企业或组织最佳效率和最大价值的管理模式,而这正是SAP ERP主要擅长的领域:建立企业统一的流程架构,在流程之间进行衔接、协调,避免流程孤岛的产生,以确保业务流程顺利运行;同时帮助业务人员密切关注信息变化,及时接收反馈并对流程进行调整和持续改进。与BPR类似,SAP ERP同样是企业进行业务流程管理所依赖的最重要的载体之一。

BPA是企业通过软件自动化技术简化业务流程、优化运营的一套方法。借助不同的应用程序或工具，BPA可以自动完成流程中重复性的事务，减少人工介入，进而帮助企业提高生产效率并保证合规。SAP ERP中内置了很多和流程自动化相关的功能，如工作流管理、业务流程智能等。SAP ERP公有云中的智能技术，如机器人（RPA）、情境处理（situation handling）等都大大提升了业务流程自动化程度，把人从烦琐的重复工作中解脱出来，提升了企业运营效率。

SAP在系统设计上体现了德鲁克在《管理的实践》(*The Practice of Management*)中倡导的管理思想，打造了实时的业务流程管理系统，具体体现在实时（real time）、事务（transaction）和聚合（aggregation）的设计理念。SAP ERP能够提供基于集团或单体组织架构的最佳业务实践模板，拥有实时的报表和分析系统，实现企业全生命周期的数字化管理，是咨询公司实施BPM和BPA项目的重要落地平台。

在大量企业的管理实践中，SAP、客户和咨询公司共同构成了特有的企业管理生态系统，如图1.3所示。

图1.3 SAP企业管理生态系统

购买或订阅了SAP软件的企业即是SAP客户。截至2023年，全球100强企业中有99家是SAP的客户，其中85家都采用了SAP S/4HANA。提供管理咨询、项目实施以及软件销售的公司被称为SAP合作伙伴，SAP在全球范围内拥有超过2.3万家合作伙伴以及广泛的大学联盟。在整个SAP生态中有很大一部分是从业的咨询顾问，包括业务顾问、开发顾问等。随着越来越多的企业进行云转型，SAP的云业务也飞速发展，并成为全球领先的云供应商，SAP研发机构遍布全球100多个地区，拥有庞大的云用户群（截至2022年，约2.69亿云租用户）。

SAP ERP是全球企业数字化转型的基石，已经被信息技术基础架构库（ITIL）列为重要的基础设施。咨询公司借助实施方法论，将组织的管理发展需求与SAP ERP提供的行业解决方案融合而构成组织特有的数字化管理系统，支撑企业的健康运营。从形式上看SAP ERP是一套系统软件，实质上是组织（企业）不可或缺的重要组成部分，帮助企业实现人员集成、流程集成、信息集成等。

1.3 传统ERP面临的挑战

1.3.1 数字经济带来的挑战

当前企业面临的挑战非常复杂，客户、合作伙伴、员工和监管机构都提高了需求和期望。企业领导者希望能够高效运营并开展创新，通过转型以实现未来的可持续发展。领导者们也需要为气候变化和其他全球性问题，例如，日益频繁的自然灾害、大范围流行病和地缘政治动荡所引发的后果及深远影响做好准备。如果领导者能提前布局，尽早制订数字化转型计划，快速采取行动，就能更好地应对运营环境的巨变。而为了确保成功，企业需要持续推动创新和变革，打造敏捷响应需求变化的能力，保持客户忠诚度，实现高效运营并同时保持竞争优势。

借助信息和技术的力量，很多企业在过去几十年中，部署了各类本地硬件和软件系统以支持整个企业的业务运营，这往往导致了高度定制的IT系统。随着时间的推移，这些系统越来越难以维护，并积累成为持续增长的技术债务，无法再有效地支持瞬息万变的业务环境，也无法支持企业实现数字化转型。万物互联时代的企业需要能敏捷响应的IT平台，其关键的特点就是灵活性、韧性和集成性。

传统ERP的目标是帮助公司管理和优化业务运营，降低成本。随着时代的发展，客户已经不满足于传统ERP所提供的解决方案的范围。客户需要ERP满足不同利益相关方的各类需求，包括客户体验、供应商的诉求、人力资源的效能、员工敬业度以及日益复杂的市场需求。

现在，数字化时代要求重塑企业核心的端到端业务流程，未来的ERP解决方案也将向网络化的资源计划流程转变，这要求ERP能够嵌入或集成业务网络。同时，数字化时代的新型ERP应能以客户为中心，将通过业务网络所获得的相关利益方的反馈，反映到对企业产品或服务的改进中，能为业务带来可衡量的、切实的价值。

这些需求在本地部署的ERP中难以实现，包括无法适应快速变化的业务环境、受制于IT架构而很难实现业务转型、难以融入创新技术、缺乏柔性的集成和变更管理、由于过量开发而导致很难升级，以及需要大量运维而造成的高昂的总体拥有成本（TCO）等。此外，市场需求的不断变化要求ERP能够灵活处理各类需求，比如财务和现金管理的敏捷处理、制造和渠道的变更调整、柔性供应链、客户需求快速响应、远程人员管理、在家工作的方式等。这些不仅促成了对智能的基于云的ERP不断增长的需求，也改变了许多ERP项目的性质：客户需要快速且持续地获得转型收益，而非一套IT系统。

部署或运行ERP系统会涉及整个组织的各种业务流程变更，因此自然会面临多种挑战：冗长的实施周期会给公司带来较高的成本和费用，也会花费企业管理层、项目团队和最终用户大量的时间。此外，咨询实施合作伙伴的专业知识和能力等级也会对项目的成功产生重大影响。这些挑战在当今市场需求瞬息万变的背景下显得尤其突出。

简言之，使用传统的（基于本地部署或定制化的）ERP的企业会面临以下几个典型的挑战。

（1）依赖于IT团队或外部顾问来运维，无法快速适应业务需求的变化。

（2）ERP运营的复杂度越来越高，对顾问的要求和依赖度也很高，运营成本较高。

（3）需要较长时间的系统升级才能满足新业态、新行业的需要，融入最新技术较慢。

（4）系统定制化较多，一旦核心顾问或IT员工流失，系统很难升级，限制了企业的数字化转型能力，也带来了相应的风险。

（5）缺少实时数据和即时洞察能力，降低了决策效率，无法及时获得智能ERP和业务网络协同为企业带来的价值。

1.3.2 解决之道——云思维与云ERP

在过去十年中，涌现出了一些重要的技术创新。其中，云计算、大数据分析，以及应用于运营、用户体验、社交媒体或传感器数据处理的机器学习是其中的一些关键创新。这些创新为企业进行数字化转型提供了技术上的强大支持。

企业数字化转型并非某一限定范围的一次性项目，而是需要在整个企业范围内进行持续努力的实践过程，同时需要重新思考人员、流程、技术和文化的定位。在这个过程中，包含"敏捷、柔性和协同"的云思维就尤为重要。

云思维是一套有别于传统思考模式的态度和思维方法，它关注以下五方面。

（1）持续的服务并关注价值交付。将客户和员工视为重要的合作伙伴，并在正确的时间以正确的方式向正确的人员提供正确的数据，从而打造卓越的体验。

（2）重构技术。云计算不再是静态资源，而是动态服务，可以在企业需要的时候提供所需的计算和服务能力。云通过即时或重新分配资源能够增强业务优化的速度和敏捷性，因此企业有机会不断改进，尝试新的工作方式，快速为客户和员工提供更高的价值。

（3）创造新的工作方式。重新思考管理和工作方式，并借助智能技术，识别工作中的机会，同时消除障碍，让工作更高效，更具成本效益。

（4）消除或减少复杂性，简化运营。将数据和功能设计为标准化、模块化、可组合，具有可重用和可共享性，这意味着企业可以更快地创新，或更容易交付新的服务来满足快速变化的客户需求。

（5）重塑文化。文化之于组织，很像操作系统之于计算机。文化会从深层次影响组织的表现和行为。要想成功，企业需要制定战略，持续改善，标准化流程，敏捷行动，强调合作与学习的组织文化。

云思维作为一种思考方式，可以应用在企业业务转型、产品研发和设计、流程优化等多方面。云思维模式的采用使组织能够提高敏捷性、灵活性和协作性，从而更有利于取得业务成果。这种理念在数字化时代是至关重要的。

以ERP项目交付为例，云思维可以表现为：借助云的技术和优势，利用ERP产品提供的最佳实践和标准的配置功能，快速搭建跨职能部门的业务流程；并在项目上线成功后，对系统进行持续改善以达到敏捷响应的能力。

云ERP的概念由此产生：云ERP是通过云架构来部署，并采用云思维来交付的企业资源管理软件，它使用户可以随时、随地、安全地访问系统，并持续提供新的业务功能、技术扩展能力和创新能力。

云ERP并不仅仅是将ERP部署在云端，它的本质是一种持续的服务，而非一次性商品。因此云ERP会为客户提供按需订阅的使用模式，也就是"软件即服务"（software as a service，SaaS），这已经成为一种经过验证的成熟解决方案，正在被全球众多公司使用。选择云ERP的企业不必为系统运维或软件升级而操心，也避免了由于高度定制化的业务系统难以升级而影响业务改善和创新能力。

SAP ERP云的交付方法论就是基于云思维，以"按标准流程适配（fit-to-standard）"的模式，遵循行业最佳实践进行敏捷部署，利用云配置功能和云可扩展性（应用程序内可扩展性、开发人员可扩展性和SAP业务技术平台的并行可扩展性）推动业务差异化或持续创新。

1.4 云计算与云ERP的价值

1.4.1 云计算简介

云计算（cloud computing）也称网络计算，是一种基于互联网的计算方式，通过这种方式，软硬件资源或各类应用服务可以按需求提供给订阅客户。

1. 云计算的特点与优势

继1980年大型主机转变为客户端/服务器架构后，云计算是IT技术领域的又一次巨变。云计算以订阅模式交付给客户动态的、易扩展的资源和服务。用户可以按需使用，而不再需要管理基础设施。

互联网上汇聚的计算资源、存储资源、数据资源和应用资源正随着互联网规模的扩大而不断增加，并形成了云计算平台的基础。如今大型互联网基础平台已经实现商业化运营，可以提供互联网资源和互联网应用的一体化服务环境和基于互联网的虚拟计算环境（internet-based virtual computing environment，IVCE），为用户能够方便、有效地订阅云计算服务提供了便利。

根据美国国家标准和技术研究院的定义，云计算服务应该具备以下五个基本特征：

(1) 随需应变，支持用户自助服务；

(2) 用户随时随地用任何网络设备访问；

(3) 多用户共享资源；

(4) 具备快速重新部署的灵活度；

(5) 服务质量可被管理和测量。

因此，在企业的管理应用实践中，相比传统的本地系统，云计算可以明显带来以下优势。

(1) 弹性。快速向上或向下扩展以满足波动的工作量需求。

(2) 可负担性。企业仅支付所使用的服务的费用，最大限度地降低硬件和IT成本。

(3) 可用性。获得随时随地通过任何设备全天候访问云系统的权限。

（4）技术更新。云服务商会随时升级，采用新技术并批量部署，用户通过订阅即可使用。

（5）灵活性。快速设置和应对不断变化的市场状况和业务需求。

这些优势能够让企业从云计算中获得明显收益：基于虚拟化技术能够快速部署资源或获得服务；同时降低运营成本，减少用户处理负担，并及时享受到专业的服务和新技术的便利。

2. 部署模式

部署模式定义了云服务提供商如何向用户提供云服务，主要有公有云、私有云和混合云三种部署模式，如图1.4所示。

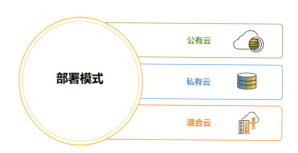

图1.4　云服务的三种部署模式

（1）公有云。公有云软件通常分为多租户和单租户两个版本。

多租户版本中，一个单独的实例可以为多个客户提供服务，即多个客户共享一套软件服务资源。这类似于办公楼的租赁：不同公司分别租用具有相同建筑结构的不同楼层，并共享水、电、物业服务等，同时每个租户所处的楼层都有自己的门禁（密钥）以保障隐私和安全，每层楼可以在不破坏建筑结构的前提下一定限度地进行装修（配置），办公楼层的场地和服务费用计入租金，客户按年或季度进行付费。由于多客户共享资源，并且由云提供商提供标准化的功能和服务，因此多租户的公有云通常是能够快速交付，易于配置，价格经济合理的解决方案。

单租户版本中，一个实例只为一个客户服务，每个客户可以独占指定的软件服务资源。这类似某一家大公司租用了整个办公楼，因此在装修范围、物业服务内容、网络设施要求等方面会有更多的选择。类似地，由于软件在受防火墙保护的专用网络中运行，客户在订阅时可以指定自己所需要的存储、CPU、内存、带宽等资源，因此具有一定的资源定制权力。但另一方面，客户也要承受相比多租户更高的订阅价格。

（2）私有云。私有云指一个客户独占或拥有所有资源，包括硬件的购买和定期更换，软件的安装、更新及备份，运维团队的建设和管理。类似于一个客户买下整栋办公楼，并自行提供物业服务。虽然现在也有托管模式，由第三方云数据中心代为运维硬件和网络，但客户仍可能需购买服务器等资源，也仍然需要保留一定规模的运维团队，因此总体拥有成本很高。

（3）混合云。顾名思义，混合云属于公有云和私有云的混合部署模式。这种部署架构可能由企业业务特点决定，一部分传统业务或定制化功能通过私有云实现，一些新成立的业务则通过公有云进行支持。混合云通常意味着复杂的运营模式，用户要面对多家供应商的不同支持服务，并考虑在不同架构之间实现集成，保持相当规模的系统运维团队等。

3. 服务模式

美国国家标准和技术研究院的云计算定义中明确了SaaS、PaaS和IaaS三种服务模式，如图1.5所示。

图1.5 云计算的三种服务模式

（1）软件即服务（software as a service，SaaS）。指软件服务供应商以租赁的方式提供应用服务，用户无须购买应用程序，也不接触操作系统、硬件或网络基础架构。SaaS软件众多，全球知名的商用SaaS软件如SAP ERP云、Adobe Creative Cloud、Microsoft CRM与Salesforce.com。这些厂商提供的服务内容不同，但具有下列共同的特征：

① 第三方云应用提供商通过互联网向客户提供这些企业应用和服务；

② 客户节省了大量以前必须承担的费用，如硬件购置、配置和维护、软件许可以及安装和支持等；

③ SaaS提供商负责应用的运行与维护，并帮助客户始终拥有最新版本的应用程序。

（2）平台即服务（platform as a service，PaaS）。指云平台供应商以租赁的方式提供平台服务，而用户无须购买平台资源。用户可以开发或安装应用程序，掌控运行应用程序的环境（也拥有主机部分掌控权），但并不管理操作系统、数据库等。PaaS是应用程序运行的基础，如SAP业务技术平台（SAP business technology platform）、Google App Engine等。PaaS服务的具体特征如下：

① 第三方云平台提供商在自己拥有的网络基础架构上部署应用程序开发平台和工具，并通过互联网向客户提供这些平台和工具；

② 开发人员可利用PaaS提供的平台资源和工具构建和部署云应用程序；

③ 开发人员可以通过Web浏览器访问PaaS，因此无须采购和维护基础硬件和软件；

④ 开发人员可以基于订阅模式选择想要的功能。

（3）基础设施即服务（infrastructure as a service，IaaS）。指基础设施供应商以租赁的方式提供基础设施服务，而用户无须购买任何设施。用户可以订阅"基础计算资源"，如处理能力、存储空间、网络应用或中间件，并使用和配置操作系统，部署应用程序及网络组件（如防火墙、负载平衡器等），但并不掌控数据中心和网络设备等基础架构。主要的IaaS服务如SAP HANA Enterprise Cloud、Amazon AWS、阿里云、Rackspace。IaaS服务的主要特征如下：

① 由第三方云基础设施提供商管理数据中心、服务器、网络设备、存储设备等，并通过互联网向用户提供这些资源；

② 用户可以按需租赁计算资源，如服务器、网络、存储和操作系统；

③ IaaS提供商负责管理基础架构并处理系统维护等任务，因此客户无须采购硬件或雇佣内部专家进行管理。

4. SAP的SaaS、PaaS和IaaS示例

SAP在开发促进企业可持续发展的智慧企业管理套件中，为全球客户提供SaaS、PaaS和IaaS的全套云服务，如图1.6所示。

（1）SAP SaaS。

SAP拥有多个业务线的SaaS解决方案，其中SAP ERP云、CRM云（Customer Experience）、人力云（SuccessFactors）、供应链云（Digital Supply Chain）、采购云（Ariba）、费用云（Concur）、中小企业云（Business by Design）等共同构成了SAP智慧企业解决方案套件。其中ERP云是智慧企业套件的数字核心，支持灵活的配置、扩展

图1.6　SAP云服务

与集成，智能分析各类交易数据，实现流程自动化和各种创新的智能场景。

（2）SAP PaaS。

SAP业务技术平台（SAP business technology platform，BTP）的主要特点如下：

① 提供了扩展开发套件，自带面向企业级应用开发的工具和技术框架，以"低代码/无代码"为准则，高效地开发满足业务需求的云原生应用程序；

② 针对企业复杂的集成场景，提供了体系化集成套件，通过可视化拖拽配置设计的方式，快速进行系统集成；

③ 通过数据管理、数据治理、商务分析等工具，发掘企业海量业务数据价值，为业务提供科学决策依据；

④ 融合了人工智能、物联网等新兴技术，为企业开发智能型、创新型应用提供便利。

（3）SAP IaaS。

SAP提供的IaaS平台被称为SAP HANA enterprise cloud（HEC），其主要特点如下：

① 专用的、单独设计的应用托管平台，在一个完整的技术环境上安装了所有应用程序；

② 具有完整的云管理服务套件；

③ 可托管SAP应用程序或第三方云应用；

④ HEC托管服务包括备份、修补、配置和升级、恢复、基础架构监控和事件检测。所有服务均在私有云环境中提供。

1.4.2　云ERP的价值

随着宏观环境的变化和市场需求的不断增加，企业必须具备快速重构关键业务流程的运营能力，这会成为未来的新常态。很多企业希望系统灵活且运行稳定，新业务流程能快速部署，并能对企业运营实时分析，达成客户满意度。而云ERP可以从多方面帮助企业达成这个目标。

1. 云ERP的优势

简单讲，云ERP作为SaaS解决方案，其主要优势是易于使用、易于部署和简化维护。

（1）易于使用。一方面，云服务提供商可以通过标准化的业务流程，帮助客户能够快速配置所需的业务模式；另一方面，云ERP能够让用户使用更便捷。使用云ERP，就如同用手机App购物一样，无须复杂的理解，即可随时随地操作业务流程。

（2）易于部署。从用户体验的角度来看，云ERP部署起来相对简单、快速，容易配置，可以更快地实现价值，这一点非常重要。

（3）简化维护。云ERP及其后台的支持和管理是由云ERP厂商进行维护或支持，这使客户可以专注于核心业务，同时降低了总体拥有成本。

① 节省了客户购买和维护硬件平台的成本。

② 降低运营IT系统和团队的成本。

③ 系统周期性自动升级，减少升级项目的支出。

④ 降低了因IT系统运维风险造成的业务损失。

⑤ 持续获得新功能和创新场景，节约了价值实现的交付时间。

显然，易于使用、部署和维护正是云ERP的优势。同时，云ERP不断增加的新功能，也使客户的投资得到保护和增值。

2. 云ERP价值的实现

虽然云ERP相比传统ERP已经具备了普遍优势，但对于管理要求较高的企业，或者致力于全球布局的企业，这些优势是不够的。企业必须具备足够的韧性或弹性，并确保系统和数据的安全。能够满足这些需求的云ERP会带来更多的价值。这些价值体现在四个关键领域。

（1）敏捷。大量开箱即用的功能，支持快速实施，提升流程自动化程度，以及提供更好的用户体验和自助服务功能。

（2）创新。智能技术的采用可以大幅提升管理层的分析和决策能力，并将员工从烦琐的劳动中解脱出来。

（3）灵活。可以灵活配置各类业务流程，并可随时进行调整优化；易于扩展和集成，便于企业适应市场需求和管理需求的变化。

（4）韧性。企业必须具备韧性或弹性，能够适应挑战，并确保系统和数据的安全。

尤其是企业发展到一定阶段,或有全球业务发展计划时,更是如此。

下面以SAP ERP公有云为例,具体说明云ERP价值是如何体现的,如图1.7所示。

图1.7　SAP ERP公有云的价值体现

(1)敏捷。即快速交付,加速实现价值。传统ERP实施中需要根据企业需求进行蓝图设计、系统安装、定制、开发和培训,因此实施过程比较耗时。通常定制的系统不易升级,也需要更多的运维资源。

而在SAP ERP公有云项目中,客户和项目团队需要具备云思维,借助系统提供的行业最佳业务实践模板,以及内嵌的满足国家法规要求的本地化功能,通过配置和标准扩展的方式,快速搭建协同高效的业务流程。由于减少了定制开发,后续的调整也非常容易。SAP ERP公有云内置了可以支持不同行业的大量业务实践流程,并提供全面的扩展能力,因此完全可以支持"按标准流程适配"(fit-to-standard)的交付理念。企业未来也能基于业务需求随时进行优化,敏捷响应市场变化。

这种敏捷的交付模式也有助于集团企业快速复制成功经验并推广到更多业务、地区或国家,获得更高的投资回报,并最终降低总体拥有成本,如图1.8所示。

图1.8　敏捷价值的实现

（2）创新。SAP ERP公有云的一个显著特点就是持续的创新，这不仅体现在智能技术对业务的支持，也表现在对用户体验的关注。

SAP ERP公有云内置的多种智能技术，为不同的业务部门提供各类智能创新场景（例如智能机器人、数字助手等），同时内嵌了SAP分析云（SAP Analytics Cloud），让业务数据管理和分析在同一个系统上进行，这使得管理层和员工能够实时洞察并采取行动，避免了传统上先将ERP数据传输到单独的业务分析系统进行处理所造成的时间耗费和分析延迟。

SAP ERP公有云也嵌入了流程自动化的功能，可以基于关键绩效指标的结果自动触发指定事件。例如，当项目达到一个特定阶段，系统会自动触发事先设定的交货或开票流程，而不需要手动干预。SAP云ERP以名为Fiori的用户界面技术作为标准，设计简洁友好，同时可以实现高度的个性化，让用户可以基于工作界面，及时收到通知，以及执行下一步工作的建议。值得一提的是，SAP ERP公有云包含了协作功能，可以与Microsoft Teams和Google Workspace等深度集成，而工作上的协作在当今的现代管理范式中越来越重要。SAP ERP公有云在用户体验方面的创新实践如图1.9所示。

图1.9　SAP ERP公有云现代用户体验和协作

（3）灵活。SAP ERP公有云为客户提供灵活的可扩展并易于集成的架构，以实现不同企业的差异化竞争力。

在系统上直接定制开发并不意味着灵活。表面看似乎可以"随心所欲"，殊不知这样往往意味着系统越来越被定制化的代码所束缚，业务系统的稳定性和风险的控制往往依靠程序员的代码质量。正如有了交通规则才能让所有人自由出行一样，SAP ERP公有云提供在标准的技术框架内进行业务的配置与扩展，完整覆盖各业务线的核心功能，灵活搭建不同的业务模式，系统提供51个国家的本地化解决方案，支持32种语言，可以高效支持客户在全球各地区进行业务运营。

如果企业在评估后确实需要做个性化业务流程，SAP ERP公有云提供应用内的扩展，或借助SAP业务技术平台（BTP）并行扩展、开发或集成，帮助企业拓展新的业务，如图1.10所示。

图1.10　实现灵活并合规的解决方案

（4）弹性。这是企业在全球范围内开展关键运营和保持韧性的基础。SAP ERP公有云具有完善的性能监控和安全管理体系，SAP技术支持后台持续监控所有应用的运行状态，满足客户海量数据的处理需求，并在需要时做出性能调整，确保为客户提供他们期望的服务。SAP ERP公有云为客户的全球运营提供全面的安全保障，详见1.4.3节云ERP架构的"安全架构的多层纵深防御"部分的内容。

3. SAP云价值实践

借助SAP ERP公有云的强大功能，企业可以通过重新设计流程并利用数据分析作为自动化和决策的依据，解决深度业务问题，以获得业务的健康发展。价值体现如下。

（1）灵活应对不断变化的市场环境。企业必须及时应对不断变化的市场环境，抓住机遇发展。一个重要问题是如何进行企业运营管理和决策？如何决定下一步行动？

这里举例说明企业如何整合全球系统，提高可视性和运营效率，从而及时准备好数字化转型，实现优化的业务流程。某公司作为玻璃强化复合材料（玻璃纤维）设计、工程和制造领域的全球领导者，在全球范围内拥有不断扩展的业务，但公司使用的旧系统很难跟上业务和服务发展的步伐，诸多挑战表现在：数据完整性因多个集成不佳的旧系统而受到影响，延迟了决策；缺乏明确定义的端到端（E2E）流程，项目成本可视性低，运营和分析流程耗费大量时间；生产中产品进度的可见性和可追溯性有限。

为了整合系统和优化业务流程，该公司使用SAP的ERP公有云创建单一的业务平台，并与SAP的分析云相结合，使工程组能够实时报告、预测和可视化项目数据，从而显著降低成本。具体的项目实施过程是对旧系统进行升级，该公司将五个不同的系统进行合并整合，简化了财务管理，并在五个国家（地区）的六个子公司统一组织架构和主数据，生成新的实时项目报告、建立预测和数据的可视化流程；借助SAP的分析云，增强销售流程的洞察力。

整合系统不仅提高了数据完整性和准确性，还能使企业在面对业务环境变化时，及时获得数据支持，该公司实现了对六个子公司的项目报告、预测和成本控制的实时数据访问，可以根据需求变化快速进行供应链和资金的重新分配，满足市场和客户的需要。

（2）能够及时采用人工智能、预测和模拟等创新成果。传统ERP软件中常见的高度定制和修改意味着很大的技术债务，即使依然在运行中，成本可能也相当昂贵。如果采用云ERP，客户就能享受自动升级的优越性，同时受益于机器学习、人工智能、RPA、聊天机器人和语音交互等最新技术带来的收益。

在当今环境下，灵活性需要借助智能化的ERP来实现。例如，一家领先的保险提供商，也是SAP的客户，实现了汽车保险单从报价到收款流程的自动化。在这种竞争激烈的保险类别中，实现不错的利润一般而言是非常困难的。但通过高度自动化的智能分析，并将人工介入限制在最低限度，这家保险公司不仅将汽车保险转化为盈利业务，还通过提供与竞争对手完全不同的客户体验获得了市场份额，这种智能交互的业务流程正是越来越多的企业对云ERP服务提供商的期望。

（3）能够从并购中抓住市场机遇。越来越多的组织选择功能全面的SAP ERP公有云作为独立的事业部或新建的合资企业必须配备的企业管理系统，主要原因就是其易于部署、总拥有成本低的模式特别适合并购、拆分、合资、独立事业部等业务场景。很多全球性的公司，都会通过在被并购的公司部署SAP云ERP，最快速度实现新业务的融合。

大型集团公司也可以采用SAP提供的混合云架构，也称为双层架构，快速将ERP公有云部署到新公司、新业务或者新的海外公司，并实现与总部的流程协同和数据共享。通过推动流程标准化进而实现效率提升和管理优化，并在不同实体和地区推动公司战略和管理实践。这些特性使得公司可以完全专注于其业务目标，抓住市场机遇。

（4）专注于业务，而不是运行IT系统。与过去单一的ERP系统相比，如今企业的IT环境通常更加复杂，一般由不同的技术堆栈以及多个供应商的云解决方案所组成，且发布计划不一致。这些复杂性使IT团队的工作更具挑战性。其他挑战还包括IT预算减少，难以找到拥有合适技能的人才，业务利益相关方要求以灵活的方式交付新需求并缩短时限。

新的法规要求企业遵循数据隐私法和网络安全法，这是无法简化的工作。这种情况下，如果能将这些IT运营任务外包给云服务提供商，而集中IT资源为企业提供需求管理和解决方案建议，岂不是明智之举？

1.4.3　云ERP架构与安全管理

如今企业对IT系统提出了越来越多的要求。例如，全球化的公司要求业务管理系统确保遵守数据保护和隐私法规，启用区域法规和语言，存储和快速处理大量数据，高级别的安全保障，适合不同级别的用户使用。同时，系统应能保持弹性或韧性，以应对新出现的挑战，并支持未来的业务发展。

本章接下来从架构角度阐述SAP ERP公有云如何满足客户多方位的需求。SAP ERP公有云架构如图1.11所示。

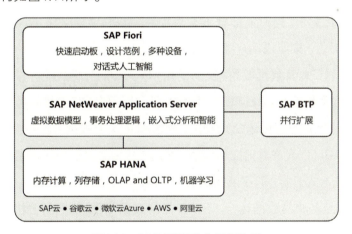

图1.11　SAP ERP公有云架构图

1. SAP HANA平台

SAP HANA平台是面向内存计算，可以同时进行存储和分析的数据管理平台。一方面，由于内存计算是CPU直接从内存，而不是硬盘上，读取数据并进行计算和分析，因此相比传统数据库性能可以进行大幅加速；另一方面，SAP HANA基于列式分析的特性，非常适合处理海量的数据，以及需要实时获得分析结果的任务，因此，SAP HANA的官方定义是：SAP高性能分析应用平台（SAP high-performance analytic appliance, SAP HANA）。

SAP支持在线事务处理（OLTP）和在线分析处理（OLAP）两种类型的应用程序在相同的SAP HANA数据库上同时运行，而无须先将数据复制到业务仓库再进行建模分析，因此可以避免由于重复的、过期的数据所导致的低质量决策，并大幅提升性能，显著提高生产力。另外，内存计算和"仅插入"模型（在现有数据的基础上附加新数据记录）可以消除大量的聚合表和索引，这是显著缩短处理时间、大幅提高并行吞吐量和可扩展性的基础。

在SAP HANA高性能分析的基础上，不仅报告和分析的准确性得以提高，实时的计划、模拟、业务流程执行和优化的管理循环也得以实现。同时SAP HANA也支持新一代的智能技术，包括大数据分析、智能搜索、机器学习等。

2. SAP NetWeaver Application Server

这是SAP ERP公有云的核心层，提供所有核心业务流程和功能，包括销售、财务、供应链管理、制造、服务和采购以及各种行业功能。SAP ERP公有云提供最佳业务实践作为参考，使客户能够依托可靠的预配置模板来搭建业务流程。客户可以通过调整配置来满足企业个性化需求，同时能够快速交付项目。此外，标准的扩展功能可以帮助客户增强业务逻辑、分析、集成或用户界面等。

这一层还提供了大量数据模型、交易逻辑，以及智能分析功能。其中，核心数据服务（CDS）用于定义和使用语义丰富的数据模型，并提供了跨不同应用程序读取和处理数据的通用语言。用户可以创建CDS视图，从数据库建模数据并进行分析，或生成应用程序编程接口（API）以允许其他应用程序，如用户界面或分析应用使用该数据集。

本层支持嵌入式分析，即在业务流程中构建实时分析功能。嵌入式分析直接基于SAP HANA中的业务交易数据运行，不需要复制数据，因此实时的分析结果可以紧密集成到业务流程中，并在正确的时间和正确的地点提供给正确的人。企业级的分析应用则独立于SAP ERP公有云，需要在SAP业务技术平台上进行构建和部署，这种方式主要适用于跨系统的分析或基于历史数据的分析场景。SAP分析云等解决方案可以通过实时连接远程使用SAP ERP公有云中的数据，也可以将数据先复制到自己的存储空间中再进行分析。

企业的一项持续需求是提高业务流程的自动化程度。SAP ERP公有云内嵌了智能算法，可以将用户从重复性任务中解放出来，让他们能够开展非常规、更有创造性的工作，专注于客户服务和客户满意度。SAP ERP公有云提供了嵌入式机器学习，基于SAP HANA中的机器学习库，在实时应用程序数据上训练机器学习模型，并将其合并到业务流程和用户界面中。更多智能技术（如RPA、会话式AI和情境处理）现在也已经融入

SAP ERP公有云。另外，一些对系统资源需求很高或需要外部数据的机器学习场景将在SAP BTP上并行实现。侧重于图像识别或自然语言处理的深度学习用例更加适合并行机器学习。

3. SAP Fiori

SAP Fiori不是一款软件产品，它是SAP用户界面设计系统的名称。SAP Fiori是SAP主要的用户界面技术，基于开放标准构建Web服务和面向服务的体系结构，在多个智能设备上提供现代风格设计，并在各业务线之间提供一致的体验。

SAP Fiori是基于角色的直觉型的用户界面，适用于浏览器应用或原生移动应用，企业和用户也可以自行设置更为个性化的Fiori用户界面。Fiori为用户提供一致且令人愉悦的使用体验，自诞生以来获得了众多设计大奖。

SAP Fiori快速启动板是面向计算机或各式移动设备的中央入口点，可以访问概览页面、工作清单、清单报表以及各类应用。快速启动板提供导航、个性化、快捷搜索、嵌入式支持和应用程序配置等服务。Fiori上每个磁贴代表一个用户可以启动的业务应用程序，数以百计的SAP Fiori应用可用于不同的业务领域和行业，覆盖从分析到事务处理的各种任务。用户可以自行设置个性化的磁贴布局与大小，也可以个性化设置KPI并将其另存为磁贴。类似于快速启动板，移动设备访问用户可以从"SAP移动启动"（SAP Mobile Start）入口，访问各类SAP移动应用。

SAP为管理员和关键用户提供强大且直观的工具，以调整页面和单个SAP Fiori应用的布局，并使某些磁贴一目了然地显示重要信息，例如，将特定关键绩效指标（KPI）由醒目的数字表示或以微型图表表示。

如果企业需要开发自己的Web应用，可以利用SAP提供的应用及界面开发工具，例如SAP Business Application Studio面向SAP Fiori元素的SAP Fiori工具，以及SAPUI5 HTML5/JavaScript框架。这些工具提供内置的企业级别的安全性、可访问性和自动的设计更新等功能。同样地，SAP Fiori for iOS或SAP Fiori for Android，以及相应的开发工具（SDK）可以快速高效的设计和构建美观适用的移动应用。

多年来，SAP Fiori已经从遵循设计范例的一系列界面应用程序发展为在多个桌面和移动设备上即时使用的完整的自适应系统。SAP Fiori支持SAP Conversational AI服务，允许用户通过自然语言与SAP ERP公有云交互。最新的Fiori版本已经内置了机器学习和人工智能，同时保证顺畅和持续的用户体验。

除了视觉吸引力外，使用SAP Fiori背后的驱动因素是通过简化提高生产力。设计良好的UI意味着学习时间减少、用户错误降低，以及应急处理的减少。这些都显著提高了用户满意度和工作效率。

4. 扩展功能

扩展性是SAP ERP公有云非常重要的特性，可以使客户扩展应用程序的功能范围，而不会对常规系统操作和升级产生负面影响。SAP ERP公有云涵盖大量预定义的端到端业务流程和业务内容，也同时提供多种选项扩展现有应用程序的范围。在传统的SAP ERP系统中，扩展只能通过大量的定制和自定义代码来解决，这使得软件升级变得烦琐且成本高昂。为了向客户和SAP合作伙伴提供更多选择，同时确保系统生命周期稳定性，SAP通过SAP ERP公有云引入了多个扩展选项，用于满足不同的业务需求和目标。

（1）面向IT和关键用户的SAP ERP公有云应用内置的可扩展性。

（2）面向IT和开发人员的SAP ERP公有云中ABAP开发环境。

（3）面向开发人员的SAP业务技术平台上的并行可扩展性。

目前ABAP开发也从传统模式扩展到ABAP Cloud开发。在过去几十年中，ABAP开发功能虽然强大，却在SAP升级期间增加了大量的测试和调整工作，这个特点无法满足云ERP定期自动更新的要求。

随着SAP ERP公有云推出了Steampunk（SAP ABAP云环境），SAP引入了一种新的ABAP云开发模型。ERP公有云的客户也可以利用ABAP应用程序和扩展功能满足业务的个性化需求，并保证云就绪（cloud-ready）和升级的稳定性要求。

ABAP云开发意味着开发人员可以使用SAP发布的公共SAP API访问SAP功能和数据；使用SAP发布的公共SAP扩展点来扩展SAP对象，但不支持修改SAP对象；使用ADT（ABAP开发工具）作为ABAP IDE；使用RAP（ABAP RESTful应用程序编程模型）构建Fiori应用程序和服务。Dynpro或Web Dynpro等SAP技术目前未针对ABAP Cloud开发发布。

5. 安全架构的多层纵深防御

云ERP存储了客户用于实现业务流程和数据分析的关键数据，因此云安全至关重要。SAP与超大规模IaaS提供商合作，以提高云基础设施的灵活性、可扩展性和安全性。而SAP ERP公有云则在各个安全层的设计上提供物理、技术和管理控制，以及设计安全和默认安全的最高标准，如图1.12所示。

图1.12　SAP ERP公有云保障企业在全球的运营安全

下面说明SAP ERP公有云的"多层纵深防御"架构。

（1）数据安全。

客户数据隔离措施包括：

① 为每个租户提供一个虚拟化的ABAP应用服务器；

② 通过"安全组"启用应用隔离；

③ "安全组"允许同一租户的不同应用实例之间进行通信；

④ "安全组"允许同一客户的Q和P系统之间进行系统通信；

⑤ 在网络层面，安全组阻止了租户之间的通信。网络流量规则是根据源、目标、协议和端口来定义的；

⑥ 每个SAP ERP公有云租户都有自己的租户数据库。它是整个SAP HANA系统的一部分。

数据加密措施包括：

① SAP ERP公有云对"静态数据"和"在途数据"进行加密；

② 对"在途数据"应用端到端加密；

③ "静态数据"加密涵盖数据库、中央和本地文件系统以及存储备份；

④ 通过SAP云运营团队管理的密钥管理系统（KMS）安全地管理加密密钥；

⑤ KMS遵守"职责分离"指南。

（2）应用程序安全。

① SAP S/4HANA应用程序的开发遵循安全软件开发生命周期（SSDLC）方法论。

② 产品开发在开始阶段就考虑了安全和数据保护与隐私要求。

③ 开发团队执行广泛的风险评估和威胁建模，设计和测试安全控制措施的有效性，包括执行代码扫描、渗透测试、安全测试（SAST和DAST）以及独立的安全评估。

④ 客户通过互联网使用HTTPS（端口443）访问SAP ERP公有云，HTTPS流量由Web Dispatcher集群进行处理后转发。

⑤ 客户访问通过中央负载平衡器和使用共享Web调度器来进行，分别有单独的负载均衡器端点，用于业务用户的UI通信和系统间通信。

⑥ 客户可访问应用程序安全审计日志。

（3）网络安全。

① 信任边界将网络划分为不同的区域，每个区域又划分为不同的段。

② 根据系统对Internet/Intranet的暴露程度以及区域内系统处理的数据的分类，对每个区域实施安全控制。

③ 虚拟私有云（virtual private cloud，VPC）用于系统管理和备份。系统VPC用于托管跨可用区域的SAP S/4HANA云租户。安全的中央管理网络段托管中央云生命周期管理工具。

（4）运营安全。

云运营管理涵盖了安全补丁管理，操作系统、应用程序和数据库虚拟实例的加固。安全事件和事故管理可收集、汇总、关联和应用安全用例，以便在发生安全事故时自动发出警报。团队执行7×24h的基础设施监控、数据库监控、安全管理员访问、定期备份、安全漏洞扫描、黑客模拟和修复，为客户保护运营环境。

运营安全活动广泛涵盖以下内容：

① SAP ERP公有云基础设施设置，如数据分离、入侵预防、业务连续性和灾难恢复等；

② 云服务的安全设计；

③ 网络和客户隔离；

④ 备份和恢复服务；

⑤ 平台服务和工具的安全开发；

⑥ 保护基础设施、操作系统、容器镜像、网络和应用程序的安全性；

⑦ 运营和安全监控；

⑧ 管理安全事件；

⑨ 个人数据泄露通知;

⑩ 容量管理;

⑪ 提供补丁和解决方案支持;

⑫ 漏洞扫描、黑客模拟和修复。

安全管理访问:

① SAP云管理员只能通过来自白名单的IP地址进行访问,并且需要多因素身份验证;

② 安全组允许系统和管理VPC之间的通信;

③ SAP使用中央生命周期管理工具操作和管理云系统。

(5) SAP合同保证。

SAP通过合同协议、独立审计、认证、最佳实践安全标准、政策、流程等为客户提供安全保证。作为数据处理方,SAP云服务严格遵守适用的数据保护法,避免个人数据泄露。

SAP通过identity authentication services、identity provisioning services等服务为可客户提供身份验证。客户可以配置IAS(作为IDP代理),将身份验证委托给自己的IDP,该IDP可能位于本地或云端,例如Azure AD。SAP提供identity provisioning services,允许在源系统和目标系统之间同步用户数据。当客户订阅SAP云应用程序时,SAP默认提供这些服务,客户有责任根据身份验证需求配置这些服务。

(6) 审计与合规性。

SAP ERP公有云在以下领域获得了ISO认证。

① ISO 27001: 信息安全管理。

② ISO 27017: 云服务信息安全管理体系。

③ ISO 27018: 个人可识别信息安全管理体系。

④ ISO 22301: 业务连续性管理体系。

安全责任(与任何云服务一样)始终由 SAP(云服务提供商)和云使用者共同承担。在SAP ERP公有云中,SAP负责管理VMs(虚拟机)、操作系统、负载均衡器、网络等较深层次的基础设施层,为客户提供多层次的深度防御安全性,遵循最佳安全实践,并与技术、运营、法律要求的行业标准保持一致。SAP处理关键的安全任务,如安全架构、安全监控、安全事件管理、漏洞扫描、黑客模拟、独立第三方安全审计、24×7网络

SOC，这使得客户能够专注于他们的核心业务流程，对数据有更大的控制力，同时降低了总拥有成本，加快产品上市速度。

1.5　SAP ERP公有云——智慧企业的核心

1.5.1　SAP的智慧企业管理套件

致力于长期发展的企业需要始终保持卓越的业务实践，而这需要敏捷高效的管理平台的支持。随着互联网和云计算技术的成熟，SAP推出了基于云的智慧管理套件，帮助各行业的客户基于SAP最佳业务实践快速构建价值链，并持续创新，成为可持续发展的智慧企业。SAP的智慧企业云管理套件如图1.13所示。

图1.13　SAP的智慧企业云管理套件

1. SAP智慧企业云管理套件

企业不仅需要开发新的业务模式，以免被颠覆；还需要更高效地为创新提供支持，并且安全无忧地面向关键业务做数字化转型。而SAP智慧企业云管理套件可以满足企业的这些需求，并涵盖以下内容：

（1）覆盖企业各条业务线，提供大量最佳业务实践及行业应用；

（2）内置多项智能技术，包括嵌入式机器学习和嵌入式分析等；

（3）易于配置和扩展；

（4）智能、直观、友好的用户体验；

（5）支持在业务技术平台上进行并行的扩展、开发、分析和机器学习等；

（6）在集成套件中，通过可视化拖拽配置快速进行系统集成；

（7）"低代码、无代码"开发技术，迅速交付云原生程序以支持业务需求。

2. SAP ERP公有云

SAP ERP公有云是智慧企业管理套件中的核心组成部分，典型的端到端流程如图1.14所示。

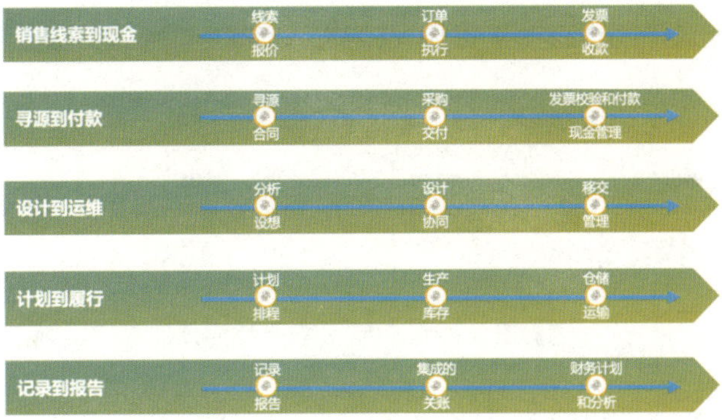

图1.14　SAP ERP公有云的核心业务范围

（1）销售线索到现金。从潜在客户的销售线索开始，到订单履行和服务交付，在整个过程中推动销售机会，并优化客户体验。

（2）寻源到付款。简化、优化和有效管理所有采购流程和支出类别，提升业务成果，以更低的总体拥有成本促进采购业务数字化和自动化。

（3）设计到运维。将产品从设计到运维的全生命周期数据连接起来，为研发、制造、供应链、运营等业务提供统一的、一致的、实时的数据，帮助企业实现产品全价值链的数据管理与变更联动，推进产品质量的全生命周期管理。

（4）计划到履行。将产品生产从计划制订，到生产过程的监控，以及生产效率和成本的实时分析进行全过程管理。

（5）记录到报表。包括了创建财务记录到处理财务记账、关账以及出具财务报表的相关业务操作。

SAP ERP公有云是被多家第三方评估机构认证为处于"领导者"象限的云ERP，预配置的最佳实践和行业特定业务情境可提供全面的端到端业务流程，核心功能如图1.15所示。

SAP ERP公有云支持在全公司内运行端到端业务流程，详细内容请参见第2~7章。目前每年会发布两次更新版本，包含新功能发布以及对现有功能的增强。

图1.15　SAP ERP公有云核心功能

3. SAP ERP公有云智能演进路径

绝大多数企业都在持续性地考虑如下五个问题：

（1）如何及时感知客户需求；

（2）哪些产品和服务是客户真正需要的，需要多少；

（3）如何打造员工体验，让员工高效、健康的工作；

（4）管理层如何能快速捕捉有价值的信息，及时做出决策；

（5）如何保持韧性和可持续发展。

真正要去回答这些问题，对公司的管理能力以及应对体系是个考验。作为SAP智慧企业解决方案的核心，ERP公有云区别于传统ERP的显著一点，就是划时代地采用了众多基于智能技术的解决方案和应用，将ERP系统从数字化提升到自动化与智能化，未来的目标是实现自治化。SAP ERP公有云的智能演进路径如图1.16所示。

先看数字化。SAP ERP公有云不仅提供了先进的管理理念，也同时为企业提供了端到端的数字化流程：从前端业务，到中后台业务流程处理，再到为管理层提供决策分析的全部工作都在同一个数字化的平台无缝实现。任何一笔业务都可以实时追溯其来源和去向，大幅提升业务操作和管理效率，让员工和管理人员可以轻松完成工作。

在自动化方面，SAP ERP公有云采用机器学习、机器人自动化等技术，将从前需要人工核查、判断、匹配的工作自动完成，例如，系统现在已经可以将财务人员从烦琐的收款和发票匹配工作中完全解放出来。企业可以选择性地激活系统内置的各种自动化机器人流程，员工因此可以把精力投入到更有价值的工作当中。这不仅能使业务流转更高

图1.16 SAP ERP公有云的智能演进路径

效,节约时间,还降低了人工和运营复杂性,节约了成本。

智能化的需求则主要来自于不断变化的市场需求和愈来愈短的产品生命周期。企业必须提高洞察和应对变化的能力,掌握趋势,占得先机。SAP ERP公有云利用智能技术,通过对各类数据进行智能分析,及时感知机遇、风险和趋势,使管理层可以及时获得洞察,并参考机器学习提供的建议,将其转化为企业的行动。企业也可以通过智能数字助手,为客户、供应商和员工提供更快更准确的服务,改进体验,提升效能,打造可持续发展的智慧企业。

SAP ERP公有云的未来目标是通过智能和创新的技术,实现ERP系统的高度自治。而人的工作,则是处理例外情况和重大的业务决策,试想一下这样的场景。

(1)员工登录智能的云ERP业务流程界面,就可以看到系统正在处理的业务和状态;对于需要员工参与决定的业务,系统会提供清单以及如何处理的建议,员工则可以轻松下达指令,让系统完成执行。

(2)管理人员从业务分析界面上,可以获得他所关心的业务分析。指标表现健康的数据无须过问,而对于指标不健康的数据,会醒目地提示需要管理人员的介入。这些数据可以直接下钻追溯,帮助管理人员进行分析和决策。

(3)员工和管理人员可以随时通过自然语言让智能数字助手提供支持:方便地查看任何一笔交易的上下文和相关单据;聊天窗口中,直接根据库存状态生成订单,邀请同事讨论,共同协作决策,并指示数字助手施行最终的方案;而共同讨论的同事们可能在用计算机或手机,也可能只是一个智能终端。

在第2~7章业务功能介绍中,都会有单独的一节专门介绍SAP ERP公有云的智能场景,让读者便于理解这些智能场景如何支持每个业务部门的业务发展和高效执行。

1.5.2 业务功能

作为智慧企业的数字核心,SAP ERP公有云通过流程标准化、灵活性、可扩展性和持续推动业务创新等特性满足了企业的业务需求,其优势主要体现在以下方面,如图1.17所示。

图1.17　SAP ERP公有云的优势

(1)嵌入式最佳实践。标准化、预配置的业务创新范围及端到端流程在全球范围内可用,让系统部署速度更快。

(2)增强用户体验。可在任何设备上随时访问基于角色的应用程序,简单易用,支持移动办公,用户体验更加友好。

(3)周期性自动更新。始终保持最新版本,由SAP全面管理的升级可以减少中断、提高适应性、降低总体拥有成本,新功能也保护了客户的初期投资。

(4)安全与合规。由SAP以高等级的安全标准进行管理、操作、升级、监控和维护等。

(5)洞察、智能和自动化。嵌入式实时分析、支持机器学习和机器人流程自动化。

(6)易于集成。SAP集成套件可以提供与SAP各业务线的云系统,以及SAP行业云解决方案的预构建集成。

(7)开放性和扩展性。应用内扩展、开发者增强以及并行扩展三种扩展模式,支持不同场景中的功能扩展和集成增强，并保证了核心代码的简洁。

（8）支持可持续发展的智慧企业。能够帮助企业随时随地监测供应链、服务链运营情况，调整运营和流程，持续减少排放、浪费和环境影响；并提供合规化管理报告，制定并实施企业级管控措施，主动满足监管要求。

SAP ERP公有云能够帮助企业在全球范围内构建富有创新性的业务模式，可为企业提供久经验证的业务流程，并将绿色、循环、可持续发展直接融入业务运营管理中。其业务流程由一系列的业务范围实现，包括人力资源、研发、资产管理、寻源、销售、服务、供应链、制造、财务等，如图1.18所示。

图1.18　SAP ERP公有云业务范围概览

1. 财务

要想在瞬息万变的全球市场中保持敏捷性，信息需要高度一致。借助 ERP 云软件，整合事务处理、分析流程和计划流程，企业可以打造高度自动化的智能财务流程。

（1）"从记录到报告"流程包含创建财务记录、执行财务会计、关账以及报表。SAP创新性地构建了通用日记账，无论是集团级别还是公司级别的数据都被统一在同一个数据集合中，对外发布的财务报表和内部管理报表也都直接从这个单一来源的数据集合实时生成。会计分析师和管理者从同一数据来源获得不同视角的一致信息，减少了人工核对数据的时间或潜在风险。同时，智能技术的运用提高了处理的准确性和速度，帮助确保会计核算中的数据完整性。

（2）"财务规划和分析"融合了SAP分析云，可以帮助企业建立全面计划，加强预算和预测等绩效管理。这不仅缩短了计划周期，管理层还可以利用内置的绩效指标快速获得业务洞察，提出改进建议。

（3）"发票到付款"和"发票到现金"流程涵盖与供应商和客户相关的财务流程。SAP设计了现金应用程序的自动化创新，通过机器学习，提升收款处理速度，减少应收账款周转天数，增加流动性。

（4）"资金和现金管理"支持资金和现金管理部门管理付款和现金，确保合规，降低财务风险。除了这些核心资金任务之外，SAP还设计了现金管理和付款领域的进一步创新。这些创新提供了更高程度的集成与智能。

（5）"财务合规性管理"（基于SAP BTP构建的SAP financial compliance management）是SAP ERP公有云集成的下一代控制和合规解决方案，涵盖从文档执行、问题处理到报告和监控的全生命周期的合规性管理，以避免因违反国内或国际法律和条例而导致财政损失的可能性。

2. 销售

SAP ERP公有云中的销售管理指销售订单及合同管理的相关功能，涵盖了"从线索到现金"的四个关键业务流程：询报价管理、订单和合同管理、交货及发票管理和客户退货管理。

值得一提的是，SAP ERP公有云销售管理推出了创新的解决方案订单功能，可以在一张订单中同时销售实际货物、服务、项目和订阅等复杂解决方案，支持客户的业务模式从单一产品销售发展为整体解决方案组合销售，从而提升客户的销售收入。

另外，SAP ERP公有云还提供嵌入式实时分析洞察功能，帮助销售经理分析和监控销售收入和业务趋势，了解趋势产生的根本原因。通过使用机器学习功能，SAP ERP公有云使销售订单的获取变得更简单、销售监控更智能化，可以在问题发生之前进行预测，从而显著提高产品准时交付的能力。

销售管理不但可以与财务、采购、生产和物流等模块实时集成，还可以与SAP Customer Experience解决方案进行集成，其中SAP Customer Experience聚焦在市场营销、电子商务和销售团队自动化，而销售管理则专注于提供订单管理和计费的解决方案，实现可靠且可扩展的销售执行过程管理。

3. 寻源与采购

SAP ERP公有云中的寻源与采购包含了从采购需求到供应商结算的全流程管理，

包括供应商管理、寻源与合同管理、运营采购、发票管理、采购分析、集中采购等几个业务领域。

在采购与寻源管理中，常见的关键业务流程有采购申请、采购询价、采购订单、采购收货、供应商发票处理等，通过SAP ERP公有云提供的数字化平台帮助企业运营采购流程。内嵌的实时数据分析与监控，如供应商绩效分析，可以帮助优化采购决策，降低采购成本和风险，提高采购效率和效益。

另外，SAP ERP公有云还创新地提供了集中采购功能，可以将SAP ERP公有云作为集中采购业务枢纽，连接多个后端系统，为复杂的集团化集中采购业务提供了灵活的战略采购架构，通过规模效应轻松地降低企业采购成本，提升用户体验。

SAP ERP公有云作为数字化核心，可以和SAP采购云（SAP Ariba）进行开箱即用的无缝集成。SAP采购云的解决方案更聚焦于引导式购买、战略寻源、合同管理、供应商网络与交互等功能。

4. 生产制造

SAP ERP公有云生产管理涵盖产品和生产主数据、需求管理、物料需求计划（MRP）、生产计划、生产控制、生产执行、生产质量管理等主要功能。需求驱动的生产计划和高效的生产执行有助于提高生产运营效率，确保制造资源的最高利用和成本的最大节约。

生产管理支持多种计划策略，如按订单生产、按库存生产、含配置的按订单生产等。生产策略的不同组合，适应了不同的行业和产品的生产特点和要求，可以加快订单的响应速度，提高生产效率，节约生产材料。同时，企业往往通过外包加工使自己专注于主营业务和核心技术，同时达到节约成本的目的。SAP ERP公有云生产管理可将生产订单和外包加工采购很好地衔接起来，有效地支持生产外包与协作。另外，SAP ERP公有云也支持基于JIT/看板的精益生产制造模式。

实时的监控和分析洞察功能贯穿于生产业务流程始末。管理者能够根据产能优化生产计划，实时查看生产进度，发现生产问题（比如生产延迟、缺少组件、发货延迟等问题），从而可以更好地支持订单的按时交付，更加精确地创建物料需求，减少库存，节约成本。类似地，实时的生产性能分析报告可以帮助管理者深入分析生产废料、报废原因、生产工序等质量方面的问题，并在此基础上对相应环节进行有针对性的改进，支持企业高效运转。

在系统内部，生产管理与销售管理、采购管理、质量管理、财务管理、成本利润分析等天然集成。生产拉料、反冲和收货等都会产生相应的财务记账凭证，并且彼此之间存在钩稽关系。此外，财务人员还可以查看和分析每个生产订单的计划成本和实际成本，并对比差异。在系统之间，SAP ERP公有云向下游与SAP制造云（SAP Manufacturing Cloud）和SAP采购云紧密集成，向上游与SAP集成业务计划（SAP Integrated Business Planning）紧密集成。生产管理与SAP采购云集成来实现与供应商和第三方物流商之间物料供需交付和运输协同；与SAP制造云集成来实现对不同位置的生产车间的数字化管控和洞察，支持企业的数字化转型。

5. 供应链管理

SAP ERP公有云供应链业务功能范围包括库存管理、仓储管理、交货和运输管理、物流物料标识等。库存管理功能支持货物移动、库存盘点以及库存分析与监控。借助仓储管理功能，可以在具体仓位上管理物料库存，实现更加精细化的仓库作业的管理。在交货管理功能上，支持内向交货流程及外向发货处理流程。供应链运输管理支持从触发运输需求，货运单位创建，到货运订单计划与执行，以及运输费用结算。供应链物流物料标识管理与整个物流链相关，在入库交货、出库交货管理等环节，可以通过处理单元（handling unit, HU）管理基于包装的物流结构，进而可以跟踪整个处理单元及其包含的所有物料的移动，而不必分别跟踪每种物料，更好地实现物流的价值链监控管理。

SAP ERP公有云供应链在智能创新应用上有很多成功的实践场景。例如，利用实时分析和机器学习技术，监控识别和评估低周转或停滞物料，从而更具战略性地管理库存。通过引入智能机器人流程自动化工具，提高库存盘点的作业效率，缩短影响生产运营的时间，减少仓库作业人员的人工投入。

供应链分析帮助管理人员及时监控跟踪库存物料的移动状态，实时分析与洞察工厂的库存水平、库存周转率、覆盖天数等，进而对相关的销售、采购、生产等业务流程起到重要的分析决策作用。

6. 专业服务项目管理

专业服务项目管理是SAP ERP公有云特别面向以项目管理为核心、交付服务为主的企业提供的业务管理解决方案。项目管理作为集中的业务平台，端到端集成了相关部门的业务活动，比如销售、采购、人力资源及财务等。专业服务项目管理主要涵盖以下业务场景：

(1) 客户项目管理与内部项目管理；

(2) 资源管理；

(3) 人员时间记录；

(4) 项目采购管理；

(5) 项目销售管理；

(6) 财务管理。

此外，内置的业务分析功能贯穿整体项目管理生命周期，帮助企业管理者实时了解业务现况，及时发现可能存在的业务问题或管理风险，适时采取相应对策，确保项目管理业务健康有序运营。

作为开放的业务管理平台，专业服务项目管理还可以集成SAP其他业务领域管理方案，比如SAP人力资源云、SAP费用管理云、SAP供应网络等，方便企业按需采用，扩展业务管理的广度与深度。

借助SAP业务技术平台BTP，专业服务项目管理不断结合创新元素，比如机器学习、智能机器人流程自动化（iRPA）、数字助手等，持续提升用户使用体验及工作效率，帮助专业服务企业提高管理水平。

7. 全球化与本地化功能

很多企业都在全球设立公司，因此需要ERP系统能够支持全球各地不同的会计准则、财务报表、语言、税务等多方面的要求。全球化企业管理正是SAP ERP公有云的一个重要特征。

由于自身就是一个全球化企业，SAP在六十多个国家和地区都有分子公司，熟悉各个国家的法律法规。从产品研发角度，SAP致力于将全球化融入SAP ERP公有云的每一个方面，包括不同国家的法律法规变化、税收、工资和福利、公司间付款、会计准则、日历、货币等不同业务需求。截至2022年，SAP ERP公有云已经支持51个国家和地区的本地化需求和32种语言，并且仍在不断增加支持范围。这种策略使得SAP ERP公有云能够支持企业更快地在全球拓展他们的业务，实时透明地看到各地业务的经营业绩，并轻松获得本位币统计的集团报告。

因此对于跨国企业或者有出海需求的中国企业，SAP ERP公有云非常具有吸引力，因为实现本地化原本是一个烦琐且昂贵的过程。以下是SAP公有云全球化功能的示例。

(1) 全球税务管理。世界各地的政府正在使用技术手段来防止逃税，这需要在业务交易中执行更严格的控制。SAP ERP公有云提供的全球税务管理解决方案可以根据税务专业人员的要求进行定制，以支持端到端税务管理流程。企业可以通过在线验证业务伙伴的税务有效性，维护最新的税务规则，基于条件的税收确定、自动化电子业务凭证以及法定报表数字化出具，减少手动工作量和不合规的风险。

（2）全球付款。近年来，全球持续推动将银行特定格式替换为ISO 20022标准格式。遗憾的是，尽管ISO 20022提高了标准化程度，但仍存在差异。SAP ERP公有云可以为每个国家/地区提供预定义的ISO 20022付款格式模板，同时还提供了本地国家/地区的特殊格式，例如巴西的FEBRABAN或英国的BACS。

随着全球业务的扩张，地理边界正变得越来越模糊，但业务的区域性监管边界却变得越来越清晰，这意味着需要一个整体的解决方案，支持企业更好地应对全球化管理的挑战。SAP ERP公有云为特定国家和地区提供特定的功能，以帮助企业满足在这些国家或地区的业务需求和法律法规的要求。

SAP ERP公有云的本地化配置指工厂日历、货币、税收代码和程序、财政年度、总账设置、国家/地区所需要关注的法律法规要求（法定报告和特定的发票格式）等。SAP也支持本地化功能的扩展，用于解决不在本地化支持范围内的某些国家的特定业务要求。

本地化扩展可以帮助企业自定义扩展或构建新的本地化功能，以扩大SAP ERP公有云的使用范围。它包括配置本地化工具（Configuration Localization Tool），可以将新的本地化功能作为现有标准本地化功能的业务配置副本进行创建。其他扩展功能可以支持SAP文档和报告合规以及付款工作台等，另外也可以通过应用内扩展、开发者扩展和并行扩展来实现各类通用扩展功能。SAP计划提供更多的本地化扩展功能，从而帮助企业轻松满足本地化需求。

8. 跨职能的功能

企业中很多业务都是需要不同职能部门协作实现的。SAP ERP公有云提供一系列的跨职能功能，弥合了部门之间的业务断点，将企业各方面的业务有机整合在一起。这些跨职能功能覆盖企业业务管理、主数据管理、合规管理、可持续发展等。举例如下：

（1）在不同业务模式下公司间销售管理的解决方案；

（2）高级变式配置，通过在全业务价值链上支持个性化产品配置，以最低的成本满足客户多样化的需求；

（3）产品生命周期管理功能；

（4）管理企业健康、安全、环境和风险，实现可持续发展；

（5）产品合规管理支持不断增加的组织管理、行业和环境保护相关的标准和法规。

由于SAP在ERP云产品方面的优秀表现，SAP被IDC评估为2022年度全球SaaS和运营型云ERP提供商的领导者（截至本书编写时的最新报告），如图1.19所示。

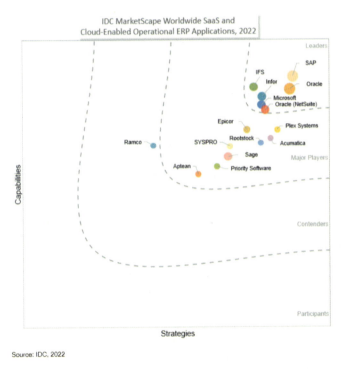

图1.19　IDC2022年度报告（IDC #US46733721）

1.5.3　智能技术支持

智能技术在SAP ERP公有云中的价值不在于技术本身，而在于其所创造的成果，以及如何帮助企业应对业务挑战，改善业务流程。

SAP ERP公有云存储了数百万个数据点支持客户业务流程的执行和分析，企业需要分析这些数据、检测其发生模式并从中得出有意义的决策。SAP ERP公有云可以帮助企业获得实时的业务洞察，并主动通知他们相关业务的情况。用户可以根据业务洞察快速调整业务流程，同时通过在应用程序内部以及应用程序之间自动执行业务流程来避免各类重复性的工作。另外，借助SAP ERP公有云，用户可以使用智能系统持续学习业务数据，不断改进公司的业务流程，从而为业务带来新的增长和更高的效率。

SAP ERP公有云通过企业级人工智能（AI）（包括AI应用生命周期管理、培训和模型运行）支持规模性的运营，并达成业务成果。SAP ERP公有云中的主要智能技术包括但不限于以下几种。

1. 情境处理

当业务流程有所中断或无法顺畅运行时，情境处理（situation handling）通过自动识别有问题的流程，帮助业务用户处理意外情况。它自动识别紧急和重要的问题并将其上报到正确的用户组，对负责的用户主动显示所有相关信息和操作建议。用户可以立即采取行动，处理被忽略的问题，加快业务响应速度。后台收集和分析处理过程中的数据，并为每个用例创建完整的数据链，用于高级分析、机器学习和流程自动化。用户可以由此获得智能支持，制定正确的决策并持续优化业务流程。

下面以一个通用的运营采购流程为例展示情境处理的价值：申请者在购物车中订购一些产品，根据购物车创建采购申请，运营采购员为此采购申请分配货源。货源信息通常来自于现有的供应商合同，其中定义了协商价格和交货条件。正常情况下，采购员根据采购申请和有效的供应商合同创建发给此供应商的采购订单，并在收货后支付从供应商处收到的发票。

在实际业务流程中，这些流程比较烦琐且容易出错，例如与战略采购员就新合同进行沟通、搜索匹配采购申请以及分配供货源都需要很多人工介入和判断的工作，而使用智能的"情境处理"可以更好地解决这种情况。

当战略采购员签好了一份新的供货合同时，会激活"合同已准备好作为货源"（contract is ready as source of supply）的情境模板。系统会通知负责的运营采购员已经有了新的可用的合同，并提示与该合同相匹配的采购申请作为参考。运营采购员在自己的界面上查看"通知"就会直接转到采购申请项目的对象页面，并首先处理突出显示的情况消息，即"合同已准备好作为此采购申请的货源"（contract is ready as source of supply for this purchase requisition），同时合同数据显示在"相关信息"部分中。按照系统建议的"分配合同"操作可立即将合同分配为货源，如图1.20所示。

基于情境模板，很多采购相关的业务对象都会关联在一起，并为采购员提供一目了然的建议，采购员只需要进行选择和决定，而无须被大量信息和任务所困扰。

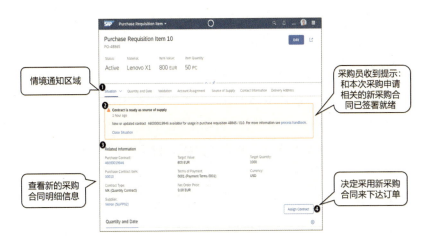

图1.20　有关情境处理的消息、信息和建议的操作

2. 智能机器人流程自动化

SAP智能机器人流程自动化（SAP intelligent robotic process automation，SAP intelligent RPA）服务用于将重复性的手动工作转为自动化处理，并进行一致性检查，以帮助提高灵活响应业务的能力。

随着机器学习及自然语言智能领域的新技术不断发展，我们处理数据的规模前所未有地增加，SAP智能机器人不再局限于日常任务的自动化，而是在很多方面都对企业管理大有助益，例如增强合规性、减少人为错误、提高用户满意度、改进操作、提高服务质量、节省成本、提供并行和即时可扩展性等，这些都能够加速企业的数字化转型。

智能机器人的许多用例都专注于数据收集、处理、合并、分析和预测。考虑一个典型的销售订单处理的场景：销售员收到的大多数订单请求都是以不同的格式出现，例如电子邮件、PDF、电子数据交换（EDI）或传真。数据的内容通常与公司标准不一致，因此必须先进行整理，参考有关文档，并录入相关数据，然后才能将订单提交到后端系统。因此，销售人员经常花大量时间进行数据输入和错误处理，而这只是订单到现金流程的第一步。智能机器人可以减少大量此类文件的处理工作。它们可以自动识别不同格式的文档数据，进行收集、合并和数据提取，并基于获得的信息构建额外的自动化流程，比如通过聊天机器人促进沟通，或使用机器学习为端到端业务运营提供业务洞察。

SAP智能机器人支持两种类型：

（1）无人值守的机器人。无须用户干预的机器人即可实现流程完全自动化，并与其他应用协同工作；

（2）有人值守的机器人。流程实现部分自动化，机器人可以增强人类处理工作的能力。

SAP已经发布了许多针对SAP ERP公有云的预构建机器人。这些机器人可以从SAP的机器人商店访问和下载，并根据项目要求进行定制。

智能机器人模板涵盖各种业务范围，例如采购、销售、财务、制造和数据管理。未来产品路线图中已规划了更多的内容。此外，SAP还提供面向各种行业（如专业服务和组件制造）的机器人。

SAP为预构建的机器人提供了附件文档，可以为实施项目团队提供更多帮助。开发人员可以在SAP Help Portal下载以下文档。

（1）配置指南。此文档介绍了SAP智能机器人的安装和配置步骤，以设置SAP智能机器人。

（2）测试脚本。这些测试脚本提供全面的信息，供业务用户了解机器人、使用前提条件、设置说明以及端到端执行机器人的步骤。

（3）SAP Note。为每个版本提供总体信息和更新信息。

（4）源代码。这是SAP智能机器人业务场景要求的项目代码，方便进一步扩展。

3. 机器学习与预测分析

随着时代的发展，人类与技术交互的方式发生了极大的变化，机器学习和预测分析的应用场景不断丰富，同时也在这场变革中发挥着越来越重要的作用。

SAP提供了嵌入式机器学习和并行机器学习两种方式。

（1）将机器学习嵌入SAP ERP公有云业务流程中，可以处理具有中等机器学习要求的用例，例如进行趋势预测、回归分析、聚类、分类、时间序列等。

（2）利用SAP业务技术平台，进行并行机器学习，这更适合需求复杂，且资源需求密集型的学习用例。这类用例通常用到外部数据，并需要通过图像识别、语音和文本识别、情感分析、深度学习等算法来实现。构建这些机器学习服务还可以在SAP业务技术平台上整合其他合作伙伴创新方案，最终提供给SAP ERP公有云业务流程使用。

预测分析方面，SAP 分析云中内置了预测模型，可以直接基于SAP ERP公有云CDS视图提供的数据，或整合来自其他应用程序（如SAP SuccessFactors和SAP Ariba）的附加数据源，为客户提供预测分析的智能服务。

当然，机器学习的开发和使用是一个团队合作的过程，需要不同角色的人员共同完成。

（1）数据科学开发人员参与构建机器学习部件，用于后续的智能场景。

（2）ABAP 开发人员或智能场景所有者可以帮助创建和发布智能场景。

（3）技术管理员进行智能场景所需的配置，无论是嵌入式机器学习还是并行机器学习。

（4）业务管理员可以帮助启用、训练和部署这些机器学习场景。

（5）业务用户可以通过运行已构建的应用程序或嵌入式机器学习来指导业务运营。

4. 嵌入式分析与洞察决策

如果没有一个集交易数据库和分析数据库于一体的实时数据计算平台，要想实现业务流程嵌入式分析是很困难的。SAP ERP公有云是在SAP HANA的基础上构建的，因此继承了这一强大的内存数据管理平台的所有功能，其中包括对所有类型数据的实时访问、高级文本挖掘、预测分析、模拟和实时决策功能。一个普遍的共识是：SAP HANA不仅仅是一个数据库，而且是交易引擎、分析引擎和预测引擎，它可以对非结构性数据进行分析，可以基于现在已经获得的数据和信息对未来进行预测和判断，这些都是实现嵌入式分析及实时决策功能的必要前提。

SAP HANA是由SAP创始人之一哈索博士在2009年主持研发的创新项目，它摒弃硬盘而采用内存，将交易型数据库和分析型数据库合二为一，打造真正意义上的实时数据平台。哈索博士对SAP HANA的定义是使用列式和行式混合存储的内存计算技术，同时支持OLTP（on-line transactional processing，在线事务处理）和OLAP（on-line analytical processing，在线分析处理）的通用数据库平台。

SAP HANA是专门为支持运营应用和分析应用而设计的一款内存计算平台，它能够对大量多结构数据进行实时分析，并将分析结果嵌入业务应用中。SAP HANA使企业在开展业务的同时，能够通过实时分析海量运营数据及时了解企业运营情况，避免"从业务应用中获取数据、在报表系统中分析数据"的模式产生的滞后，打通业务分析与业务处理之间的通道，让决策更加实时和准确。

举一个在SAP ERP公有云中同时进行OLTP与OLAP的典型示例。当计划员在下图中的左侧搜索短缺的零部件清单时，系统列出了短缺零部件的名称和数量。计划员可以点选每个零部件以了解情况，主屏幕上随即出现了一个可视化的分析图表并提示短缺的原因；计划员可以一目了然看到不同时间该零部件的供应和需求情况，同时可以从图表的任一部分下钻来细分需求或供应，以便查找这一配件消耗过快或供应短缺的原因，例如查看需求紧急的订单，或无法准时到货的采购订单。

基于当前实时的库存和订单情况，SAP ERP公有云还会为计划员提供建议选择：提升现有采购量，或下达新的订单，或进行库存调拨等。计划员可以根据这些建议进行选择操作，并在提交前模拟其产生的影响，如图1.21所示。

图1.21 嵌入式分析和决策支持

5. SAP Fiori 的设计智能

SAP Fiori的设计智能不仅支持嵌入式分析和实时决策，也能通过Web助手搜索、数字助理、通知功能、团队协作等智能且人性化的功能，帮助用户轻松工作。SAP Fiori可同时支持不同的智能设备，如图1.22所示。

图 1.22　SAP Fiori 的新一代用户体验

（1）数字助理。有时，用户需要在某些情况下立即获得援助：比如工作内容的搜索，或流程问题解答等。内嵌了聊天机器人的数字助理可以帮助或指导用户，推荐如何以最佳方式执行任务，同时建立用户信任。数字助理也能基于上下文识别相关联的业务对象（如客户或供应商），并基于屏幕上的产品信息创建相应订单。

数字助理如同个人助理，在很多情况下都可以使用。用户可以询问它们，或者将任务委派给它们。数字助理的服务内容包括：

① 搜索支持或帮助获取"如何操作及报告"等问题的答案；

② 提供用户处理任务的帮助文档；

③ 应用程序的查找及导航；

④ 检索业务信息，如快速查找业务数据、检索特定情况的分析内容等；

⑤ 支持聊天过程中快捷创建业务对象，如销售机会或新客户的模板创建；

⑥ 支持生产力提升，如提醒和预约；

⑦ 通过特定聊天功能与同事或业务合作伙伴进行协作。

为了准确、可靠地完成这些任务，数字助理会了解最终用户目前正在执行的业务任务、设备和位置，以及其他类似上下文信息等。数字助理与 SAP Fiori 快速启动板紧密集成，易于使用。

（2）聊天机器人。过去几年里，通过自然语言使用聊天机器人变得流行。聊天机器人支持大量的用户查询，从而节省了呼叫中心或网站客服的时间。SAP ERP公有云在业务上下文中也支持用户使用聊天机器人。

SAP通过业务角色分配，让正确的聊天机器人向正确的用户提供技能，从而避免在不适当的业务场景中提供回复。例如，作为运营采购员的用户将无法向聊天机器人请求销售范围的支持。标准角色和权限概念，也适用于聊天机器人，这有助于确保机器人不会滥用权限。

以采购运营机器人为例（这是SAP提供的第一个聊天机器人）来了解一下聊天机器人的工作过程。运营采购员负责监督采购流程的自动执行和处理异常情况。聊天机器人可以通过对话，帮助最终采购员执行以下操作：

① 基于采购凭证（如合同）提供各类相关的上下文相关信息，如物料主数据，或库存信息等，采购员无须跳转到其他应用进行查询；

② 快速、高效地将用户导航至采购应用的相关功能，从而简化新用户的查找过程；

③ 与贸易合作伙伴有效协作，例如直接启动 Microsoft Office，查找和创建采购文档等。

SAP ERP公有云中的聊天机器人使用 SAP Conversational AI 服务构建，客户可以非常便捷地部署聊天机器人，并能调整和扩展聊天机器人内容以满足自己的需求，或构建他们与 SAP 的内容交互。

（3）人员协作。通常，业务活动需要协作、问题解决或流程跟进。人际间的聊天对话功能（不是聊天机器人）支持最终用户之间高效沟通，共同应对业务挑战或围绕业务环境展开协作。其优势不仅在于聊天功能，还包括清晰的关系，用户可以创建与所选人员组的协作，添加业务对象参考、建立会议、截取系统应用截图以及进行注释。聊天可以保存在已创建的业务上下文中。

SAP ERP公有云数字助手可与群组生产力工具（如Microsoft Teams）进行交互，发起活动，创建呼叫、开始聊天或创建预约等。例如，可以在运营采购聊天机器人中直接发起Microsoft Teams电话会议。

SAP Fiori设计系统内含多种模式的机器智能，如推荐、聚合、预测、排序、分类和匹配，可以为客户提供简洁易懂的解释和快速多样的搜索方式，并支持通过自然语言交互进行对话，提供卓越的用户体验。SAP Fiori的发展计划并不止步于此：随着新技术的发展，如增强现实（AR）和虚拟现实（VR）、可穿戴设备等，SAP Fiori 设计系统也会进一步演变。

1.6　SAP ERP公有云交付框架

随着云ERP的不断发展和企业数字化转型的不断实践，数字化转型对应的交付框架也应运而生。

针对SaaS项目，SAP提出了ready to run（即时运行）概念，具体地推出了SAP Activate交付框架，支持云应用的敏捷交付。

针对PaaS项目，SAP提出了ready to build（即时搭建）概念，利用低代码/零代码、机器学习、iRPA、分析云等成熟的业务与技术积累，为企业提供可靠和可持续的创新应用。

本节重点介绍SAP ERP公有云项目的交付框架SAP Activate。

1.6.1　SaaS项目的敏捷交付

在VUCA（Volatility，易变性；Uncertainty，不确定性；Complexity，复杂性；Ambiguity，模糊性）时代，企业应用软件项目的实施难度进一步加大，因为这些项目不但需要解决各类技术和业务问题，同时也面临着各类难以预料的挑战：随着项目交付的推进，项目执行可能遇到意外障碍；商业环境的瞬息变化也可能导致管理决策的随时改变，使数字化转型难以成功落地。传统的企业应用软件项目实施方法论已经无法满足数字化转型的要求，其面临的主要挑战包括：

（1）基于客户需求而设计流程，无法从战略高度满足企业进行数字化转型的前瞻性和持续性的需求；

（2）在项目中先收集用户诸多需求而后设计蓝图，将导致系统过于个性化，同时产生大量定制和开发程序，这使得系统难于维护和升级；

（3）已经进行了大量定制的企业应用，再增加新功能或创新应用是非常耗时和费力的，它无法及时响应数字时代市场或业务快速变化的需求；

（4）传统实施项目，以系统"上线运行"为目标，后期系统维护需由客户自行负责或外包；

（5）存在大量定制程序的项目，系统后期的运营维护成本高，管理复杂，而且系统运营压力需由企业自身承担。

在数字化转型项目中应对以上挑战的主要方法，就是通过SaaS项目进行敏捷交付，并不断迭代，以满足企业持续变化的业务需求。SaaS项目中，通过预置的大量标准功能进行快速交付，并由云提供商进行升级和维护，使系统运行的技术实现难度大幅降低，从而使客户在项目中更加关注于业务的变革和落地，而非系统功能的个性化定制程序的优劣。

更重要的是，SaaS项目的部署并非到"系统上线"为止，它是一个不断帮助客户基于业务需求采用新功能，交付新成果，并持续获得成功的过程。

1.6.2　SAP Activate

SAP传统的实施方法论是ASAP（Accelerated SAP）。随着云计算和SaaS的诞生，融合了ready-to-run（即时运行）思想的新一代的项目交付框架SAP Activate就应运而生了。SAP Activate非常适合数字化转型所需要的敏捷交付的需求，它不仅能够支持"按标准流程适配"的交付理念，也支持通过迭代的方式来满足业务不断变化的需求。

SAP Activate主要由三部分组成。

（1）SAP最佳实践。SAP最佳实践（SAP best practices）包含丰富的预置即用式流程及样板数据、流程图、测试脚本等。基于SAP最佳实践，项目团队开展系统演示、用户培训、标准功能适配分析等工作的效率得以极大提升，从而加速了云ERP的部署进程。

（2）交付方法论。SAP Activate由六个阶段构成，每个阶段都为项目团队提供全面的各项任务的规范性指引，并提供了这些任务中可能用到的各种加速器，包括交付文档、知识库链接、模板等。这些指引和加速器都可以通过SAP路线图查看器（roadmap viewer）查询和下载，以帮助项目团队敏捷交付，控制项目风险。

（3）采用与扩展工具集。包括应用生命周期管理（ALM）、引导式配置（guided configuration）、数据迁移、识别与访问管理、扩展工具、集成工具、自动测试、用户学习与帮助等，这些工具都进一步提升客户采用效率。

换言之，SAP Activate在提供管理流程框架的同时，提供了更加具体的内容和技术实现工具，并与业务内容、系统实现紧密关联，支持高效、灵活的交付模式，同时助力企业持续创新。

SAP Activate方法论中，项目可以分解为六个阶段，如图1.23所示。

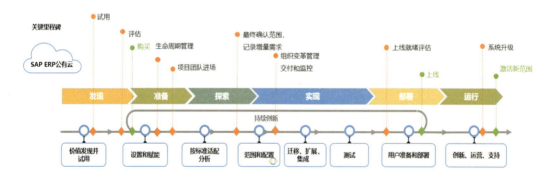

图1.23　SAP Activate方法论中项目的六个阶段

（1）发现（discover）。让客户了解SAP ERP公有云的广度、深度和功能，在试用系统中进行功能体验，了解该解决方案为企业带来的诸多好处，并确定部署范围、制订整体项目时间表，准备开始项目部署。

（2）准备（prepare）。关注项目的初步计划和准备，包括启动项目、确定计划、项目团队进场、准备好"启动系统"等工作。

（3）探索（explore）。借助最佳实践，聚焦执行"按标准流程适配"（fit-to-standard）分析，以此验证项目范围中的解决方案功能是否匹配，进而确保业务需求得到满足。确定的差异和配置将添加到Backlog日志中，供下一阶段使用。

（4）实现（realize）。基于在上一阶段确定的功能和流程，以及Backlog日志中记载的业务需求和功能需求，项目团队通过敏捷迭代的方式逐步构建并测试集成的业务和系统环境。同时项目团队会将客户数据导入系统中，测试扩展和集成的功能，确保端到端的流程准备就绪。

（5）部署（deploy）。设置生产系统、确认客户组织已准备就绪并将业务操作切换到新系统。

（6）运行（run）。新系统正式运行，客户可以使用新系统进行管理与操作。系统每次定期升级时，客户应按要求执行相关操作，并根据企业需求决定是否采用新功能。

SAP Activate在执行过程中十分强调敏捷的交付方法，例如，以Sprint周期开展工作、在实现阶段通过迭代进行增量式实现、在执行过程中将问题留存在Backlog日志以期在下个阶段或周期解决等。从这些理念中，能够直接地体会到SAP ERP公有云不只是通过云部署的ERP，而是一种持续性的数字化转型服务，包含了从需求发现、业务探讨、实现上线到持续优化创新的端到端流程。因此，客户与软件服务商、交付公司或咨询商之间的关系也伴随着SAP ERP公有云的发展而成为一种长期持续合作的关系。

1.6.3　SAP Activate的特点

为了能够更加清楚地认识SAP Activate到底改变了什么，将其与上一代传统本地部署（On-premise, OP）的实施方法论ASAP进行简单的对比，如图1.24所示。

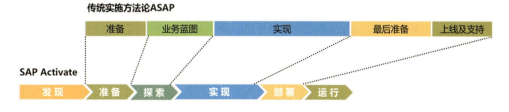

图1.24　SAP Activate方法论对比本地部署ASAP方法论

与ASAP方法论相比，SAP Activate最大的区别是取消了"业务蓝图"阶段而换成了"探索"，这个阶段内不再完全依赖实施顾问与客户沟通过程中的个人能力，而是基于SAP最佳实践业务流程的指导,采用"按标准流程适配"(fit-to-standard)的方式展开,进而发现并控制差异,确保后续交付的顺畅、稳定可控。此外,通过云架构实现的快速系统激活、完善的知识流程体系、一系列的敏捷交付工具等,SAP Activate能够明显缩短项目的交付时间。

需要注意的是,敏捷交付是建立在客户接受云思维,不需要进行大量定制的条件下才可能实现。因此,SAP Activate将项目工作"提前"进行了准备:在项目开始之前增加了"发现"(discover)阶段,以评估、解构客户业务需求并设置合理的预期。对于客户提出的比较重要的定制需求,交付策略可以考虑以下几种选项:

(1)对于和标准功能紧耦合的个性需求,可以在SAP ERP公有云内置的ABAP环境中实现;

(2)通过BTP进行并行开发扩展的模式实现客户的客制化需求和特殊创新需求;

(3)通过集成合作伙伴或其他行业解决方案实现客户的专业领域需求;

(4)按不同阶段或迭代周期来逐步完善方案以实现客户整体的数字化转型需求。

站在敏捷的视角上探讨和规划一个复杂度较高的项目时,"二八原则"是十分重要的,不能期望用一个项目满足企业的所有需求、解决所有问题,那样会导致项目难以推进;应该考虑的是在第一期项目里把转型的主要架构搭起来,解决主要问题(80%),而剩下的问题(20%)可以放到下一次迭代中或通过其他软件/平台来解决。同时,SAP也在不断丰富和扩充最佳实践,逐步将各类行业功能进行重新优化并基于路线图持续推出,以更大程度满足全球客户的需求。SAP Activate的交付周期也因此"向后"进行了延展,增加了"运行"(run)阶段,保障客户以规范的方式持续运行、评估和采用新功能和扩展使用范围。SAP Activate的这些定位和价值主张如图1.25所示。

图1.25 SAP Activate 的定位与价值主张

整体上，不难看出SAP ERP公有云的项目其实是一个帮助客户成功的全生命周期的服务，覆盖了评估到运行的全部采用历程。而SAP正是基于SAP Activate方法论和专业的生态体系来全方位地服务客户。

1.7 模拟案例介绍

为了便于读者理解，本书第2~7章会基于一个模拟公司（艾德望思，Advance）的案例来具体讲解SAP ERP公有云的业务功能。本节介绍这个模拟案例的背景，同时讲解组织架构。

1.7.1 案例背景

上海艾德望思（Advance）智能温控设备有限公司（以下简称"艾德望思"）于2000年在上海成立，致力于开发和销售创新的供热与制冷系统。业务已覆盖大中华区和东南亚部分国家，计划将在两三年内进军南美和欧洲市场。

在过去，该公司的业务是由一些非集成的信息系统配合手工处理来完成的。系统集成度不高，业务覆盖度不够，每个月末业务和财务的数据匹配困难，总是需要手工进行调账，财务总监为此非常焦虑。同时面对企业的海外拓展以及新的业务模式的尝试，系统都没有办法很好地支持，系统成了制约企业快速发展创新的一块绊脚石。

三年前，艾德望思开发了一套创新的新型集成式供热与制冷控制系统，该系统将为国内的商业市场提供智能控制的解决方案。这个新产品系列获得了国家认证和引人瞩目的能效等级。由于这些最新的发展，该公司引起了业界的广泛关注，并获得了风险投资的大力支持。为了满足风险投资方的严格信息披露要求，艾德望思采用了功能全面且支持全球业务发展的SAP ERP公有云系统。

由于SAP ERP公有云系统的实施方法论基于SAP最佳业务实践，所以艾德望思的项目很顺利地成功上线。上线之后，公司的核心业务在云ERP系统中全部打通，资金、物流、业务状态在系统中一目了然，业务管理井井有条。由于业务直接生成财务数据，月末关账速度很快，财务总监再也不用为月结发愁了。最让管理层高兴的是，坐到办公室通过大屏幕可以实时看到公司在中国和新加坡的准确且详细的运营数据，而这些可视化数字化的分析结果对公司做业务决策非常重要。

项目上线一年后，艾德望思已经可以看到运营成本明显下降，客户的问题能够得到快速反馈和解决，客户满意度上了一个新的台阶，订单量也增加了。投资方满意公司的发展势头，计划继续投入资金。

本书后续章节将具体阐述SAP ERP公有云在各个业务部门是如何发挥作用的。由于篇幅有限，在每个业务部门中只精选其中1~2个主要业务流程进行讲解。

具体业务讲解之前，有必要先介绍艾德望思的业务架构，便于读者了解具体业务流程。

艾德望思集团总部位于中国上海，下设艾德望思中国、艾德望思新加坡和艾德望思咨询服务三家公司，未来还将在南美和欧洲设立公司。

艾德望思中国注册于上海，制造工厂和物流中心在苏州工业园区，主要负责设备的制造、销售、供应链支持和售后服务业务。整个华东、华南地区的销售区域都从苏州工厂直接发货。

艾德望思中国在北京有一家分公司，主要负责华北和东北地区的销售业务。为了降低物流成本，艾德望思中国公司在北京也有一处自己管理的仓库。

艾德望思新加坡主要负责整个东南亚地区的市场运作、销售及售后服务。新加坡公司没有任何生产工厂和仓库，销售都是通过转售的方式由艾德望思中国直接发货给客户。

此外，由于艾德望思掌握大量的核心技术和专利，集团还拥有一家专业服务公司艾德望思咨询服务，负责向客户提供专业的温控技术支持和咨询服务。

艾德望思集团的组织架构图如图1.26所示。

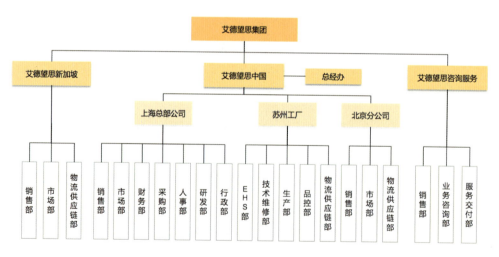

图1.26 艾德望思集团的组织架构图

1.7.2 组织架构设计

艾德望思基于实际的业务组织，在SAP ERP公有云中设立了与之对应的系统组织架构，以支撑艾德望思的业务开展与管理需求。与此同时，在组织架构设计上，SAP ERP公有云的弹性配置也为艾德望思未来的业务发展预留了充分的扩展可能性。艾德望思的组织架构设计如图1.27所示。

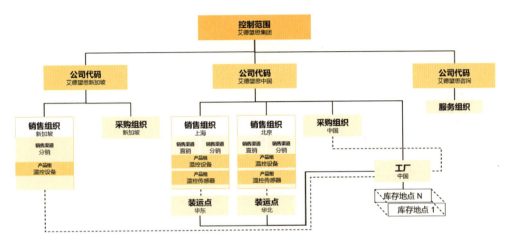

图1.27 艾德望思的组织架构设计图

接下来介绍系统组织架构中各单元的概念和设计理念，为后续业务流程的学习打下基础。

1. 公司

公司一般代表集团企业中的一个独立的公司实体，是需要独立出具法定报表的法人实体，或者是集团中高度独立核算的单位，是财务的核心组织单元。每个公司对应一个公司代码。

2. 销售组织

企业根据销售管理的需求对负责销售的部门进行分组，形成不同的销售组织（sales organization）。每个销售组织可以负责特定产品或者服务的销售业务，也可以负责一个地区、国家或者国际市场的销售业务。

销售组织拥有产品或服务的销售价格谈判权，是可以承担产品和客户赔偿法律责任的组织。

如果系统要启用销售管理的功能，则必须设置至少一个销售组织。每个销售组织被唯一分配给一个公司代码，但是一个公司代码下可以设置多个销售组织，从而用于业务区域的划分或者满足统计需求。

艾德望思中国公司分为上海和北京两个销售组织，上海销售组织负责华东和华南市场；北京销售组织负责华北和东北市场。

在销售统计中，因为销售组织是最高的统计级别，所以销售相关的所有单据，包括订单、外向交货单和发票，都会分配一个销售组织。系统可以按照销售组织对销售、交货和发票等环节进行统计分析。

3. 分销渠道

分销渠道（distribution channel）是一个集团层级的组织结构，分销渠道定义了产品或者服务是通过何种途径和方式交付至客户。

比如常见的分销渠道有直销、分销、零售、电商和工程项目等。

（1）直销。直接由公司自己的销售部门向客户销售。

（2）分销。通过分销商或代理商进行销售。

（3）零售。通过门店进行销售，直接销售给消费者。

（4）电商。通过电商平台进行销售，直接销售给消费者。

（5）工程项目。通过对接工程部进行项目性质的销售和管理。

可以用不同的分销渠道来设置以下内容：

（1）不同的职责范围；

（2）灵活的价格体系；

（3）不同的销售分析维度。

分销渠道必须分配给至少一个销售组织，也可以分配给多个销售组织。如果启用销售管理功能，必须定义至少一个分销渠道。

4. 产品组

产品组（division）是公司对所销售的产品或服务进行大类划分，可以按产品线、事业部或者产业集群进行分类。

请注意不要将销售中的产品组与物料主数据中的物料组（material group）混淆。产品组是用于区分不同产品线的大类，而物料组则是对产品进行分类的数据维度。

例如，在艾德望思有三个事业部，分别是温控传感器、温控仪器和温控咨询服务，在系统中可以分三个产品组与之对应。物料组则是用来区分物料本身的性质，如电路板、芯片、空气压缩机等。

一个销售组织可以分配多个产品组,如果启用销售管理功能,必须定义至少一个产品组。

5. 分销链与销售范围

在SAP ERP公有云中,将销售组织与分销渠道组合就形成了分销链(distribution chain)。分销链代表在该销售组织下可以使用该种分销渠道进行产品的销售与交付。

例如,艾德望思中国公司的产品将通过直销和分销两种模式销售;而艾德望思新加坡公司的产品只会通过分销的模式进行销售。所以艾德望思中国公司存在两条分销链;艾德望思新加坡公司只存在一条分销链。

如果将产品组分配给分销链,则组成了销售范围(sales area)。销售范围用于定义一个销售组织对应的分销渠道以及所能销售或交付的产品组。

例如,通过销售范围,艾德望思设定了华东和华北销售组织可以销售温控传感器和温控仪器,新加坡销售组织只能销售温控仪器,而艾德望思的咨询服务销售组织只能交付咨询服务。艾德望思通过销售范围的配置规定了不同销售组织的业务范围。

一个销售范围只能分配给一个公司代码。如果启用销售管理功能,必须定义至少一个销售范围。

每一张销售业务单据都会指定一个销售范围,且后续不能被更改。除了业务单据之外,销售相关的主数据也是通过分销链或销售范围维度来进行维护和扩展的,如客户主数据、物料主数据、价格主数据等。在实际业务中,以客户主数据为例,可以为同一个客户扩展多个销售范围视图,以支持该客户在不同销售范围内开展业务。

6. 工厂

工厂(plant)是SAP供应链管理中的一个重要的组织单位,是供应链流程中最高层级的组织单元。从生产、供应链和财务的角度细分一家实体企业,一般来说,工厂可以代表公司中的一系列实体,如生产厂区、物流中心、仓库、办公地点或者特殊的资产维护地点等。

不同业务领域对"工厂"赋予的含义也不尽相同。比如在生产业务中,工厂是进行生产计划、生产执行的组织单元;在供应链业务中,工厂是货物存放、流转的物理地点;在财务业务中,工厂是对库存和生产的成本、利润进行核算和评估的组织单元。

在SAP ERP公有云中并不是只有制造型企业才需要设置工厂,只要涉及库存管理,销售发货的组织架构都需要分配工厂。工厂必须分配给一个公司代码,一个公司代码下可以分配多个工厂。

如果启用销售管理功能，工厂必须分配给一个分销链（销售组织和分销渠道的组合），也可以进行多对多的分配，代表在某个销售范围下可以发送哪些工厂的货物。工厂还有一个重要的作用是用来确定销售凭证中的装运点。

7. 库存地点

库存地点（storage location）是在工厂下区分工厂内存放货物的不同库存地点。可以用库存地点来区分厂区内的不同仓库，如原材料仓、半成品仓、成品仓等。有时候也会创建虚拟的库存地点来区分特殊的物料位置，如客户退货仓、研发仓、电商平台仓等。

工厂和库存地点的概念会在整个供应链业务范围内使用。库存地点可被分配给工厂，一个工厂可以有一个或者多个库存地点。

8. 装运点

装运点（shipping point）是供应链流程中控制发运和收货活动的组织单元。在装运流程中，每张外向交货单或者内向交货单都需要指定一个装运点。

在实际业务中，装运点代表负责发货或者收货的对接物流的组织部门，一般会有专门的收发货专员来负责维护和管理。一个工厂可以只有一个装运点，也可以有多个装运点，当然多个距离较近的工厂也可以共用一个装运点。

例如，艾德望思的苏州工厂内有两个仓库，一个是温控设备的仓库；一个是温控传感器的仓库。温控设备的产品体积较大，需要对接货运卡车或者集装箱承运商；温控传感器的体积较小，需要对接国内或者国外的物流公司。所以在艾德望思的苏州工厂设立了两个装运点，分别对应不同的装运业务。

在SAP ERP公有云中，也可以设置虚拟的装运点，如客户寄售装运点、客户退货装运点等。

9. 仓库

仓库管理是在SAP ERP公有云库存管理基础上，将库存管理维度精细到仓库存储位置级别的仓储管理解决方案。这不仅为仓库管理员提供仓库中产品总数量的概览，还可以随时查看产品在仓库中的确切位置。启用了仓储管理功能，则会创建仓库（warehouse）这个组织单元。

仓库一般会唯一对应一个实际的物理仓库地点，可以对整个仓库的结构进行定义。

10. 采购组织

采购组织（purchase organization）是SAP中采购业务的基本组织结构单元，采购组织作为一个独立的采购主体，负责采购物料或服务，与供应商协商采购条款和条件，并承担交易的责任。所有的采购业务单据如采购合同、采购订单、采购询报价等都需要指定到采购组织，并且采购业务单据有且只有一个采购组织。在主数据管理中，很多采购相关的主数据也都是基于采购组织维度进行维护的，如供应商的采购视图、采购信息记录等。

在SAP ERP公有云中，采购组织需要被分配给公司代码和工厂。

一般情况下，采购组织与公司代码是一一对应的关系，但在一些特殊情况下，一个公司代码会分配多个采购组织。采购组织与工厂之间存在多对多的关系；一个采购组织可以分配至多个工厂，反之亦然。

例如，在艾德望思，采购业务都发生在上海总部，我们将会创建一个采购组织与公司代码保持一致。

11. 采购组

采购组是SAP中负责特定采购活动的采购员或采购小组所代表的组织单元。采购组对内负责区分不同物料和物料组的采购，对外向供应商提供采购联系人信息。在大多数采购业务单据中，采购组是一个必填项目，用来代表此业务交由哪个采购组经办。

采购组是一个全局组织单元，不需要分配给采购组织或者公司代码。这意味着采购组可以跨公司代码或者采购组织使用。

在实际应用中，通常以企业内采购人员或者采购小组的数量划分采购组，亦可以对不同的采购业务进行分组，如直接物料采购组、间接物料采购组、固定资产采购组等。在同一家公司中可以有多个采购组，而这些采购组有时候并不只服务于一家公司，可以为集团内的多家公司操作采购业务。

例如，艾德望思有五位采购员分别负责原材料、备件耗材、固定资产、办公用品、服务的采购业务。可创建五个对应的采购组分别对应五位采购员。

模拟案例的背景和组织架构就介绍到这里，下面让我们一起开始SAP ERP公有云业务功能的探索之旅。

第二部分　功能篇

Part 2

第 2 章 CHAPTER 2
销售管理

SAP ERP公有云为企业提供一体化的客户管理和销售管理平台,支持从报价、销售订单签订、订单交付、发票、收款等全流程,实现从线索到现金的销售闭环管理。同时支持多种销售模式,如产品销售、解决方案销售等,并提供实时的销售分析和洞察,为管理层决策提供全方位的数据支持。

本章节将重点讲解 SAP ERP公有云销售管理中的主要应用场景与业务流程。

学习目标
- 了解销售管理的主要解决方案;
- 理解销售主数据的基本概念和相关功能;
- 熟悉销售管理的关键流程;
- 掌握销售业务的分析和洞察功能;
- 了解销售管理的智能场景。

业务范围

在SAP ERP公有云中,销售管理包含了定价管理、销售合同管理、销售报价管理、销售订单管理、解决方案订单管理、销售与解决方案开票、销售监控和分析等一系列销售运营场景，如图2.1所示。

图2.1 销售管理的业务范围概览

各主要功能概述如下。

（1）定价管理。用于定义灵活的价格政策和定价细则，支持价格计算、价格调整等功能。

（2）销售主数据。记录企业的销售组织架构，包括销售组织、分销渠道和产品组等。记录客户和产品的基本信息等。

（3）销售合同管理。管理与客户签订的数量合同/金额合同，实时了解合同的履约情况。

（4）销售报价管理。针对客户的询价需求进行相应的报价，并预测订单的转化率。

（5）销售订单管理。对产品的仓库活动如拣配、包装、装运发货等过程进行管理。

（6）解决方案订单管理。对客户下达的解决方案订单进行全程管理和监控。

（7）销售与解决方案开票。支持对销售业务进行开票处理，以及基于业务需要的发票价格调整、财务发票冲销等处理。

（8）索赔、退货和退款管理。支持退换货业务、公司间交易、销售寄售业务及返利业务等。

（9）销售监控和分析。通过实时的分析洞察对销售过程进行跟踪、分析和预警，或基于历史销售数据和市场趋势预测未来销售情况和趋势，为领导层的正确决策提供准确且实时的数据依据。

2.1 销售主数据

主数据指企业内一致并共享的基础数据,用于实现跨部门业务协同,并反映核心业务实体状态属性。主数据相对于交易数据而言更加稳定,要求准确和标准化,并能唯一识别。常见的主数据如员工、产品、客户、供应商、会计科目等。

销售主数据指和销售业务流程相关的主数据,包括客户主数据、产品主数据和价格主数据等。

2.1.1 业务伙伴(客户)主数据

在SAP ERP公有云中,业务伙伴(business partner)是一个集成的数据模型,用于表示和公司有业务往来的个人、组织和组。业务伙伴主数据可以在整个系统中使用,并通过"业务伙伴类别"进行分类。

业务伙伴类别包括人员、组织和组。每种类型的业务伙伴都有不同的属性和数据需要维护和管理。例如,人员类型的业务伙伴需要维护出生日期、个人地址等信息;而组织类型的业务伙伴需要维护公司名称、地址等信息;组类型的业务伙伴则是一组人员或组织的集合,例如联合经营者、住户和委员会等。

当创建业务伙伴时,必须要指定业务伙伴类别。在选择业务伙伴类别后,系统会自动判断哪些信息为"必输字段",这样可以确保数据的完整性和准确性。需要强调的是,SAP ERP公有云支持基于业务需求进行灵活设置,用户可以根据自己的业务需求增加所需字段作为"必输字段",从而按照公司需求管理主数据。这样可以更好地适应不同行业、企业和用户的需求,为企业个性化的需求提供更好的支持。

每个业务伙伴只需要在系统中创建一次,但可以根据不同的业务需求为其分配多个角色,以支持其与企业在不同业务场景下的合作。例如,某个业务伙伴既是公司的客户,需要购买公司的产品,同时又是公司的供应商,需要为公司提供相关的零部件。这种情况下,可以为该业务伙伴创建"客户"和"供应商"两个角色。这种设计能够最大限度地减少数据冗余,同时也可以更好地管理业务伙伴的主数据。

一旦为业务伙伴分配了对应的角色,该业务伙伴就可以按照对应角色的业务需求进行相关操作。客户角色定义说明如表2.1所示。

表2.1 客户业务伙伴角色

角 色	描 述	定 义
FLCU00	客户（财务会计）	维护客户的"公司代码"视图，表示需要向其收取应收款项，发生财务往来
FLCU01	客户	维护客户的"销售范围"视图，表示会与其发生销售业务，创建销售凭证，如销售合同、销售订单等

为了便于理解，本章节将以艾德望思为模拟案例，讲解销售相关的主数据和业务流程。在系统中，艾德望思的客户"华北制冷设备有限公司"被分配了"客户（财务会计）"和"客户"两个角色。这意味着该公司既是销售客户，可以下达销售订单；又是财务客户，可以向公司进行付款，如图2.2所示。

图2.2 业务伙伴的业务角色分配

在"客户"的角色下，可以为该客户维护相应的销售范围视图。如果一个客户在多个销售范围下都有业务往来，那么就需要为该客户维护对应的销售范围视图，以便能够在各自的销售范围下签订销售订单。在每个销售范围视图中可以维护该客户在该销售范围下的特定条件和数据，如客户组、交货工厂、装运条件、交货优先级、国际贸易条款等。这样可以为不同销售范围下的业务提供个性化的销售条件和价格设置，如图2.3所示。

在"客户（财务会计）"角色下，可以维护该客户的公司代码视图。如果一个客户维护了多个公司代码视图，代表该客户可以和多个公司进行财务往来。客户的公司代码视图以公司代码为维度，维护该客户在此公司代码下财务应收账款相关的数据字段，如对账科目、付款条件等，如图2.4所示。

图2.3 销售范围详细信息

图2.4 公司代码视图

在客户主数据中，可以看到为业务伙伴维护的"销售范围"和"公司代码"，如图2.5所示。

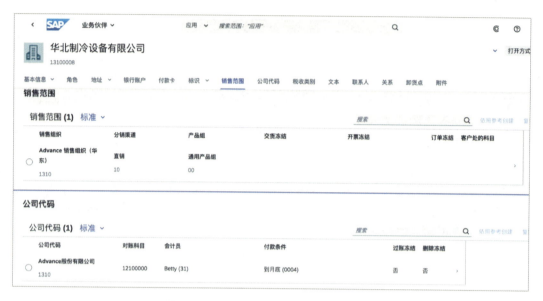

图2.5　业务伙伴的销售范围和公司代码

SAP ERP公有云在集团层面搭建了统一的客户主数据维护平台，该平台由专职主数据管理人员审核和维护客户资料，确保客户信息的唯一性和真实性。同时，该平台还支持对客户数据进行多维度分析和挖掘，以便更好地为客户提供服务。

2.1.2　产品主数据（分销链视图）

产品主数据（product master）指企业运营中与产品相关的被统一管理的物料信息，包含描述、尺寸、重量、计量单位等基础信息，以及销售、生产、采购、仓储、质量、财务等业务信息。产品主数据管理所有产成品、原材料、备品备件及服务等物料信息，有时也被称为物料主数据。

产品主数据具有组织层级结构，其中基础信息（如编码、名称和计量单位等）在集团层面维护，对整个集团有效；业务信息，如分销链数据（产品定价组、交货数量要求和税码等）在销售组织层级维护，只对该销售组织有效；工厂数据（MRP相关数据、装运组和可用性检查规则等）则在工厂层面维护，只对该工厂有效。产品主数据是企业业务运营的基础，不同业务部门对物料的管控要求会反映在产品主数据的相关视图中。图2.6是产品主数据的分销链视图。

图 2.6 分销链视图

产品主数据信息包含唯一物料编号，通常企业对物料编号有统一的编码规则，如产品编号FG226001，FG代表成品（finish goods），2代表产品大类，26代表产品型号，001代表流水号。此外，通过设置状态，产品主数据还可对该物料是否可用进行控制，支持业务上冻结物料的需求。

2.1.3 价格主数据

价格主数据是销售过程中非常重要的主数据，它涉及从报价到合同/订单、从开票到会计核算等所有销售凭证中的价格信息。价格管理也是企业实现销售管控的重要手段，能够直接影响销售利润，并可能带来市场需求的波动。

SAP ERP公有云采用条件技术，可以实现灵活且强大的销售价格管理，支持企业的各项价格策略。以图2.7为例来说明灵活定价的实现原理。

（1）定价程序是由销售凭证中的销售范围、客户主数据中的定价程序信息和凭证类型配置中的凭证定价程序等信息共同确定的，如PP1。这意味着销售订单和客户信息可以灵活确定一套个性化的定价程序。

（2）在定价过程中，定义了参与价格确定的价格细项（条件类型），如标准价格、百分比折扣、运费、税费等以及它们的显示顺序。

（3）为每个价格细项分配一个访问顺序，即按从特殊到一般的排列顺序定义价格搜索策略。例如，如果我们维护了客户"华北制冷设备有限公司"购买产品"加热制冷

图 2.7 价格细项的确定过程

温控一体机"的特殊价格,则系统直接确定该价格;如果没有维护,则用客户主数据中的"价格清单类型"结合"凭证货币"及"物料"搜索确定得出产品价格;如果依然没有找到,则搜索该产品的标准价格,并最终确认价格。顺序执行过程中,一旦满足条件的价格被找到,则不会继续搜索其他价格。

(4)该案例中"价格清单类型/货币/物料"的价格主数据被确定。

(5)根据价格主数据中的阶梯定价,结合销售凭证中的产品数量(120件),最终确定产品价格为101美元(从100件起,101美元/件)。

(6)重复(2)~(5),确定其他价格细项(条件类型),如按产品数量计算的折扣、按订单总价百分比的折扣、运费、税费等,并计算订单总金额(条件值)。本例中,产品净值=101美元(条件金额)×数量120件(条件基础)−折扣总和360美元=11760美元(条件值)。如果有更特殊的业务需要,还可以通过增强定价公式来进行复杂的价格计算和处理,简要计算过程如图2.8所示。

图 2.8 价格净值的计算过程

从以上定价的原理中可以了解到SAP ERP公有云定价的灵活性。通过定价策略的灵活制定和管理，企业能够更好地适应激烈的市场竞争环境，迅速响应市场变化，以更合理的价格吸引客户，增强市场占有率，从而取得先机。

2.2 销售管理业务流程

在了解了销售管理的端到端业务流程以及主数据设计理念后，本节将侧重于梳理和讲解SAP ERP公有云中销售管理的核心流程。

以产成品销售为例，销售代表和客户进行沟通洽谈后，根据客户询价情况，进行相应的报价。如果报价被接受，则创建后续的销售订单。系统会对销售订单进行可用性、定价、完整性等方面的检查，订单需求也将传递给采购或生产部门。待产成品备好后，仓库管理员进行拣配、质检、包装和交货出库、运输和收货验收。销售代表对整个订单执行过程进行监控，及时干预无法正常交付的订单，提高准时交付率。完成发货后，开票专员为客户开具发票，确认收入并收款清账。销售管理端到端流程如图2.9所示。

图2.9 销售管理流程概览

值得一提的是，SAP ERP公有云的销售管理方案不仅能够支撑企业现有的业务需求，还能够满足未来的业务模式创新。例如，有些企业希望将产品的安装、维护和修理等服务作为增值项一并销售给客户，甚至希望能够开展更加创新的业务模式，如允许按照客户使用量来收费，从而实现长期业务收入和客户黏性的增加。

SAP ERP公有云的"解决方案订单"管理可以支撑这些业务模式的发展，帮助客户将单一产品销售转变为整体解决方案销售，也就是在一张订单中同时销售实际产品、服务、项目和订阅等复杂解决方案。解决方案订单界面如图2.10所示。

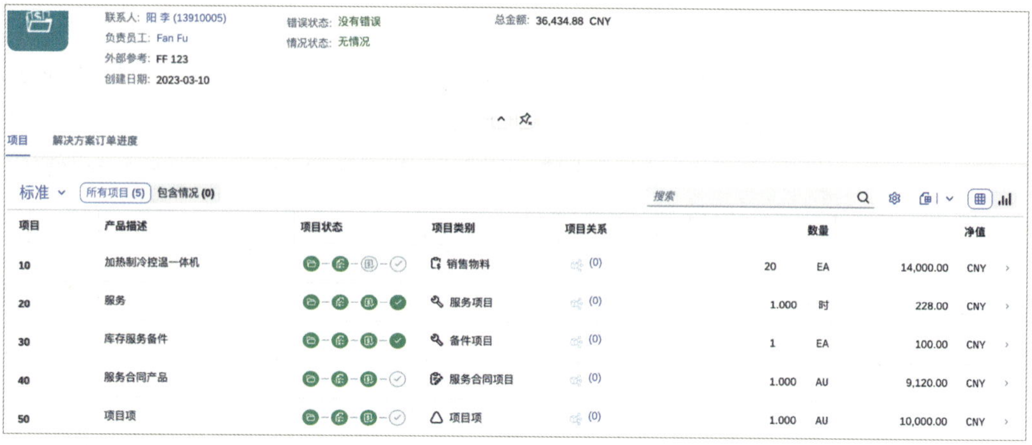

图 2.10　解决方案订单行项目及项目状态

此外，通过解决方案订单进度查询功能，企业可以直观查看整体进度，并可追溯到每一张业务单据，从而掌握解决方案订单中不同项目的执行状态。这使得企业可以更加灵活地满足客户的不同需求，提高销售收入和客户满意度，如图2.11所示。

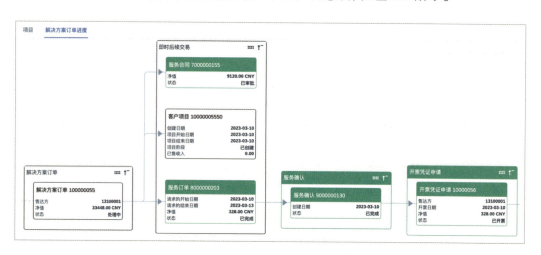

图 2.11　解决方案订单进度

2.2.1　售前活动

售前活动指在销售合同或销售订单签订前与客户进行的一系列沟通活动，如直接拜访客户、参加贸易展销会、进行网络营销或电话营销等。这些售前活动所收集的信息可用于规划和评估市场和销售策略，并作为与客户建立长期商业关系的基础。例如，这些信息可用于以下几方面：

(1)分析丢赢单原因;

(2)记录售前信息,以帮助销售合同的谈判;

(3)在为客户提供产品和服务的过程中,了解完整的过程,如历史价格、历史联系人等。

业务场景:

客户对某产品表现出兴趣,发送询价单以获取该产品的报价。销售代表接收到客户的询价请求后,在系统中为客户提供相应的报价,并将该报价单提交至销售经理进行审批。一旦审批通过,最终报价单将发送给客户以供确认。

相关的业务角色:

(1)销售代表(SAP_BR_INTERNAL_SALES_REP)。

(2)销售经理(SAP_BR_SALES_MANAGER)。

相关功能:

(1)管理销售询价。

(2)监控询价项目。

(3)管理销售报价。

(4)报价转换率。

(5)销售报价——灵活分析。

1. 询价单

询价单是一种记录客户向公司申请特定产品或者服务的相关信息或报价的单据。

艾德望思的销售代表通过电话与经销商客户(华北制冷设备有限公司)进行销售,该客户表达了对新款温控一体机的兴趣,并询问了关于产品的详细信息和批量购买20台设备的价格。

销售代表通过登录SAP ERP公有云系统,使用"管理销售询价"功能创建了一张新的销售询价单。输入了客户和产品信息后,系统自动确认了客户的详细信息以及20台新款温控机的信息,并按照客户的等级自动算出了预估价格和折扣。这张询价单可以作为后续报价单的参考凭证,如图2.12所示。

不同的单据有不同的用途和法律效力。举例来说,询价单不承诺价格和交货期,而报价单和销售订单则承诺在有效期内提供的产品价格。同时,销售订单还需要满足对客户交货期的承诺,如表2.2所示。

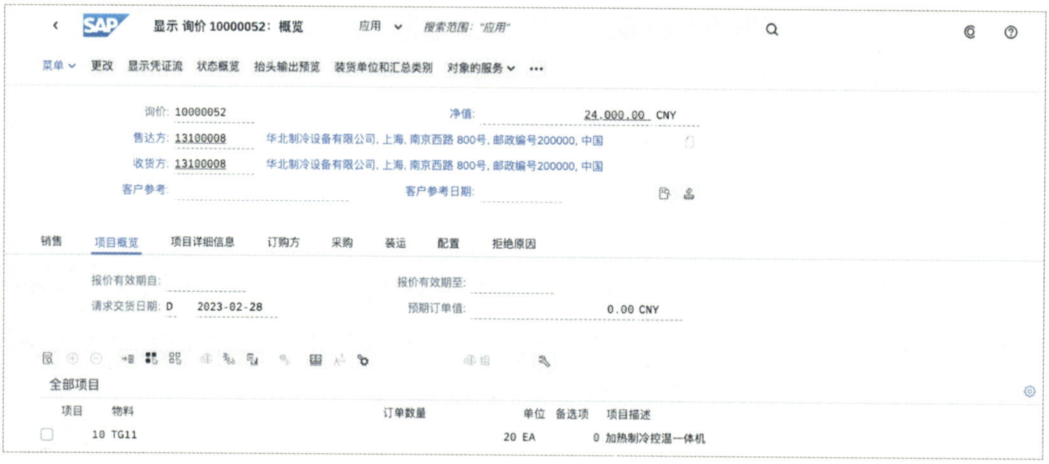

图 2.12 询价单

表 2.2 询价单、报价单和销售订单的区别

功　能	询 价 单	报 价 单	销 售 订 单
包含产品的价格和数量	是	是	是
承诺产品销售的价格	否	是	是
承诺交货期	否	否	是

可以用询价单来记录客户的询价信息,制定后续的销售策略和分析业务,但询价单不是销售过程中必须创建的销售凭证。

2. 报价单

报价单是一份有法律约束力的业务单据,明确规定在特定时间内以特定价格销售给客户特定产品。报价单规定了报价的有效期,即只有在有效期内该报价才有效。例如,客户必须在本月下单才能享受新款温控机的价格优惠,下个月将无法享受该价格。

销售代表通过"管理销售报价"登录SAP ERP公有云系统,可以手动创建一份新的销售报价单,也可以参考之前的询价单进行创建。如果选择参考创建方式,报价单将自动代入询价单中的数据,如图2.13所示。

报价单包含客户信息、报价有效期、产品信息、承诺价格等信息。

销售凭证(如报价单和销售订单)可以设置审批工作流程。如果销售凭证满足审批条件,它将被发送到审批人(例如销售经理)的"我的收件箱"中。审批人可以选择"批

图 2.13　参照询价单创建报价单

准"、"拒绝"或"返工"该销售凭证。在SAP ERP公有云中广泛使用的审批凭证流程，通过简化操作提供了审批的便利性和用户友好度。图2.14展示了销售凭证审批工作流。

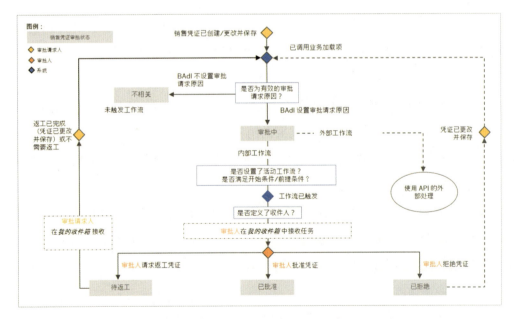

图 2.14　销售凭证审批工作流示意图

如果客户由于价格或交货期等原因，选择从其他供应商购买产品，销售代表可以记录拒绝原因并关闭相应的报价单。这一信息可用于后续的商机分析和业务提升，如图2.15所示。

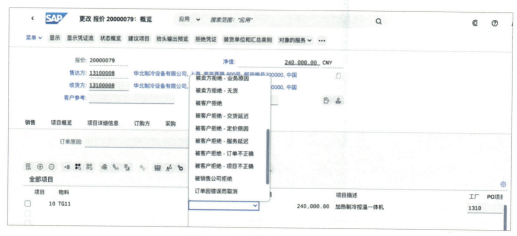

图 2.15 拒绝报价单的原因

和询价单一样,报价单也不是销售流程中必须维护和管理的销售凭证,可以根据客户业务需求来决定是否启用该功能。

2.2.2 销售订单

销售订单是具有法律约束力的销售凭证,记录了与客户在约定的时间内,以约定的价格向其交付一定数量产品的协议条款,是贯穿销售流程的重要单据之一。

业务场景:

客户对公司的产品感兴趣并已接受产品报价后,会与公司的销售代表联系并签订订单。如果有特殊价格审批,销售代表需要向销售经理或更高的主管进行审批,待审批通过后,价格和订单将会生效。同时,销售订单中可以结合信贷管控,规避向应收账款超出额度范围的客户进行发货的风险。

审批生效的订单会作为产品的需求计划被自动传递到相应的生产和采购部门进行后续处理。销售代表可以实时监控相关订单处理的过程,了解产品的生产和采购到货情况,避免因延期交货导致客户投诉,从而提高客户满意度。

相关的业务角色:

(1)销售代表(SAP_BR_INTERNAL_SALES_REP)。

(2)销售经理(SAP_BR_SALES_MANAGER)。

相关功能:

(1)管理销售订单。

(2)不完整销售凭证。

(3)销售订单项目——延期交货订单。

销售代表可以登录SAP ERP公有云系统,打开"管理销售订单",根据客户的业务需求手动创建该销售订单,或者参照之前的报价单进行创建。

在销售订单创建的初始阶段,需要明确订单类型和销售范围,如图2.16所示。

其中订单类型是说明这笔生意的业务类型,如正常的产品销售、退货或是借贷项凭证请求等其他的业务。不同类型的销售订单会触发不同的后续流程。例如,正常销售会触发交货处理流程,而借贷项凭证请求则不需要任何交货处理,直接触发财务处理流程。

图2.16 选择销售订单类型

销售范围明确了负责这笔生意的销售组织,通过怎样的方式和渠道交付产品和服务,以及销售的是哪个大类的产品。这些信息会影响后续的价格确定,也可作为销售分析的维度之一。

在明确了最基本的信息后,进入订单录入界面,当填入客户和产品的代码后,系统会自动带出客户和产品的相关信息,这样既避免了手动录入的错误,又减少了数据的冗余,同时还提高了工作效率。如果本次交易中客户有特殊的要求,可以手动在订单中进行相应的更改。

此外,录入销售订单时也可以输入客户物料号,根据客户物料号确定SAP系统的物料号,以便实现在接口应用中和客户系统中的数据进行便捷对接。

1. 销售订单组成部分

销售订单包含抬头信息、行项目信息和计划行信息。

(1)抬头信息。抬头信息指在整个订单中都有效的信息,包括客户相关的数据、订单总金额等信息,如图2.17所示。

(2)行项目信息。行项目信息是与每个行项目相关的信息,一张订单可以有多个行项目,行项目信息包括物料相关信息、所订购产品的数量、交货相关信息、行项目类别、行项目价格等,如图2.18所示。

图 2.17　销售订单的抬头信息

图 2.18　销售订单的行项目信息

（3）计划行信息。计划行信息指行项目中和交货确认相关的信息，包括了交货的数量和确认的交货日期等信息。每个行项目可以有一个计划行，也可以有多个计划行。如果有多个计划行，则意味着本行项目的产品会被分批交付给客户。计划行信息如图2.19所示。

图 2.19 销售订单的计划行信息

2. 销售订单自动确认

在创建订单的同时，系统会自动进行相关信息确认，包括价格确认和交货日期确认。

（1）价格确认。价格确认是由系统自动完成的。根据订单信息和客户信息，系统会按照定价规则自动确定产品的价格、折扣、运费、税费等信息。在此过程中，系统还能自动进行一些复杂的公式计算。为了保证定价的灵活性，一些价格条件可以手动修改，并在"已手动更改"列显示"是"，如图2.20所示。

图 2.20 销售订单中的价格信息

（2）交货日期确认。交货日期确认是由系统自动完成的。系统会通过订单承诺中的可用性检查来确定是否能够满足客户要求的交货期。如果能够满足，系统会确认客户要求的交货日期；如果不能满足，系统会推算出一个新的交货日期。销售代表可以使用延期交货订单的功能来处理无法确认交货计划的订单。此外，还可以根据业务需求，实现一些高级功能，如物料替代和产品保护。

3. 销售订单检查

（1）销售订单不完整日志检查。销售代表可以在订单下达后，通过单击"不完整信息"，对该订单进行不完整日志检查。如果有不完整项目，如缺失定价、缺失毛重净重、缺失付款条件等，应该补充相关信息，以确保订单能够无错误保存并顺利进入后续流程，如图2.21所示。

图 2.21 订单不完整信息检查

销售经理也可以使用"不完整销售凭证"功能，根据过滤条件搜索不完整的销售订单，如图2.22所示。

图 2.22 快速查找订单缺失内容

从不完整销售凭证列表中，销售代表可以导航到所选销售订单的"不完整销售凭证"界面，选中需要维护的"丢失数据项目"，然后单击"完成资料"，即可进入具体信息的维护界面，从而补全信息，如图2.23所示。

除销售订单外，还可以检查其他销售凭证信息是否完整，包括销售询价、销售报价、销售合同、退货订单、免费订单、借项凭证请求和贷项凭证请求等。

（2）销售订单交货期检查。销售代表可以在订单下达后，通过选择行项目中"项目可用性"功能审核可用性检查结果，如图2.24所示。

图 2.23　订单中的不完整日志

图 2.24　审核可用性检查结果

销售经理也可以通过图2.25所示的"销售订单项目"功能，识别不能满足客户需求数量或交货日期的未交付订单。

"销售订单项目"可显示延期交货订单数量的变化，以及与客户开展的业务进展是否顺利。它能够帮助销售经理及时发现并解决问题，从而提高客户满意度。例如，当销售经理发现优先级较高的客户A存在延期交货订单时，他可以与内部团队协作，将优先级较低的客户B的订单转移给优先级较高的客户A，以确保客户A能够及时得到货物，提高其满意度。

系统会用不同的颜色来表示不同的订单交期确认情况，分类的关键指标如表2.3所示。

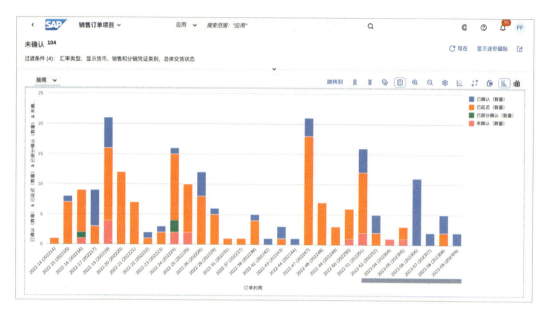

图 2.25　订单交货期确认分析

表 2.3　订单交货状态关键指标

关 键 指 标	描　　述
已确认（数量）	已在请求交货日期前按要求确认完整数量，且没有任何限制或延期的销售订单项目
已延期（数量）	已按要求完整确认，但有一部分晚于请求交货日期确认的销售订单项目
已部分确认（数量）	无论延期与否，已按要求部分确认的销售订单项目
未确认（数量）	尚未按要求确认可用性的销售订单项目

在"销售订单项目"中，可以快速定位到延期交付的订单，高效便捷地解决订单延期交付的相关问题，如图2.26所示。

（3）销售订单信用检查。SAP ERP公有云提供的信用管理功能可以帮助企业管理其客户的信用评估，从而最大限度地降低企业应收账款的风险。以下是SAP ERP公有云中信用管理的主要功能。

① 信用评估。通过对客户的信用资料，如信用履约评级、偿债能力评估、品质特性评估及外部评级机构评分等进行评估，计算其信用评分并确定其信用额度。这有助于企业在与客户进行业务交易时了解实时信用状况，并评估还款能力。值得一提的是，

图 2.26　延期交付订单列表

SAP ERP公有云支持与多家外部评级机构集成，如邓白氏（Dun & Bradstreet）等。信用评分规则示意图如图2.27所示。

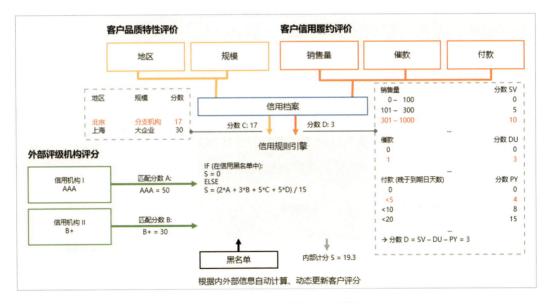

图 2.27　信用评分规则示意图

② 信用限额管理。企业风险管理团队可以根据客户的信用评分或其他因素，如企业策略、市场行情等确定客户的信用限额，即客户可以赊购产品或服务的最大金额。一般而言，较高的信用评分通常对应较高的信用额度。系统支持为客户在集团和信用段层级分别设置信用额度，这样既保证了每个组织可以灵活地开展业务，也降低了整个集团的运营风险。例如，客户华北制冷设备有限公司在艾德望思（中国）可以赊购100 000元，在艾德望思（新加坡）可以赊购150 000元，但在艾德望思集团层面一共只能赊购

200 000元。当客户超额使用总信用额度，即使集团下某个公司还未超用，但其超出额度的销售凭证也会被冻结，如图2.28所示。

图 2.28 冻结客户超出的信用额度

③ 信用决策支持。销售代表在创建销售订单或交货单时，系统自动对销售单据进行信用检查，根据客户的信用限额、信用评估结果以及其他相关的因素，判断该销售凭证是否通过信用检查。如果该单据超出了客户的信用限额或被评估为高风险，该单据将被标记为信用冻结，需要信用管理员进行风险控制审核，如图2.29所示。

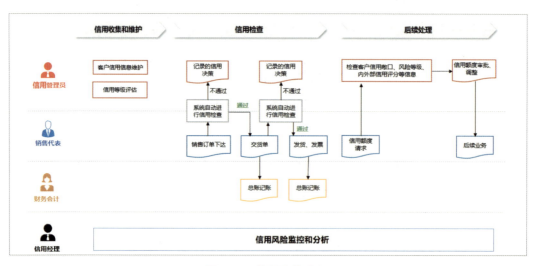

图 2.29 信用决策流程

综上所述，SAP ERP公有云的信用管理功能可以帮助企业控制风险，减少不良账款的产生，提高运营效率，是企业运营管理的重要工具。

2.2.3 产品交货

产品交货是一个与供应链管理相关的功能，负责产品从仓库出库并交付给客户的过程。

业务场景：

当产品准备就绪且临近交货日期，装运专员可以检查到期交货清单并创建出库交货单。然后需要对产品进行拣配、质检、包装和发货出库。如果客户需要，双方可以达成一致并进行收货证明（POD），以客户实际收到的产品数量为依据开具发票并确认应收款项。

相关的业务角色：

（1）装运专员（SAP_BR_SHIPPING_SPECIALIST）。

（2）仓库管理员（SAP_BR_WAREHOUSE_CLERK）。

相关功能：

（1）创建出库交货——从销售订单。

（2）拣配出库交货。

（3）管理出库交货。

（4）跟踪销售订单详细信息。

（5）物料凭证概览。

产品生产完毕或准备就绪后，可以由装运专员进行出库交货。SAP ERP公有云支持所有装运活动，包括拣配、包装和发货等。

装运专员可以使用"创建出库交货"功能，通过输入筛选条件（如收货方、装运点、计划创建日期、销售凭证号码等）找到需要创建出库交货单的项目。选择"创建交货"后，系统会参考之前的销售订单来创建出库交货单，如图2.30所示。

接下来，系统自动创建交货日志。在交货日志中可以看到有关的装运点信息，如仓库信息和货物的毛重、体积等信息，同时"出库交货单"显示被成功创建。单击出库交货单号可以进行后续操作，如图2.31所示。

进入出库交货单后，可以看到出库交货单的详细信息。出库交货单由抬头和行项目组成，其中抬头信息和收货方有关；行项目信息和产品相关，如图2.32所示。

图 2.30 创建出库交货

图 2.31 交货日志

图 2.32 出库交货单的行项目信息

拣配流程指从不同存储仓位提取货物,并将其移动到准备装运的暂存区域的过程。例如,如果需要向客户发运10件货物,则仓库工作人员需要从不同的存储仓位中拣配货物,并将它们集中到仓库待发货的特定区域。系统预设了多种单据打印模板,其中包括图2.33

图 2.33 拣配清单格式

所示的拣配清单。仓库管理员可以根据打印好的拣配清单进行货物的拣配操作。

装运专员可以在出库交货单中填入拣配数量并保存,也可以通过"拣配出库交货"功能进行拣配。该功能显示交货数量、拣配数量、拣配状态等,在输入了项目的拣配数量且系统将拣配状态设为"已完全处理"后,货物就可以准备出库了,如图2.34所示。

图 2.34 拣配出库交货单状态

在产品拣配完成后,装运专员需要使用"管理出库交货"功能进行出库交货的管理。该功能可以显示所有出库交货的清单。单击每条交货记录可以查看其详细信息,如重量和体积。找到需要进行发货的单据后,填写发货日期即可完成出库,同时完成过账发货,如图2.35所示。

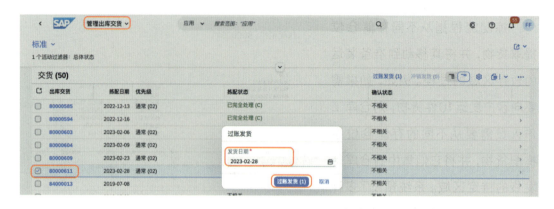

图 2.35 管理出库交货

发货过账后，系统会发生以下的变化：

（1）相应物料的库存数量减少；

（2）生成相应的物料凭证和财务凭证；

（3）需要交货的数量减少；

（4）发货过账将自动在凭证流中记录；

（5）生成交货证明的工作清单（可选步骤）。

至此，跟踪销售订单详细信息中，装运状态为"已完全装运"；开发票状态为"未开发票"，如图2.36所示。

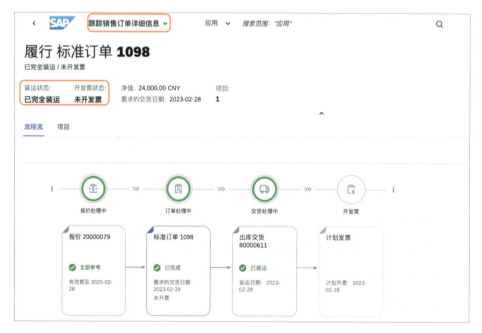

图 2.36 销售订单凭证流

发货过账之后,系统会自动产生相应的物料凭证,如图2.37所示。

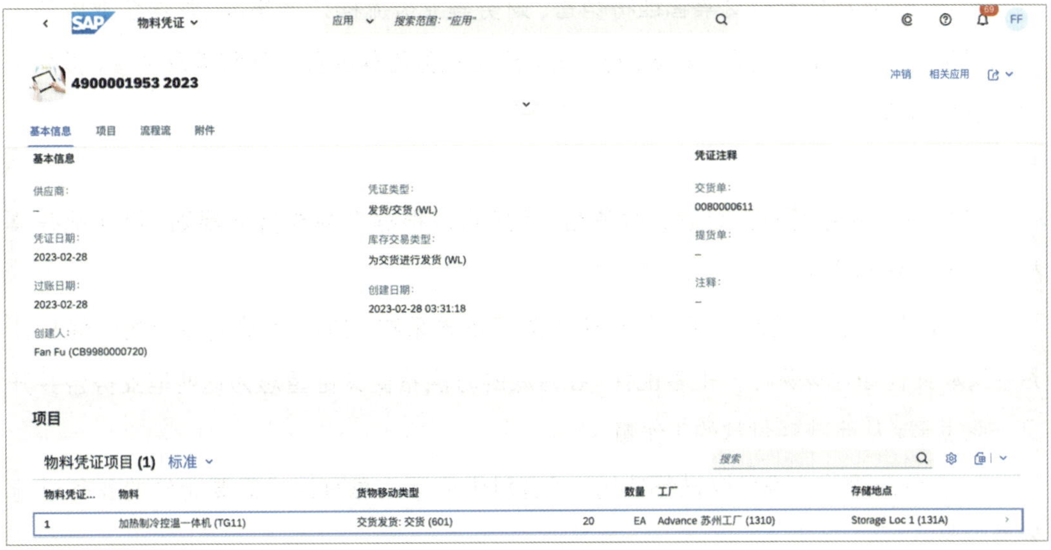

图 2.37　物料凭证

物料凭证是供应链管理中用于记录库存变化的凭证。通过使用货物移动类型,物料凭证可以表明库存移动所代表的真实含义。在本例中,销售订单的外向发货对应的移动类型是"交货发货",代表库存中的加热制冷温控一体机(TG11)物料完成了交货。

当物料产生库存数量或金额变化时,会伴随着财务凭证的生成。此处销售发货产生的会计凭证如表2.4所示。

表 2.4　销售发货会计凭证

总 账 科 目	借方金额 / 元	贷方金额 / 元
库存商品(成品)	—	18 038
销售成本（COGS）	18 038	—

其中,金额18 038元来自于物料的内部评估价格,也就是通常理解的成本价。贷方记库存商品科目表示库存资产减少,意味着因销售发货库存商品减少了18 038元。对应的借方科目是成本类科目,借方金额增加,意味着因销售发货,销售成本增加了18 038元。由物料凭证触发的自动会计科目记账是供应链和财务集成的一个具体例子,反映了SAP ERP公有云在销售、供应链和财务等业务间进行无缝集成,从而实现真正意义上的业务财务一体化。

2.2.4 发票管理

SAP ERP公有云的发票管理将销售、财务等业务流程无缝集成,管理企业内部的开票过程,包括发票的创建、审核、打印等,实现业务流程的自动化和信息共享,提高企业的管理效率。

业务场景:

待发货过账或客户已经确认收货后,系统可以根据合并或拆分规则,灵活地开具相应的发票给客户。

例如,华北制冷设备有限公司月初从艾德望思采购了20台加热制冷温控一体机,月中又从艾德望思采购了一批零配件,在月底的时候希望艾德望思为这两笔业务合并开具一张发票,从而减轻付款的工作量。

对已经开票的业务可以进行冲销,或者对于开票信息有误或需要调价的业务进行发票调整。

例如,当华北制冷设备有限公司收到艾德望思的发票并付款后,发现一个零配件有质量问题,希望艾德望思能够退回这个零配件的款项,销售代表审核确认是产品质量问题后,同意华北制冷设备有限公司的请求,并在系统中创建一张贷项凭证请求传递给财务部门,由财务部门进行后续的财务处理。

相关的业务角色:

开票专员(SAP_BR_BILLING_CLERK)。

相关功能:

(1)创建开票凭证。

(2)更改开票凭证。

(3)显示开票凭证。

SAP ERP公有云的销售开票功能可以帮助开票专员简化从订单到收款的流程。它提供了定制化的发票创建,减少开票错误,并为多种开票场景提供自动化和专业化的功能。这些功能包括全渠道的集中开票、发票清单处理、预付款处理以及临时开票凭证的创建等。

系统允许手动开票,也可以设定为自动开票。一旦发票凭证被创建,系统将其过账到财务会计。

除了销售实物产品的销售凭证,SAP ERP公有云还可以对服务订单、专业服务以及外部系统提供的数据进行开票处理。图2.38显示了该功能的示例。

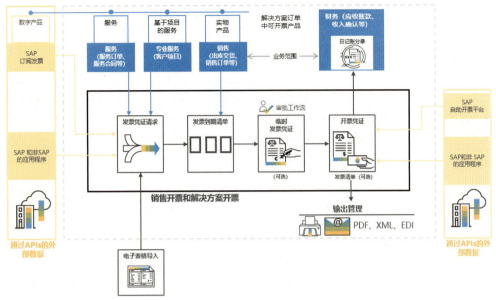

图 2.38　销售开票流程示意图

在创建发票之前,先来了解下列概念。

（1）开票凭证类型（也称为开票类型）。开票凭证类型可以用来控制系统对开票进行处理的方式。系统使用不同开票凭证类型来承接销售业务中不同业务凭证的开票（例如出库交货单或开票凭证请求），并处理各种开票场景,如订单相关开票、交货相关开票或取消发票。

开票凭证类型可以是标准发票、贷项凭证、借项凭证、形式发票等。表2.5列出了常见的发票类型及其业务用途。

（2）复制控制。可以配置复制控制,以影响系统如何将数据（如价格）从参考凭证（如销售订单、出库交货单等）复制到新创建的发票凭证中。

（3）发票凭证拆分和集中。开票期间,系统会创建单一或多个发票凭证。例如,按照客户要求拆分发票,将部分金额开到一张发票上,而剩余金额再另行开具发票；或者当系统满足发票抬头信息一致（如开票方、开票日期、发票类型等抬头信息都相同）的前提下,多笔交易集中开具一张发票；有时也按照业务单据一对一开具发票。

（4）取消发票凭证。由于业务原因,如发票金额错误,可能需要取消原本创建的错

表 2.5 发票类型

开票凭证类型	业 务 用 途
标准发票（F2）	用于针对货物交货或提供服务向客户开具发票
贷项凭证（G2）	参考贷项凭证请求或发票创建的开票凭证。减少了财务会计中的应收账款，并按规定的金额贷记给客户。例如，为缺陷货物提供退款
借项凭证（L2）	参考借项凭证请求或发票创建的开票凭证。增加了财务会计中的应收账款，并按规定的金额借记给客户。例如，因定价错误，没有向客户收取足够的费用（注：贷项凭证和借项凭证有助于更正错误的发票）
发票取消（S1）	用于取消 F2 类型的发票
形式发票（F5）	以纸质或系统输出形式为出口货物创建的发票，用于向海关当局提供货物成本证明。与常规客户发票不同，它不代表付款请求。形式发票不会产生会计凭证

误发票凭证。取消操作会导致发票的参考凭证（如交货单）再次处于未清状态，这意味着取消后可以继续创建正确的发票凭证。取消发票凭证时，系统同时会创建一张取消凭证（S1发票取消），取消凭证从发票凭证复制数据，并根据需要将抵销分录过账到财务会计，流程如图2.39所示。

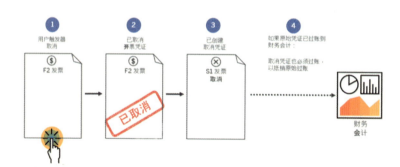

图 2.39 取消发票凭证流程示意图

待客户确认收到货物之后，开票专员可以使用"创建开票凭证"功能进行一对一开具发票的业务处理。该功能可以支持通过凭证号码、凭证类型、售达方或者开票时间等信息进行单据的筛选。选中需要开票的销售凭证，单击"创建开票凭证"，在弹出的窗中输入"开票类型"和"开票时间"，单击"确定"按钮即可，如图2.40所示。

系统可以生成一张临时开票凭证用于和客户协商，里面包含凭证相关的信息，如开票日期、开票类型等；也包含与付款相关的信息，如国际贸易条款、付款条件（明确了

图 2.40　创建开票凭证

对客户款项到账的要求，例如1个月的账期，还是15天的账期）等；还包括价格相关的信息，能够完整地看到详细的价格组成和明细等。临时发票待与客户确认后，可转为正式发票，如图2.41所示。

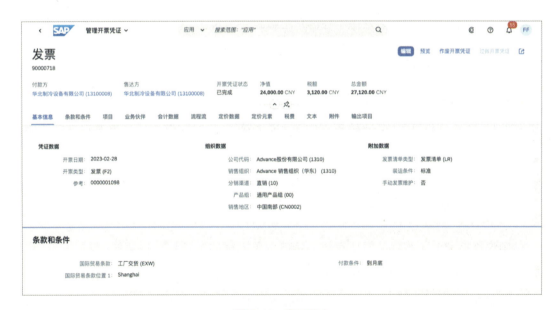

图 2.41　发票信息

发票是由抬头和行项目两部分组成。

抬头包含适用于整个开票凭证的常规数据，如凭证编号、付款方、开票日期、整个发票凭证的净值、凭证货币、付款条件、国际贸易条款、售达方、定价元素等。

行项目包含了特定项目的数据，如产品编号（物料编号）、开票数量、单个项目的净值、重量、体积、项目来源的参考凭证编号（发票凭证所参考的出库交货编号）、与单个项目相关的定价元素等。

创建发票时，系统可以按照科目分配规则将开票数据自动过账到财务会计，并创建相应的会计凭证，如图2.42所示。

过账视图项目	总账科目	利润中心	借方		贷方	
000001	12100000（国内应收账款）		27,120.00	CNY	0.00	CNY
000002	41000000（国内收入 - 产品）	YB700（贸易货物）	0.00	CNY	24,000.00	CNY
000003	22000000（销项税 (MWS)）		0.00	CNY	3,120.00	CNY

图 2.42　销售发票——财务凭证

在图2.42所示的会计凭证中，发票中的净值（不含税金额）计入销售收入，根据税率计算的税额计入销项税，收入和销项税记入贷方表示增加。而应收账款代表客户对公司的欠款，在开具发票后，会自动记录该客户的应收账款，应收账款是价税合计金额。此处应收账款记入借方表示增加，意味着客户欠款增加27 120元。在此处收入科目标注了"国内收入"字样，这是由于在客户主数据中分配了"科目分配类别"来区分发票计入的收入科目。根据客户类型区分国内收入和国外收入，这是财务会计常见的记账需求。

至此，该销售凭证的总体处理状态为"已完成"，装运状态为"已完全装运"，发票状态为"已完全开发票"，会计核算状态为"未清算"，表明该销售凭证需要财务部门对客户的应收账款进行后续收款清账处理（详见第6章财务管理），如图2.43所示。

2.3　销售分析洞察

销售监控和分析提供了对所有核心销售业务流程的监控和分析功能，包括报价、合同、销售订单执行情况和发票管理，能够为企业管理者提供实时的业务洞察。

在监控应用中，销售代表可以获取销售数据概览，并且可以直接追溯到具体单据，监控销售凭证的执行情况。销售代表还可以根据销售订单的履行情况检查销售订单是否按计划如期进行交货。如果因各种原因导致了延期交货的可能性，销售业务人员可以尽早进行干预，解决异常问题，最终提升销售订单准时交付率。

在分析应用中，销售业务人员可以使用关键绩效指标和灵活的下钻功能来深入了解当前的销售情况，包括报价到合同的转换率、新接销售订单、延期交货订单，以及交货

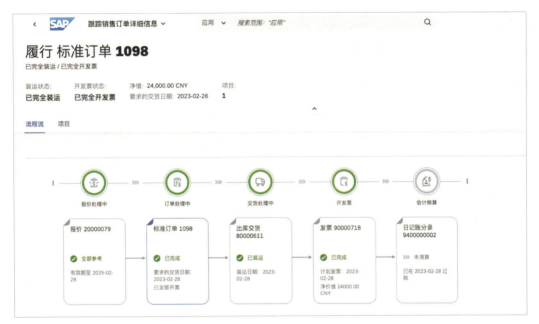

图 2.43　销售订单状态详细信息

绩效和销售量履行指标等。

2.3.1　客户分析

销售人员通过使用"客户概览"功能可以综合了解销售情况。分析客户的销售趋势可以帮助企业及时发现销售下降的区域或产品并采取干预措施。另外,关注客户订单的履行情况,分析未按时交货或未关闭的订单,可以提升客户满意度。销售经理还可以监控客户的利润率情况,如果订单数量上升但利润率下降,可以制定相应的策略来改善盈利状况。"客户概览"界面如图2.44所示。

"客户概览"功能可以对客户进行全方位的分析和洞察,具体功能如下。

（1）销售订单频率。以图表形式显示过去6个月的平均销售订单数量。同时也支持选择卡片以查看过去6个月的详细信息;或选择图表中某月的数据点以查看该特定月份的详细信息。

（2）新接销售订单。以图表形式显示过去6个月中每月的销售订单平均净值。

（3）未清销售订单。显示"整体状态"为"未完成"的销售订单的清单。显示的销售订单按请求的交货日期排序。

（4）已拒绝销售订单。显示过去6个月"拒绝状态"为"已部分拒绝"或"已完全拒

图 2.44 "客户概览"功能示意图

绝"的销售订单总数。

（5）客户退货。显示过去6个月由于各种原因被客户退回的项目总数。

（6）交货绩效。显示过去两个季度销售订单的交货绩效。可以按两种关键指标进行图表展示。

① 按请求交货。包含满足客户请求的交货日期且已交货的销售订单项目；

② 已按照承诺交货。包含已在承诺交货日期交付的销售订单项目。

（7）销售量/利润率。以图表形式显示过去两个季度的销售量和利润率。

(8)销售量(按销售范围)。显示当前年度截至当日,与客户有关的所有销售范围的净销售量,从而可以分析出该客户对该销售范围的影响力。

(9)未决报价。显示"整体状态"为"未完成"的销售报价的清单。显示的销售报价按其有效期结束日期进行排序。

(10)已拒绝报价。显示"拒绝状态"为"已部分拒绝"或"已完全拒绝"的销售报价总数。此卡片中显示的数据适用于过去6个月的销售报价。

(11)销售合同履行情况。显示"整体状态"为"未履行"或"未完成"的销售合同的清单。可以按有效期结束日期或履行情况对显示的销售合同进行排序。

(12)客户联系人。显示客户的一个或多个联系人的信息,通过单击"客户联系人"可以导航到"客户全方位视图"。

(13)快速操作。快速创建销售凭证、销售报价、销售退货,以及快速跟踪销售订单。

2.3.2 报价及销售订单分析

使用"销售报价——灵活分析"功能可以基于灵活的维度组合分析销售报价。例如,销售业务人员可以获得报价的每月滚动趋势,并查看报价转化为销售订单的比例,快速识别即将到期、已过期或被拒绝的报价,如图2.45所示。

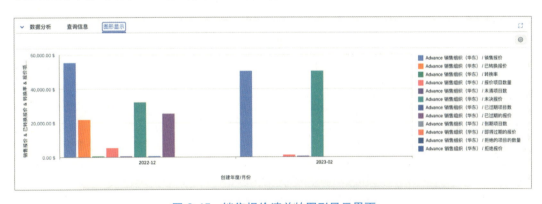

图 2.45 销售报价清单的图形显示界面

销售业务人员可以利用"销售订单执行问题"功能来分析并解决妨碍销售订单履行的各种问题,例如分析处于关键阶段的销售订单,与联系人协同合作,有效地解决问题,从而确保处于关键阶段的销售订单能够尽快履行。该应用突出显示各种问题,允许导航到"跟踪销售订单详细信息"以显示更多详细信息,帮助业务人员快速解决问题,如图2.46所示。

图 2.46　销售订单执行问题

系统对问题销售凭证可以通过分析图表和清单进行展示。销售业务人员可以选择符合使用习惯的图表格式，如圆环图或柱状图，以展现可视化的结果，如图2.47所示。

图 2.47　问题销售凭证的可视化显示

图2.47中的问题销售凭证清单向业务人员显示销售订单的各种问题，支持分析并批量解决以下几类问题中的具体情况。

订单检查：

（1）数据不完整。显示不完整的类型，如常规、交货、开发票。

（2）交货冻结。交货可能由于缺少信用额度等原因被冻结。

（3）信用冻结。未批准信用检查状态。

（4）销售订单中的贸易合规性问题。销售订单可能会由于进出口管制等原因而被冻结。

（5）未确认数量。未通过可用性检查。

（6）供应问题。采购申请尚未转换为采购订单（即销售订单缺少采购订单）。

（7）交货问题。货物不足等原因会阻止销售订单的交货，销售代表应尽快联系仓库管理人员，找出尚未创建交货的原因。

（8）开票冻结。销售订单可因更改付款条件而被冻结，需要联系财务开票专员，以明确开票冻结的原因。

交货检查：

（1）数据不完整。

（2）装运冻结。销售订单的交货可能由于缺少出口票据，或由于产品适销性等原因被冻结。发现这类问题，可以联系仓库管理员或客户方的采购员，以明确装运冻结的真正原因。

（3）信用冻结。

（4）贸易合规性问题。

（5）装运问题。

（6）开发票问题。

发票检查：

未创建日记账分录。

供货检查：

（1）采购问题。

（2）生产问题。

（3）质量问题。

2.3.3 销售量/利润率分析

销售利润率是公司考虑定价策略和成本控制的主要因素。为了方便销售经理监控自己负责的销售组织的销售量和利润率，以便更直观地了解特定销售组织或产品的利润率是否偏低，SAP ERP公有云提供了"销售量/利润率"功能，如图2.48所示。通过这个功能，销售经理可以比较不同销售组织的销售量和利润率，找到改进点，提高企业的销售业绩。

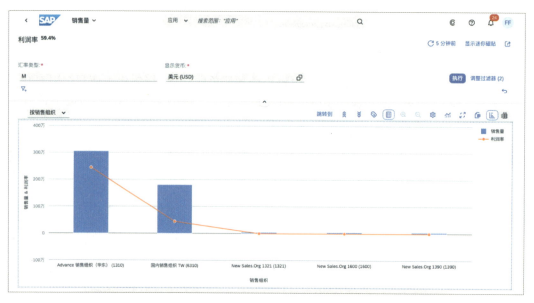

图2.48 销售量/利润率

2.4 销售智能场景

在销售领域，SAP ERP公有云有着众多的智能场景，其中销售预测相关的场景比较重要。不准确的销售预测可能会给整个企业带来不利影响，如果资源和预算分配不当，还可能会错失收入机会。

根据研究机构RB Interactive的研究，预测信息中的错误可能会导致高达63%的收入损失，而不良预测可能导致企业购买和保留的库存量比实际所需多出57%。

SAP ERP公有云支持企业的销售人员更准确地进行销售预测，并专注于对企业绩效影响最大的领域。篇幅所限，这里仅介绍其中一个场景——报价到订单的转化率预测。

一般的业务场景中，客户首先对公司的某项产品询价。销售进行报价后，客户进行综合评估，通过一段时间的交流，如果各项条件达成，客户会下达订单，即报价单成功转化成了订单。对于很多公司来说，销售报价到订单的转化率预测至关重要。

业务场景：

因为艾德望思的产品生产和采购的周期长、成本高，为保证业务的高效运作，提升准时交货水平，艾德望思的销售经理需要进行销售预测，而生产经理则需要基于销售预测安排生产计划和采购计划，以确保准时生产，按时交货。

对于艾德望思来说，如果销售预测过少，可能会导致缺货和订单延期，降低客户满意度，甚至失去订单；如果销售预测过多，则导致采购和库存量过多，生产出大量短期内无法销售的产品，占用大量流动资金。

销售预测中很重要的一环就是报价到订单转化率的预测。准确的报价到订单转换率的预测会传递准确的需求信号，从而有利于销售预测和生产安排。

相关的业务角色：

销售人员（SAP_BR_SALES_MANAGER）。

相关功能：

报价转化率。

报价转化率在系统中的体现是一个带有百分比数字的磁贴应用，它计算从报价转换成订单的金额占报价的总金额的百分比，该数字的产生是机器学习的结果。机器学习指基于历史数据，训练系统生成相应的模式来应对当前和未来的场景，而无须显式（明晰而确定）的编程或配置。SAP ERP公有云业务应用中内嵌了机器学习功能，可以通过各种机器学习模型提供对报价转换率的预测分析。这有助于艾德望思快速准确地预测不同业务情景下销售报价的订单转化率。"报价转化率"指标如图2.49所示。

图2.49 "报价转化率"指标

报价转化率预测的机器学习训练流程如图2.50所示。

首先，训练视图需要基于训练日期选择过去14个月的数据，这些数据包括销售订单、报价单、客户数据、产品数据等。其中12个月的数据用于训练模型，这里采用的模型是HANA自动预测库（APL）中的AutoRegressor。

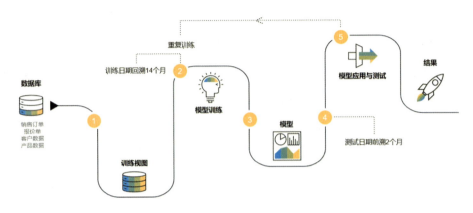

图 2.50　报价转化率预测的机器学习训练流程示意图

其次,用另外两个月的数据测试改进后的模型。以上步骤可以重复进行,也可以更换其他模型进行训练,以获得较高的置信值。结果理想的改进模型就可以用来预测将来可能的报价转化率。

该应用使用的基本步骤如下。

(1)打开预测模型Predictive Scenarios的应用,选择Predictive Scenarios中的Sales Quotation Conversion Rate(销售报价转化率),如图2.51所示。

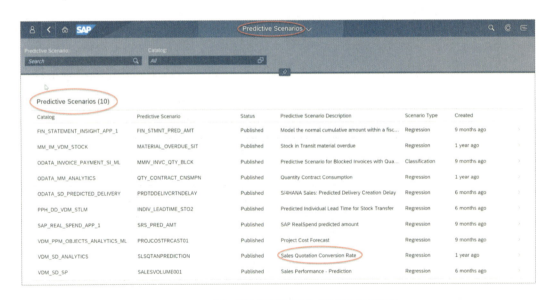

图 2.51　选择"销售报价转化率"的预测模型

(2)在Predictive Models中单击Train按钮,如图2.52所示。

(3)系统可以创建具有不同状态的多个Model Versions(模型版本)。此外,系统

图 2.52　选择训练模型

允许检查模型的质量和训练状态,并在必要时删除从未使用的所有非活动模型版本,如图2.53所示。

图 2.53　创建多个模型版本

(4)模型成功训练后,即可使用。

(5)报价转化率可以在Quotation Conversion Rates界面中查看。

因为不同客户、不同产品、不同销售人员都可能导致不同的报价转化率,所以报价转换率的图形表示可选择按各种维度显示,例如,查看和比较不同客户的报价转化率,可按销售组织、物料和销售经理等来查看,如图2.54所示。

(6)报价转化率可以切换为表格视图,如图2.55所示。

有了基于机器学习的预测支持,艾德望思的销售人员可以:

(1)客观评估和预测自己负责的销售报价转化率,做到心中有数;

(2)及时发现潜在的业务从而成功签单,或者及时发现失败丢单的风险;

(3)下钻到不同的销售维度查看相关信息,数据分析面面俱到;

(4)将洞察转化为行动——系统的导航功能方便易用,便于执行之后的操作;

(5)找出报价转换的关键影响因素,用以指导将来的销售和报价行为。

图 2.54 报价转换率分析界面

图 2.55 报价转换率表格视图

智能场景小结

机器学习作为人工智能的一个关键领域，擅长从大量数据中自动学习和识别模式，而无须人工编程。这对于处理复杂和多变的数据集非常有用，特别是在人类难以发现潜在关系的情况下。机器学习算法能够有效地处理海量数据，并从中提取有价值的信息，从而为商业决策、市场预测等领域提供支持。而且，机器学习模型能够随着时间的推移，不断适应和学习新数据来改进其性能，使得预测和决策更加准确。这使得机器学习在处理变化的环境和需求方面具有优势。

机器学习帮助企业提升了对"报价转化率"的预测准确率，因而能够合理预测未来不同产品、客户、地区的销售量，做到知因、知果、知未来。这将使其后续的生产计划和采购计划可以制订得更加准确，确保生产线的运转和原材料的供应始终与市场需求保持一致，在很大程度上避免了生产过剩或者供应不足的问题。同时，企业也能够确保产品按时生产并按期交付给客户，提升交货准时率，提高客户满意度，这不仅有助于维护客户关系，还能带来更多的销售收入。

同时，通过减少不必要的生产与采购，企业避免了因库存积压造成的资金占用，从而改善了现金流状况。这使企业在面临市场波动时能够保持更强的抗风险能力；从另一个角度来说，数据驱动的预测和洞察使企业能够做出更加明智和科学的决策，避免"拍脑袋"式决策和后续的责任推诿。这也有助于提升企业的管理水平，为企业的可持续发展奠定坚实的基础。

第 3 章 采购与寻源

CHAPTER 3

SAP ERP公有云为企业提供了一个统一的采购平台,以支持从寻源到合同,从采购到交付,从发票到付款的采购执行全过程,并且与供应链、质量、财务无缝集成,打造企业坚实的数字化核心。它可以帮助企业简化采购工作流程,提高采购效率和效益,从而更好地控制采购成本。

本章将着重讲解在SAP ERP公有云中,采购与寻源业务的主要应用场景与业务流程。

学习目标

- 了解采购主数据的基本概念和相关功能;
- 熟悉采购业务中的主干流程,如采购申请、采购订单、采购收货、供应商发票等;
- 掌握采购管理相关的业务洞察分析功能;
- 了解采购管理相关的业务和功能创新点。

业务范围

在SAP ERP公有云中寻源与采购管理分为供应商管理、寻源与合同管理、运营采购、发票管理、采购分析、集中采购等几个业务领域。本章将介绍SAP ERP公有云中采购管理的核心解决方案,如图3.1所示。

图 3.1 寻源与采购业务范围

下面简要介绍各模块功能。

(1)供应商管理。通过标准化的供应商评估绩效指标和自定义的供应商评估问卷对供应商的绩效进行实时的、客观的评估。

(2)寻源与合同管理。处理和管理采购合同和采购询价等采购寻源活动,管理货源清单、采购信息记录、配额协议等主数据;对采购货源进行科学的管理和记录,确保采购业务能够遵守并履行相应的条款与条件。

(3)运营采购。从采购申请到采购订单的端到端采购运营流程,覆盖直接采购、间接采购、服务采购、资产采购等全流程的采购业务;支持设置灵活工作流;支持多层级、多类目的采购审批策略;支持以条件合同为基础的采购返利协议的计算和财务应计核算。

(4)发票管理。供应商发票的接收与验证,实现与财务应付模块的无缝连接。

(5)采购分析。通过预置的大量分析与监控报表,实时地分析和监控采购关键业务指标。

(6)集中采购。通过集中采购申请、集中寻源、集中采购合同、集中采购订单等功能将SAP ERP公有云作为集中采购的处理平台,通过规模化采购提升效益,降低成本。

3.1 采购主数据

本节主要介绍采购业务中涉及的主数据,包括业务伙伴(供应商)主数据、产品主数据(采购视图)和采购信息记录等。

3.1.1 业务伙伴（供应商）主数据

由于供应商、客户、员工等具有业务伙伴的性质，它们在SAP ERP公有云中都属于业务伙伴主数据。对于业务伙伴，在分配了供应商对应的业务伙伴角色之后，该业务伙伴将作为供应商主数据使用。

表3.1列出了常用的供应商业务伙伴角色。

表 3.1　常用的供应商业务伙伴角色

业务伙伴角色	描　　述	定　　义
FLVN00	供应商（财务会计）	需要向其支付款项，发生财务往来的业务伙伴
FLVN01	供应商	会发生采购业务的业务伙伴，采购业务指采购合同、采购订单等

在采购业务中，有时会遇到如国家电网、自来水公司、海关等特殊供应商。对于此类供应商并不需要产生采购单据，但是需要对此类供应商支付相关的费用和款项。此类供应商只需要分配给其FLVN00这个业务伙伴角色即可，称之为财务专用供应商。

我们会向通常意义的采购供应商下达采购订单，同时也会向其支付款项，所以需要分配给其FLVN00和FLVN01两个业务伙伴角色。例如，丝米科技有限公司是为艾德望思提供服务的供应商，主数据管理员为其分配了两个业务伙伴角色，如图3.2所示。

图 3.2　分配业务伙伴角色

供应商主数据除了包含业务伙伴的基础数据外，还有公司代码视图（财务视图）和采购组织视图（采购视图）。

公司代码视图将以公司代码为维度，维护该供应商在此公司代码下财务应付账款相关的一些数据字段，如对账科目（统驭科目）、付款条件、付款方式等，如图3.3所示。

图 3.3 公司代码视图

采购组织视图将以采购组织为维度,维护该供应商在此采购组织下与采购业务相关的一些数据字段,如采购组织、计划交货时间、订单货币、装运条件、付款条件等,如图3.4所示。

图 3.4 采购组织视图

3.1.2 产品主数据(采购视图)

产品主数据(也称物料主数据)的采购视图中,主要用来维护此产品默认的采购业务相关的数据字段，如订单单位、采购组、用于物料的税收标识、采购价值代码（控制采购交货容差和催询信息）等，如图3.5所示。

图 3.5　产品主数据的采购视图

需要注意的是，产品主数据中的采购视图本质上维护在工厂维度，并不是在采购组织维度。

3.1.3　采购信息记录

SAP ERP公有云中有配额安排、货源清单、合同、计划协议、采购信息记录等多种货源信息。货源信息指记录企业可以采购货物的供应源的信息，采购信息记录是一种最常用的货源信息。

采购信息记录也可维护在多个组织层级，其颗粒度从粗到细可分为：

供应商/物料

采购组织/供应商/物料

采购组织/工厂/供应商/物料

从采购信息记录的层级划分可以看出，采购信息记录是记录某供应商提供物料的相关信息，可以在不同的采购组织和工厂的组合里维护不同的信息记录。采购信息记录包含供应商供给某物料的特定信息集合，如供应商物料号、交货时间、贸易条款、最小/最大订单数量、采购价格及有效期等。

在艾德望思的苏州工厂，针对物料电子马达（RM011），存在一家供应商丝米科技有限公司（13300001），在采购信息记录上可以维护的信息有供应商的物料编号、供应商相关的业务联系人员、交货时间、税码、订单的数量要求和价格记录等。

从此采购信息记录可以得到的信息如图3.6所示。

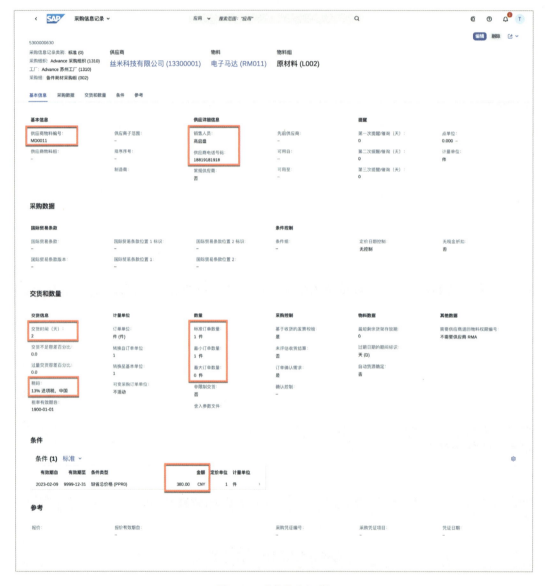

图 3.6　采购信息记录

除了标准的采购信息记录外，还有分包和寄售的采购信息记录，对应分包和寄售的采购业务。

3.2 采购管理业务流程

本节将对SAP ERP公有云中采购核心流程进行梳理和讲解。

以直接物料采购为例,从采购申请开始创建到最终的供应商发票接收,完成端到端的采购流程闭环操作,如图3.7所示。

图3.7 从采购到收货业务流程图

在艾德望思,采购员负责原材料的采购工作,将会处理各生产部门创建的原材料的采购申请,选择合适的供应商并创建采购订单。采购经理和采购总监会对待购订单进行审批。审批通过之后将向供应商发送采购订单,采购员会持续跟进此采购订单,确保供应商能够按时交付相应的原材料给到工厂。供应商发货到达工厂后,仓库管理员在系统中进行收货操作,记录相应的收货凭证。最后,采购员在收到供应商开具的发票后,核查并录入SAP系统,由财务人员审核后进行后续的应付账款业务处理。

3.2.1 采购申请

采购申请(purchase requisition,PR)是一种采购需求凭证,也称请购单。采购申请的主要目的是记录各需求部门对于需要外部采购的物料、服务等的采购需求,并交给采购部门处理。

业务场景:

艾德望思的各种类型的采购需求均通过采购申请流程进行申请。对于非生产相关的采购需求,每个部门的员工都可以通过SAP ERP公有云自助填报采购申请,由采购部门进行处理，从而转为后续的采购订单。生产相关的采购需求，系统会自动根据需求和供给的平衡，通过物料需求计划（material requirement planning，MRP）创建出采购申请。当然计划员也可以手动创建采购申请。

相关的业务角色：

(1) 员工——自助采购（SAP_BR_EMPLOYEE_PROCUREMENT）。

(2) 部门经理（SAP_BR_MANAGER_PROCUREMENT）。

(3) 采购员（SAP_BR_PURCHASER）。

相关功能：

(1) 创建采购申请。

(2) 我的采购申请。

(3) 管理采购申请工作流。

(4) 我的收件箱。

(5) 处理采购申请。

(6) 监控采购申请项目。

1. 创建采购申请

本节将以手动创建采购申请的过程作为案例。

艾德望思的生产计划员收到了生产部门的采购需求，需要创建采购申请，采购20台电子马达和10台外壳，并希望在两周内交付。由于这两个物料不是在物料清单（bill of material，BOM）中的主要物料，无法通过MRP运行产生采购申请，需要计划员手动创建采购申请。

采购申请包含的主要信息包括物料、申请数量、评估价格、交货日期、货源和附件。

(1) 物料。需要采购的物料号。

(2) 申请数量。需要采购的物料数量及单位。

(3) 评估价格。根据历史采购数据或经验，对采购申请项目的估值。

(4) 交货日期。希望供应商交付货物的时间。

(5) 货源。如果有已知的供应商作为货源，可以在此处选择，有"首选"和"固定"两种选项。"首选"代表推荐此供应商，"固定"代表指定此供应商不可更改。

(6) 附件。可上传附件供采购员和供应商参考。

生产计划员登录SAP ERP公有云系统，通过"创建采购申请"功能创建一张采购申请，如图3.8所示。

图 3.8　创建采购申请

录入完成后，如同在网上商城购物的体验一样，通过单击"添加至购物车"按钮将此条购买信息加入购物车。当生产计划员完成此次购买的所有产品信息录入后，在购物车内选择"订购"，生成相应的采购申请。

如图3.9所示，成功提交采购申请后会出现以下提示信息，表示采购申请已经成功创建，图中的编码10014574就是系统为此采购申请自动生成的采购申请号码。

图 3.9　采购申请创建成功

采购申请发起人可以通过"采购申请"功能，使用生成的采购申请编码查看自己创建的采购申请详情和审批流情况，如图3.10所示。

2. 审批采购申请

在企业中，采购申请一般都会有相应的审批流程。采购申请的审批一般都是由业

图 3.10 采购申请详情和审批流情况

务发起部门进行审批，审批者对于员工发起的采购申请进行核实、验证预算和采购的必要性后对采购申请进行批复。

采购申请的审批可以是多个层级的。在 SAP ERP 公有云中，可以根据采购的组织、品类和金额等条件灵活设置采购申请工作流。通过使用"管理采购申请工作流"功能对采购申请进行工作流的配置。采购申请工作流可以分为对整笔采购申请的总体审批和对每一个申请项目的项目审批。

这里举例说明一个简单的工作流配置。"开始条件"代表满足了某些条件就会触发此工作流，而"步骤"则是审批需要的步骤，可以指定某个审批人作为收件人，也可以指定一个角色作为收件人，如采购申请创建人的经理等，如图 3.11 所示。

当采购申请 10014574 创建完成后，创建的采购申请会自动发送给工作流设定的审批人进行审批。此时，该采购申请的审批人会在自己的通知面板上收到一条通知提醒，提示审批采购申请。单击"通知"后会自动链接到"我的收件箱"，审批人在审阅相关信息后，可以做出相应的批示，如图 3.12 所示。

3. 处理采购申请

在企业中，采购申请的创建往往都是分散的，各个部门的业务人员都会创建不同的采购申请，也有通过 MRP 作业自动产生的采购申请。对于采购员而言，日常最重要的工作就是处理自己负责的采购申请。

那么采购员要怎么处理这些采购申请呢？

图 3.11　管理采购申请工作流

图 3.12　审批采购申请

可以简单理解为采购员需要在保证质量和交付期限的前提下选择合适的供应商，以最低的价格完成采购。在系统层面，需要对采购申请分配货源，并将采购申请转化为采购订单。

例如，对于艾德望思的采购员来说，每天上班的第一件事就是打开"处理采购申请"，查看今天需要处理的采购申请清单。

采购员在过滤器中输入如下筛选条件。

（1）采购组：原材料采购组。

（2）处理状态：未编辑。

（3）申请日期：本周。

选择"执行"后，采购员就得到了一个明细清单。可以看到本周内创建的未处理完的和原材料相关的采购申请，这就是接下来要处理的工作。在3.1节案例中需求部门创建的购买电子马达和外壳的采购申请10014574就在待处理的采购申请清单中，如图3.13所示：

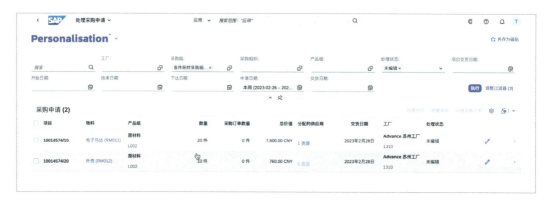

图 3.13　处理采购申请

对于采购申请第一行的电子马达来说，因为此物料已经在采购信息记录中（见图3.6），所以采购员就对采购申请项目进行货源分配，即分配此采购信息记录给该采购申请项目，如图3.14所示。

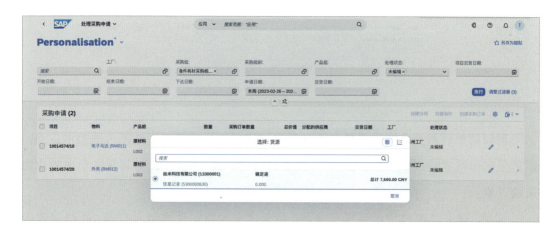

图 3.14　对采购申请项目进行货源分配

然后对已经完成货源分配的采购申请，采购员可以把采购申请转化成采购订单。单击"创建采购订单"，系统会根据此采购申请分配的货源，成功将采购申请转化为采购订单。保存采购订单后，会产生创建成功的采购订单编号4500001104，如图3.15所示。

图 3.15 采购订单创建成功

为了避免产生混淆，这里需要厘清采购申请和采购订单的关系。

采购申请是需求文档，记录了需要什么、需要多少、什么时候需要、需求人是谁等；采购订单是采购执行的文档，记录了买什么、向谁买、买多少、多少钱等。

采购申请和采购订单没有绝对一对一的对照关系，并不是一张采购申请就要对应一张采购订单。例如，生产计划员创建的采购申请中有两个物料需求，一个是电子马达；一个是外壳。其中，电子马达由一家固定的供应商供货，采购员通过"处理采购申请"将采购申请创建为一个采购订单。外壳是另一家供应商供货，而且假如与此同时企业中还有其他同事也创建了购买外壳的采购申请，在采购申请转化采购订单时会将这两个采购申请进行合并，生成同一张采购订单。所以采购订单是采购申请的结果，或者称采购订单是采购申请的后续凭证。如果批量操作采购申请转化采购订单会出现拆分合并的情况，系统就会自动根据供应商、采购的组织结构、采购的收货信息和条款等进行自动拆分和合并，产生一个或者多个采购订单。

4. 监控采购申请

对于采购人员来说，除了"处理采购申请"之外，还经常用到"监控采购订单项目"功能。

采购员可以在"监控采购订单项目"中，通过多种过滤条件对采购申请的处理进行分析和监控，获取图形化的监控视图，及时发现逾期未响应的采购申请并加以处理，如图3.16所示。

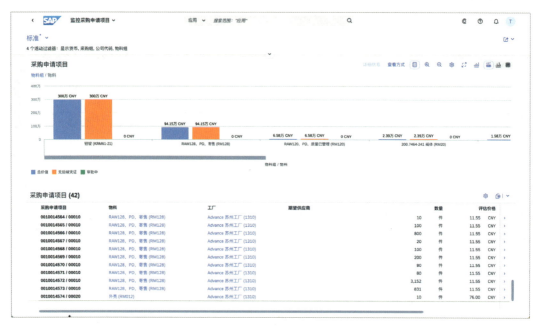

图3.16 监控采购申请项目

3.2.2 采购询价

采购询价指采购中向供应商发起询问价格的请求，在采购业务中常说RFI（request for inquiry）、RFQ（request for quotation）、RFP（request for price）或者询盘，虽然业务场景略有细分差异，但是一般所指的都是采购询价。

业务场景：

在艾德望思，对于已经存在货源的采购申请，都会进行货源的分配，并转换为采购订单。但是并不一定是所有的采购申请都存在货源，所以采购申请也可以转化为采购询价单进行寻源的操作。采购员会向选定的供应商发送报价申请，并在指定的时间窗口内完成报价、比价和授标的业务，保证采购业务的顺利进行。

相关的业务角色：

采购员（SAP_BR_PURCHASER）。

相关功能：

（1）管理询价。

（2）监控询价项目。

（3）管理供应商报价。

（4）比较供应商报价。

1. 创建询价

采购询价可由采购申请转换而来，也可以直接由采购员发起创建。

在处理采购申请过程中，如果没有找到合适的货源，可以相应地将其转化为采购询价，向供应商发起询价请求。

采购申请10014574的第二行申请购买的外壳，由于在系统没有相应的货源信息，采购员可以使用"处理采购申请"功能将其转化为采购询价，如图3.17所示。

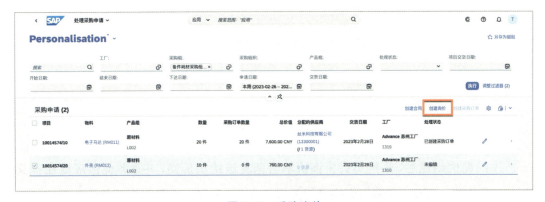

图 3.17 采购询价

采购员需要在创建询价的界面补充相关的信息，如询价类型、询价描述、提交截止日期并选择投标方。投标方指受邀参与报价和竞标的供应商，可以是一家也可以是多家。本例中艾德望思的采购员为这笔采购外壳的采购申请选择了两个潜在的供应商进行询价，如图3.18所示。

完成信息录入后，单击"发布"按钮后，弹出发布成功消息框，如图3.19所示，即可得到创建的采购询价信息和采购询价单据。

图 3.18　录入投标方

图 3.19　成功发布询价

2. 创建供应商报价

采购询价创建后，采购员会将询价单信息发送给供应商，并且敦促供应商在提交截止日期前提交报价。在供应商提供相关报价之后，采购员需要将报价单录入系统。

采购员通过"询价"功能找到并打开需要录入供应商报价的采购询价单，在"投标方"处，选中要录入报价信息的投标方，然后单击"创建报价"，如图3.20所示。

在接下来的页面中输入"报价提交日期""后续凭证类型""订单净价"等信息，也可以按照需要添加供应商提供的附件和文本信息等，如图3.21所示。

录入完成之后，供应商报价的状态默认为"准备中"。在提交截止日期之前，采购员还可以根据与供应商的谈判结果进行报价的修改。如果供应商提供了最终报价，采购员需要对此条供应商报价进行提交。

图 3.20 创建供应商报价

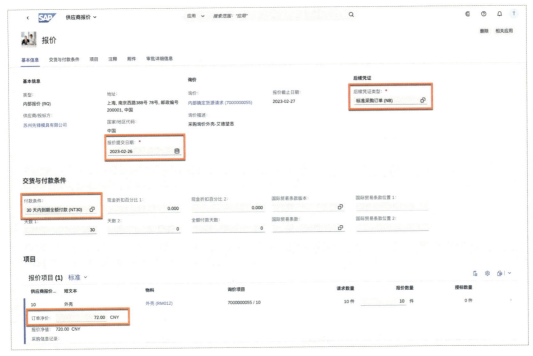

图 3.21 创建供应商报价的明细信息

3. 比价与授标

当到达报价截止日期之后,或者所有供应商都已经提交了报价之后,采购员可以通过"比较供应商报价"功能进行供应商报价的比对。

在输入报价单号后,可以打开供应商报价的对比界面,如图3.22所示。

在报价单中可以查看报价明细,选择两条或者以上的供应商报价,单击"比较"按钮即可对选择的报价进行对比。对比之后,在项目层面选择录入需要授标的数量,保存后进行授予即可,如图3.23所示。

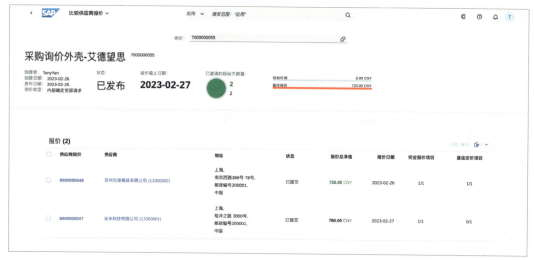

图 3.22 比较供应商报价

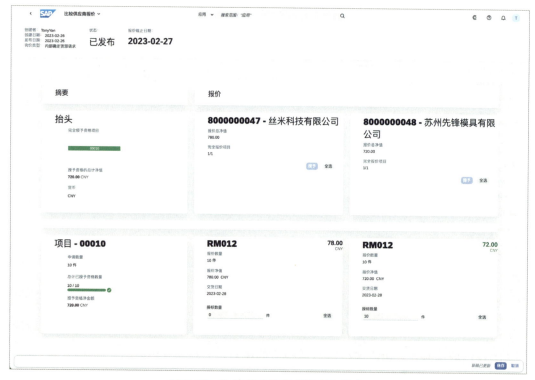

图 3.23 比较供应商报价的明细信息

需要说明的是,此处的授标数量总和可以大于询价申请数量。例如,询价单的数量是10件,在两个供应商都进行报价后,并不意味着只能对一个供应商授标10件,而是可以灵活根据采购的实际意愿进行授标,如果需要,可以分别对每个供应商授标10件。

4. 转换为后续凭证

当供应商报价授标完成后，通常会将授予的供应商报价转化为采购合同或者采购订单。

采购员可以打开"供应商报价"，选中相应的供应商报价进入明细。选择右上角的"后续凭证"下拉列表中的操作即可进行后续单据的转换，如图3.24所示。

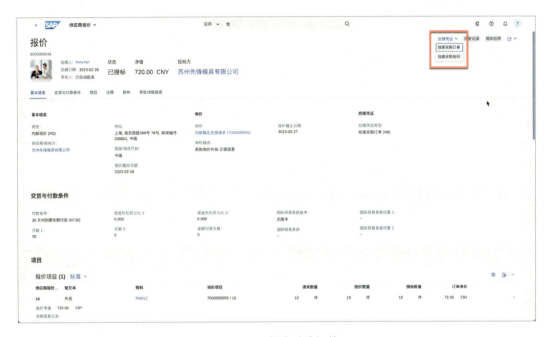

图 3.24　创建采购订单

3.2.3　采购订单

在SAP ERP公有云中，采购合同是企业和供应商之间签订的要约协议，包括价格、付款条件、争议处理等。而采购订单则是基于实际需要下达的正式采购凭据，是采购运营执行的核心，同时也是具有法律效力的契约文件，标记着购买方和供应方之间达成的对于某种商品或者服务的购买协议。

业务场景：

在艾德望思，采购员最常处理的单据就是采购订单。采购订单是采购业务执行的主体，除了创建采购订单，采购人员还要经常维护和监控采购订单，向供应商确认交期和监控后续凭证的创建情况，从而完成采购业务的闭环。

相关的业务角色：

（1）采购员（SAP_BR_PURCHASER）。

（2）采购经理（SAP_BR_PURCHASING_MANAGER）。

相关功能：

（1）管理采购订单。

（2）监控采购订单项目。

（3）监控供应商确认。

（4）管理采购订单工作流。

1. 创建采购订单

在SAP ERP公有云中，为了降低业务员创建采购订单的重复劳动，绝大多数的采购订单都不直接凭空创建，采购订单可以由采购申请转换而来，可以参考采购合同和供应商报价创建，也可以不经参考直接手动创建。

采购订单的信息分为抬头部分和项目部分。

抬头（header）部分包含采购订单的一些通用信息，如供应商信息、采购组织结构、付款条件、货币、汇率等对于整张采购订单都适用的信息。

项目（item）部分则是每一条需要采购的明细信息，它包括物料号、数量、单位、交货时间、价格、收货地址、税码等信息。

在一般的应用实践中，如果存在采购申请、采购询价、采购合同等前序单据，采购订单就必须根据前序单据参考创建。但是根据企业不同的情况，也有一些特殊的采购业务不通过采购申请执行，直接由采购员发起采购。这种情况下采购员就会直接创建采购订单。

例如，艾德望思中办公用品和员工福利品的采购并不通过采购申请，而是由负责办公用品的采购员直接统筹采购。春节将至，公司行政通知该采购员采购800份新年福利大礼包，由于没有采购申请去转换成采购订单。采购员只能通过"管理采购订单"功能手动创建采购订单。

在系统中并不存在"新年福利大礼包"这个物料号，公司也没有必要为之创建物料号进行库存管理，因为这800份礼包收货之后马上就要被安排发放到各个部门。所以，对于这种特殊类型的采购，一般会使用所谓的费用化采购订单来满足这种业务需求。

在创建采购订单的时候，不填入物料号码，只是维护相应的短文本和物料组即可。

需要注意的是，如果不输入物料号，那么采购订单行项目中的科目分配类别一定要进行选择，一般都会选择"成本中心"。意思是，这张订单在收货后，费用直接计入成本中心，不会进行库存管理，如图3.25所示。

图 3.25　采购订单项目信息

如果科目分配类别不为空，则要维护订单中的科目分配，选择相应的总账科目和成本对象。本例中按照财务要求，成本中心名称选择行政部，总账科目为61061000，如图3.26所示。

图 3.26　科目分配信息

2. 审批采购订单

采购订单与采购申请的审批流程不同。区别在于，采购申请的审批人一般是需求部门的负责人和上级领导，他们审核的是此采购申请的必要性、可行性以及预算的情况；而采购订单的审批人一般是采购部门的负责人和上级领导，因为采购订单一旦发送给供应商即具有法律效力，他们审核的是此采购订单是否符合公司的采购要求，是否选择了合格的供应商和合理的价格，交付条款和付款条款是否存在风险等。

当然也有特殊情况，对于某些特定的采购业务也可以根据工作流的开始条件设定不同的采购订单审批工作流。例如，根据艾德望思的采购规定，办公用品和福利招待类的订单由专人负责采购，并且有规定金额的审批流程。

(1)低于2000元的采购，不需要审批。

(2)高于2000元的采购，需要行政部经理审批。

(3)高于50000元的采购，除了行政部经理审批外，还需要总经理审批。

艾德望思设定的办公用品及福利品的采购订单工作流，如图3.27所示。

图 3.27　采购订单工作流

在上例创建的800件员工大礼包的采购订单，因为总金额超过了50 000元，所以触发了两层审批流，如图3.28所示。

图 3.28　高于 50 000 元采购的审批流程

3. 采购订单

"采购订单"是采购员最常用的功能，是一站式采购订单的管理入口，可以用来创建采购订单、查看采购订单状态、修改编辑采购订单。当采购订单通过审批后，状态会变成"已审批"或者"已发送"的状态，意味着这张采购订单可以被发送给供应商或者是已经通过电子邮件等发送给供应商，如图3.29所示。

图 3.29　采购订单视图

采购员可以通过"采购订单"功能下载或打印采购订单表单，以电子邮件或者纸本的方式将采购订单发送给供应商。艾德望思新年大礼包的采购订单如图3.30所示。

图 3.30　采购订单样例

4. 监控供应商确认

对于某些关键的采购，我们希望得到供应商的反馈确认，并在系统中加以记录，以确保供应商可以按时按量交付采购的货物或者服务。在SAP ERP公有云中，采购订单中有供应商确认功能，可以选择录入供应商确认的内容，对于启用供应商确认的采购订单，必须得到供应商的确认之后才能收货。

采购员通过"监控供应商确认"功能可以看到供应商对于发出的采购订单的回执情况。对于未确认的订单，需要及时联系供应商，避免出现逾期未交货和影响生产供应的情况发生。需要注意的是，采购订单的确认不必对所有采购订单启用，这是一个可选的功能，一般只针对那些重要的采购类别或者对交货期限要求严格的采购订单开启，如图3.31所示。

图3.31 监控供应商确认

5. 监控采购订单项目

对于原材料采购员来说，每天经手的采购订单可能有上百单。如何快速对所有采购订单进行监控和分析，查看哪些供应商有逾期未交货的订单，哪些采购订单已经收货但是尚未收到发票，哪些采购订单供应商交货数量和采购订单计划数量有偏差，这几乎是困扰所有采购员的问题。

在艾德望思，现在可以在SAP ERP公有云中通过"监控采购订单项目"功能实时查看当前采购订单的情况,并及时做出响应和处理,提高采购工作的效率和绩效,如图3.32所示。

图 3.32　监控采购订单项目视图

3.2.4　采购收货

在SAP ERP公有云中,针对采购订单的收货是和采购订单关联的。这意味着仓库在收货的时候必须要以采购订单号作为索引,而系统在收货时产生的凭证也会带有采购订单的信息。这样采购员就能很直观地看到采购订单的收货情况,在后续采购收票时也能和发票凭证钩稽起来。

业务场景:

在部署SAP ERP公有云以前,艾德望思的仓库收货流程缺乏规范指导。供货商、送货的物流公司、采购员和收货仓库的仓库管理员全部通过电话、邮件、微信等联系方式进行沟通,线下送货单据的格式也各式各样,因此导致沟通效率不高,信息不对称,经常出现送错货或者货物与订单匹配错的情况,给艾德望思的供应链管理带来了诸多不便甚至是直接经济损失。

自从SAP ERP公有云上线以后,这种情况得到了明显的改善,供应商安排发货时,会让物流司机带着按艾德望思采购员要求打印的采购订单、交货单、货物质检单等单据随货一起送到采购订单上写明的送货地址。仓库管理员收货时会检查核实随货的采购订单与交货单信息，避免送错货的情况。在系统录入收货信息时通过采购订单号码进行索引，规避了实物与系统不匹配的情况发生。

相关的业务角色：

仓库管理员（SAP_BR_WAREHOUSE_CLERK）。

相关功能：

过账采购凭证的收货。

仓库管理员打开“过账采购凭证的收货”，输入采购订单编号，该采购订单下所有待收货的项目都会显示出来。仓库管理员核验供应商随附的采购订单与交货单，清点实际的货物数量，在系统“交货单”处输入供应商的交货单号，“已交货”处输入实际的收货数量，即可完成收货，如图3.33所示。

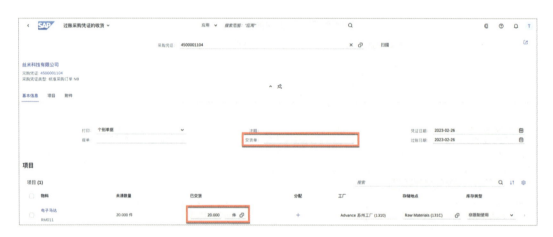

图 3.33　过账采购凭证的收货

与此同时，位于仓库的打印机会自动打印收货单，如图3.34所示。

收货/发货单

物料凭证： 5000001230 / 2023

收货日期：	26.02.2023						
当前日期：	26.02.2023						
工厂：	1310						
描述：	Advance 苏州工厂						
存储位置：	131C						
供应商：	0013300001				**名称：**	丝米科技有限公司	
采购订单：	4500001104						
采购组：	002 **描述：**		备件耗材采购组		**电话：**	770 840 9421	
项目 物料					**物料描述**		
制造商零件编号	**存储位置**	**批次**	**仓位**		**数量**	**单位**	**原因：**
0001 RM011					电子马达		
	131C				20	件	

图 3.34　收货凭证

在仓库管理员收货操作完成后，系统后台同时产生了相应的日记账分录。库存商品和应付暂估科目的变化，在相关的凭证流中一目了然。这样财务人员也对库存的情况了如指掌，如图3.35所示。

图 3.35　采购凭证流及收货日记账分录

下面解析图3.35所示的日记账分录，如表3.2所示。

表 3.2　采购收货日记账分录

总账科目	借方金额/元	贷方金额/元
库存商品（原材料）	7600	
应付暂估（GR/IR）		7600

其中金额7600元来自采购订单的采购价格，借方记库存商品科目表示资产增加，意味着库存商品增加了7600元。应付暂估科目在SAP中又称GR/IR（goods receipt/invoice receipt）科目，它是负债类科目，贷方记GR/IR科目表示负债增加。GR/IR科目是财务处理采购业务的一个中间科目，其含义是对供应商的采购已经进行了货物的接收，但是尚未收到发票，未形成真正的应付账款。如果GR/IR科目贷方有余额，代表公司仍有已收货未收票的单据，简单的理解就是收货和收票存在差异金额。

3.2.5 供应商发票

在SAP ERP公有云中,供应商发票指在采购业务中处理供应商开具的发票,并处理后续的应付账款事宜。

相关的业务角色:

应付账款会计(SAP_BR_AP_ACCOUNTANT)。

相关功能:

(1)创建供应商发票。

(2)供应商发票清单。

1. 供应商发票预制

在艾德望思以往的采购业务中,对供应商发票的验收和检验经常容易在采购和财务之间发生推诿。采购人员认为,发票处理都应该是财务应付账款处理的任务,和采购没有关系;财务人员则认为,和供应商沟通获取发票并做好三单匹配(采购订单、收货单、发票)应该是采购分内的事情。

这件事情在艾德望思部署SAP ERP公有云之后得到很好的解决。

艾德望思的采购员是供应商的联系人。供应商会在完成采购订单的交货后,将发票寄送给采购员,有时发票也会随附在货物中,由仓库管理员转交给相关的采购员。采购员拿到发票后,会打开系统中的采购订单进行核对,完成校验后,采购员在系统中通过"创建供应商发票"功能创建供应商发票。

创建供应商发票需要以采购订单号为索引,录入发票日期、参考(艾德望思规定此字段应填写增值税发票编号)等信息之后,核查金额和税额是否与收到的发票一致。最后选择"保存为已完成",完成供应商发票凭证的预制,如图3.36所示。

2. 供应商发票过账

根据已设定的供应商发票工作流,待采购人员保存完成预制的供应商发票凭证之后,财务的应付会计就会收到相应的工作流审批提醒,在"我的收件箱"中进行供应商发票凭证的审批,如图3.37所示。

单击"审批"按钮后,系统会自动对该供应商发票过账,产生应付账款对应的日记账分录,如图3.38所示。

图 3.36 新建供应商发票

图 3.37 审批供应商发票

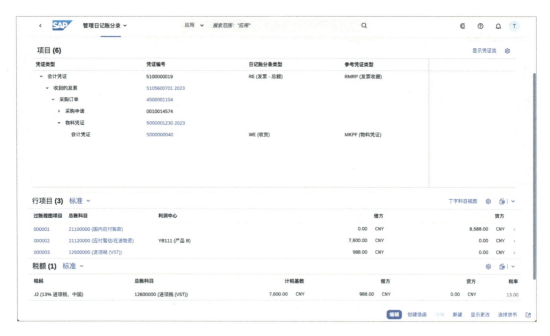

图 3.38　对供应商发票过账

下面来解析这张日记账分录,如表3.3所示。

表 3.3　采购收票日记账分录

总 账 科 目	借方金额 / 元	贷方金额 / 元
应付暂估（GR/IR）	7600	
进项税	988	
国内应付账款		8588

在图3.36中,可以看到由采购订单带出的明细,如采购物品是电子马达,采购数量20件,不含税总价7600元,税率是13%,供应商开具的发票含税的总金额是8588元。在自动生成的会计科目中,借记GR/IR科目7600元,代表GR/IR科目的应付暂估减少,冲抵了之前收货产生的GR/IR贷方余额,意味着之前收货产生的暂估金额由于已经收到发票而被清账。借方记进项税科目988元,表示应缴进项税金增加,进项税额由采购发票中的税码自动计算得来。贷方记应付账款(统驭科目)8588元表示负债增加,意味着对此供应商的债务欠款增加8588元。

在日记账分录中也可以通过链接导航到采购订单项目明细中,从采购申请到发票接收的凭证流一览无余,如图3.39所示。

图 3.39　从采购申请到发票接收的凭证流

以上可以看出，在应用了SAP ERP公有云之后，采购收货和收票的环节做到了真正的业财一体，财务人员不需要根据采购订单、收货单和发票分别进行手工的财务记账，系统会自动根据所操作的信息正确生成相应的日记账分录，并可以实时体现在财务报表中。

3. 供应商发票清单

财务人员和采购人员都可以通过"供应商发票清单"功能查询所有的预制或已过账的供应商发票凭证信息，如图3.40所示。

图 3.40　供应商发票清单

3.3 采购分析洞察

对于云时代的ERP来说，标准化是其最显著的特点。在SAP ERP公有云中采购管理有大量预置的分析报表和洞察应用程序，采购用户可以从不同的视角查看相关的报表，帮助其实时分析、查看、洞察采购业务数据，及时响应发现的问题，如图3.41所示。

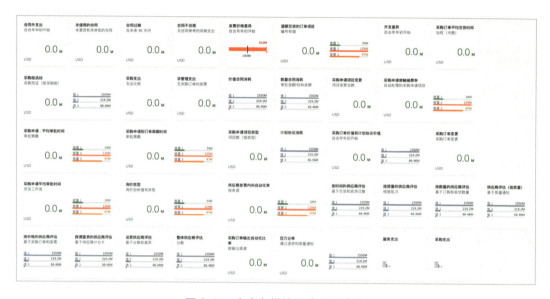

图 3.41 丰富多样的采购分析功能

按照艾德望思以往的管理要求，采购人员需要把大量精力花费在维护采购相关的报表上，每人都练就了一身过硬的Excel功夫。但是功夫再硬也满足不了领导各式各样的统计需求，今天需要查看按物料组的采购汇总，明天需要查看按供应商的采购到货准时率，结果采购部门恨不得专门聘请一个人来专职做报表的分析。

这还不是最头疼的，最头疼的是领导看报表的时候发现了问题，揪着某个数据让采购员来分析原因。一个月会发生上千张采购订单，找到出问题的订单如同大海捞针。

除此之外，还有数据实时性的问题，因为业务是不断发生变化的，这边报表还没做完，那边业务信息就已经发生了变化，这些变化以前很难实时地体现在报表中。

这些问题在SAP ERP公有云中得到了改善，采购业务人员可以利用大量预置的采购分析报表来完成多样的分析需求。领导也不用天天追着业务人员要报表了，可以随时自助查看想要的数据分析，并且通过实时的数据下钻功能，准确地追溯到问题的根源。

3.3.1 实时采购运营分析

采购相关的实时分析包括采购概览、采购组活动、逾期交货的订单项目、整体供应商评估、按价格的供应商评估、按数量的供应商评估、按时间的供应商评估、按质量的供应商评估以及采购支出分析等,并可以随意切换如柱形图、饼形图等图表形式,支持多级筛选和下钻,便于分析业务数据。在SAP ERP公有云中,大多数的采购分析功能都属于这种实时的业务洞察分析功能。此类功能主要是用于实时的分析和监控,一般都会包含可视化的图表。

1. 采购概览

"采购概览"是采购员很常用的一站式分析报告的入口,它其实是很多个报表应用程序的集合,可以通过对抬头条件的筛选实现对所有相关功能的数据筛选,单击任意磁贴即可导航至相关功能,如图3.42所示。

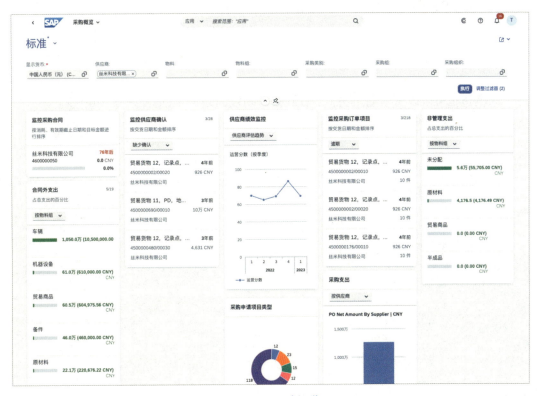

图 3.42 采购概览

2. 采购组活动

使用"采购组活动"功能可以以采购组为维度,查看一定时间范围内发生的业务单据数量,可以客观评价不同采购组业务量的分布情况,如图3.43所示。

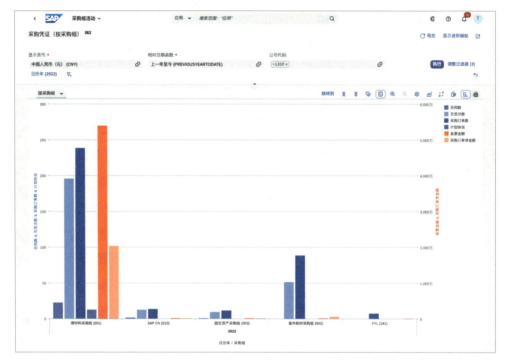

图 3.43 采购组活动

采购员也可以改变查看的方式，看到按时间线的趋势走向，如图3.44所示。

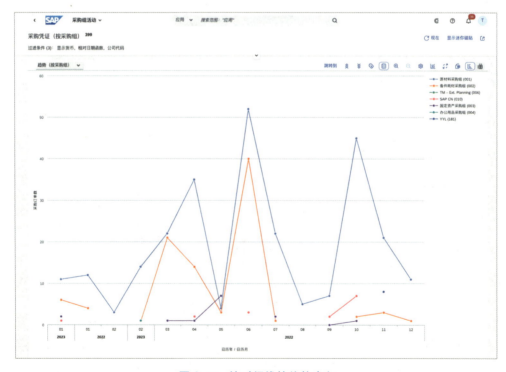

图 3.44 按时间线的趋势走向

3. 逾期采购订单项目

通过"逾期采购订单项目"功能可以查看逾期交货的采购订单项目信息,可以按照不同的维度进行数据统计。逾期交货指实际收货日期晚于采购订单的计划交货日期,如图3.45所示。

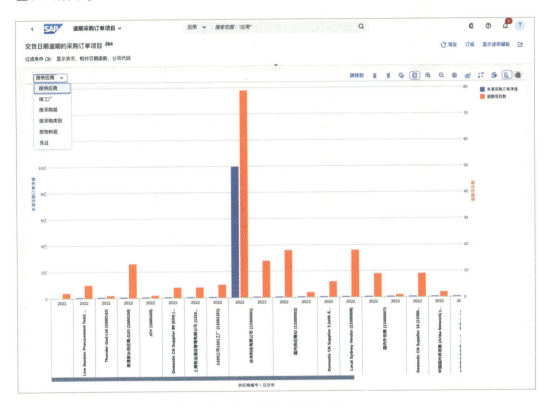

图 3.45 逾期采购订单项目

在此类报表中,用户可以对想要进一步分析的数据进行下钻。下钻的意思就是针对选择的分析数据进行筛选展开,以发现更多的分析洞见。

例如在图3.45中,艾德望思的采购员发现某供应商的交货逾期率特别高,就选择此供应商进行下钻,按采购组展开。即对采购订单数据进行筛选,仅显示此供应商的订单,并且按照采购组分类显示。

第一次下钻以后,结果如图3.46所示,显示该供应商下所有采购组的数据,发现原材料采购组的采购逾期率较高。因而选择原材料采购组进行第二次下钻,按物料组展开。

在第二次下钻后,结果如图3.47所示,发现贸易品物料组的逾期数量最多。进而第三次按贸易品物料组下钻,并选择展开显示凭证明细。

图 3.46 按采购组展开的结果

图 3.47 按物料组展开的结果

最终结果如图3.48所示，得到了这一份经过分析下钻后的逾期采购订单项目清单，采购员依照此订单清单发送供应商要求整改和加速发货。

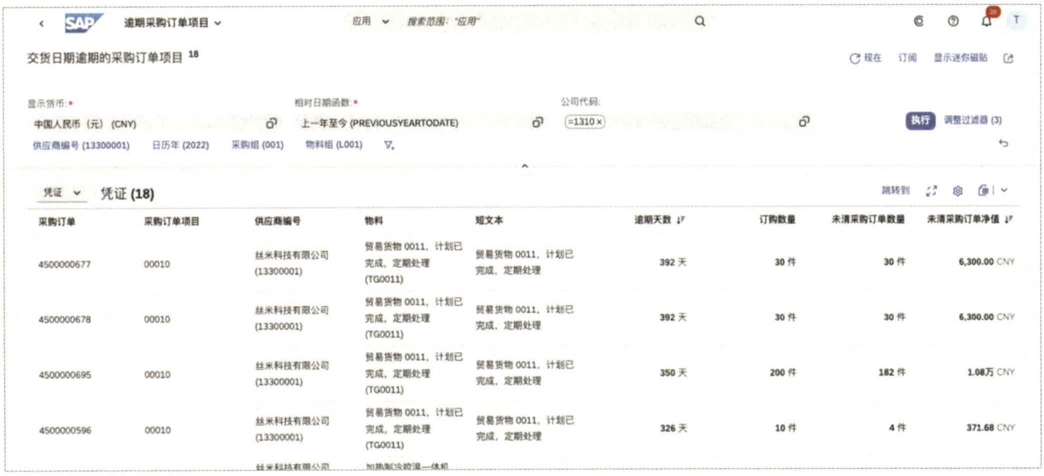

图 3.48　显示凭证明细

由此看来，在SAP ERP公有云中所提供的分析报表功能不只是提供实时的分析数据，而是可以帮助分析者发现并定位具体问题，从而更及时地解决问题。

3.3.2　供应商绩效分析

SAP ERP公有云中提供一套完整的供应商绩效评价体系，可以按照供应商的采购执行绩效和由采购员制定的供应商评估问卷得分，对供应商进行综合的考核和评分。

在"整体供应商评估"功能中，可以显示供应商基于所有维度评分和已配置的权重进行的加权汇总评分，以综合评价此供应商的表现情况。可以任意选择界面顶部的迷你磁贴，查看其他特定维度的评估数值，如图3.49所示。

除了按整体评估之外，SAP ERP公有云还有按价格、按数量、按时间、按质量等其他维度的评估工具。

（1）按价格的供应商评估。主要评估供应商发票金额和采购订单金额的差异，评价供应商是否按照采购订单约定的价格开具发票和收款。

（2）按数量的供应商评估。主要评估供应商到目前为止的发货数量和采购订单数量的差异，评价供应商是否准确按照采购订单约定的数量交货。

（3）按时间的供应商评估。主要评估供应商实际交货的收货过账日期和采购订单

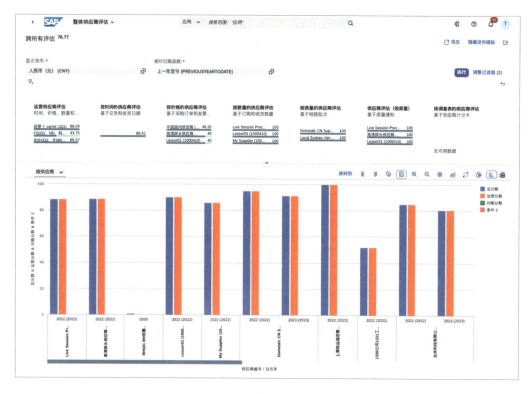

图 3.49　整体供应商评估

规定的预计交货日期的差异，评价供应商是否准确按照采购订单约定的时间交货。

（4）按质量的供应商评估（需启用质量模块）。主要评估供应商交付货物的检验结果是否合格，和预期是否有差异，以及供应商交付的货物质量标准是否合格。

3.3.3　自定义灵活分析

在SAP ERP公有云中，还有一类报表属于灵活自定义的报表，这种报表格式都是由用户自己设定的，并可以根据自己的需要进行灵活的数据透视分析。可谓是"一表多用"。

采购分析中常用的"支出分析"就是一种灵活的分析报表，如图3.50所示。

选中需要分析的数据，选择"行"，可以将其加入行显示；选中需要分析的数据，选择"列"，可以将其加入列显示。例如，想获取按采购组区分的采购支出汇总，可以在采购组单击"行"按钮，获得按照采购组进行汇总的采购支出数据，如图3.51所示。

如果仍想获取每个采购组下各供应商的数据汇总，那么可以将供应商也加入"行"，得到在采购组基础上，又按照供应商分类汇总的数据，如图3.52所示。

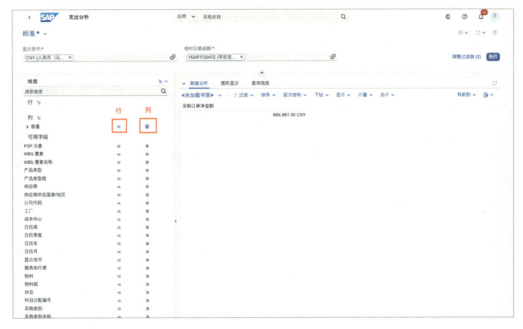

图 3.50 支出分析

图 3.51 按照采购组汇总的采购支出数据

图 3.52 在采购组基础上按照供应商分类汇总的数据

如果还想将表格中的数据按照季度进行拆分以分析数据的变化趋势。则将"日历季度"加入"列",结果如图3.53所示。

图 3.53 按照季度进行拆分

最后,可以把调整好的报表格式另存为书签,如图3.54所示,这样下一次进入应用程序单击书签即可获取同样的报表,是不是很灵活、很方便呢?

图 3.54 报表格式另存为书签

除了标准提供的报表之外,用户也可以利用SAP ERP公有云中大量已发布的CDS (core data service)视图构建自定义分析报表,实现更多样化的灵活分析需求,如图3.55所示。

图 3.55 视图浏览器——采购相关 CDS 视图

3.4 采购智能场景

在采购领域，SAP ERP公有云有着大量的智能场景，覆盖了寻源、合同、订单、付款等全部环节。表3.4列出了部分智能场景。

表 3.4 采购中的创新场景

寻　　源	合　　同	采购申请	订单&付款
询价单创建建议	采购合同消耗预测	物料分组建议	交货日期预测
供应商相关开支分析	供应源合同完备	智能审批工作流	利用 IoT 功能交货
寻源活动中的供应商建议	集中采购合同消耗	新采购目录项目建议	开支分析中的发票分类
寻源活动中的内容建议	状态同步	确认提醒功能	从邮件附件中上传供应商发票
标准供应商建议	…	从 Excel 创建采购请求	采购对话机器人
从 Excel 创建寻源列表		从 Excel 管理采购目录	产品足迹管理
从 Excel 创建信息记录		碳足迹追踪	从 PDF 中提取数据
…		…	…

篇幅所限，这里仅介绍采购合同的过期与消耗预测场景。

在这个场景中，用到了标准Fiori应用、嵌入式分析、预测和数字助理（Co-Pilot）等。

嵌入式分析是一种分析技术，它通过SAP ERP公有云内置的分析引擎，将数据分析和决策放在一起，以支持实时决策。它可以将分析结果嵌入业务流程中，帮助企业更快地了解数据上下文、改善体验、提高运营效率、提高利润率，并降低风险。

SAP Co-Pilot是一种基于人工智能的企业级聊天机器人，通过自然语言处理（NLP）和机器学习（ML）技术，支持用户自然语言查询，更快地获取所需信息，并自动完成相关任务。

业务场景：

艾德望思的采购人员使用SAP ERP公有云处理日常业务活动时，必须及时为所有类型的物料或服务签订具有最新条款的有效合同。因此，需要预先了解即将过期和即将完成的合同。如果不能及时做到这一点，那么就有可能导致不良后果。

（1）因协议续签管理不当而导致供应中断，如忘记合同已经过期，导致供应商停止供货。

（2）由于合同外的临时采购支出较高，采购订单无法消耗有价格优势的采购合同，会导致利润率变低。

（3）手动流程非常烦琐，导致交易周期延长。

（4）即使采购人员有检查合同到期的意识，手工检查即将到期的合同报表也非常耗时。

相关的业务角色：

采购人员（SAP_BR_PURCHASER，SAP_BR_CENTRAL_PURCHASER）。

相关功能：

（1）数量合同消耗。

（2）价值合同消耗。

（3）集中采购合同消耗。

借助SAP ERP公有云的预测和嵌入式分析功能，采购员可以实时了解采购合同的消耗数据，能够使用图表方式查看实时报表并确定一定时间段内的特定趋势，并能够实时发现潜在威胁，全面了解合同管理和合同使用的即时信息，并快速采取行动以实现高效的合同管理，如图3.56所示。

采购与寻源　第3章

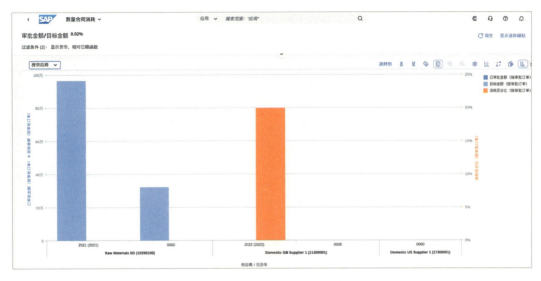

图 3.56　数量合同消耗预测应用

主要功能：

（1）采购人员会收到基于预测过期日期的采购合同通知，然后查看合同详细信息并执行后续操作。

（2）所有数据均实时显示，允许用户下钻以获取更多详细信息或直接执行操作。

（3）系统提供嵌入式分析图表和过滤器，帮助采购人员预测何时合同消耗完毕。

（4）支持与Co-Pilot的互动，用户体验更友好。

（5）相关操作可以实现高度自动化。

（6）保证采购合同管理的合规性。

（7）帮助采购人员根据实时合同信息制定战略寻源决策。

（8）提供合同失效日期的实时报表。

智能场景小结

通过"采购合同消耗"应用中的预测功能，艾德望思的采购员可以清晰地查看所有采购合同的有效期，从而了解哪些合同即将到期，并可以查看这些合同的详细信息，如供应商、产品种类、价格等。采购经理可以实时监控合同履约率以及采购过程中的合规问题，从而降低合规风险。

系统可以根据历史数据预测下个月、下季度或下一年的合同消耗趋势，提前提醒采购员进行合同谈判，帮助采购员做好采购计划与合同续约，以保证业务连续性和价格优势，这也有助于提高公司的整体利润率。

第 4 章 CHAPTER 4
供 应 链

SAP ERP公有云支持企业搭建一个高效运营的数字化供应链管理平台。企业在采购入库、物料领用、生产入库、销售发货、工厂间转储等各个环节均可基于仓库或仓位进行精细化管理，也可基于物流物料标识按批次或按单件对物料进行全流程跟踪。同时，SAP ERP公有云提供实时的多维度的库存动态和各项关键指标，帮助企业打造具有竞争力的敏捷响应的供应链管理体系。

本章将着重讲解在SAP ERP公有云中供应链管理的主要应用场景与业务流程。

学习目标

- 了解供应链的主要解决方案；
- 学习供应链相关主数据的基本概念和功能；
- 掌握供应链主要的业务流程、核心业务功能和业务逻辑说明；
- 理解供应链相关的业务洞察与分析；
- 了解供应链相关的智能技术应用场景。

业务范围

供应链管理的主要业务领域包括库存管理、仓储、订单承诺、交货和运输、物流物料标识等。本章将介绍SAP ERP公有云供应链管理的主要业务范围及其核心功能，如图4.1所示。

图 4.1　供应链业务范围概览

图中的各主要功能概述如下。

（1）库存管理。库存管理基于物料数量和价值两方面进行，并实时记录业务运营中发生的库存交易和库存更新。库存管理功能包括货物移动、库存分析与监控、库存盘点等。

（2）交货和运输。供应链交货管理包括内向交货收货和外向交货发货的业务流程管理。运输管理支持从运输需求触发创建货运单位、货运订单计划与执行、运输费用的计算与结算等。

（3）仓库管理。仓库货物移动的管理可以精细到仓库具体位置，并可以计划和执行仓位间的货物移动。仓库管理包括仓库内向收货、仓库外向出货、过账更改等。

（4）物流物料标识。物流物料标识可以实现物料精准监控，增强供应链物流的可追溯性。物流物料标识包括序列号管理、批次管理、处理单元管理等。

（5）订单承诺。启用订单承诺功能，系统将基于需求和供应情况实时计算和检查物料在特定工厂中的可用性。订单承诺管理包括可用性检查、延期交货订单处理，以及功能更强的高级订单承诺。

4.1　供应链主数据

供应链主数据对供应链管理至关重要。本节重点介绍产品主数据中与存储相关的内容以及供应链物流物料标识主数据。

4.1.1 产品主数据(存储视图)

主数据管理专员使用"产品"功能维护物料的存储视图时,需要先选择对应的工厂及存储地点等组织级别,再维护相关的物料数据信息,包括发货单位、重量数据、体积数据、标签类型、总货架存放期等。此外,主数据管理专员在基本信息视图上也可以决定物料是否启用批次管理或序列号管理。

存储信息的定义方式直接影响仓储业务的管理模式。例如,在食品饮料、医药等行业中,企业可以定义物料的"货架存放期"以便随时监控原料库存是否处于安全的使用期内,并通过先进先出、先过期先出等不同管理方式保证原料的合理消耗顺序。其中,"总货架存放期"即物料保质期,描述的是物料从生产日期到货架过期日期的总期限;"最短剩余货架存放期"表示从物料存放到保质期到期日最少的时间。在石油、化工等行业中,有些物料则有比较特殊的"存储条件""温度条件标识"等要求;有些物料还涉及危险品分类,需要强制保存在特定仓位或者在领用和保存时触发特殊的管理流程。

产品主数据的存储视图如图4.2所示。

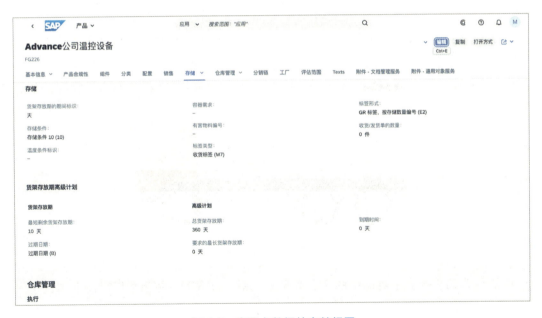

图 4.2 产品主数据的存储视图

4.1.2 物流物料标识管理

SAP ERP公有云供应链跨主题物流(logistics cross topics)的功能可以实现物流物料标识管理,包括处理单元管理(handling unit management,HUM)、批次管理

（batch management）以及序列号管理（serial number management）。通过处理单元进行物料管理，供应链部门的业务人员可以跟踪整个处理单元及其所包含物料的移动，而不必分别跟踪每种物料，以便更高效地规划和管理供应链物流。通过启用批次管理或对单件产品的序列号管理，可以实现对一些重要物料的精准管理和质量追溯。

1. 处理单元管理

处理单元是一个物理单元，并反映一种基于包装的物流结构，它由包装材料（载具/包装材料）和其中包含的产品货物共同组成。包装材料可以是载具、托盘或料箱等。仓储管理中通过将物料打包成处理单元进行快速管理，可以优化存储空间，简化操作流程，有效支持集装箱物流和自动化装运等供应链管理模式，提升供应链的运作效率。系统还提供了实时可视化的跟踪和监控功能，使业务用户能够更好地按处理单元或物料进行查找和追踪，从而更好地规划和管理库存。

处理单元具有唯一的、可扫描的标识号。标识号可以根据诸如EAN128或SSCC（序列化装运容器代码）之类的标准进行生成。处理单元管理也可以支持批次和序列号管理。

处理单元可以嵌套，这意味着主数据管理员可以创建包含其他处理单元的上级处理单元。图4.3展示了一个包含了三层嵌套结构的集装箱处理单元。

图 4.3　三层嵌套结构的集装箱处理单元示例

处理单元在产品主数据中的产品类型为包装（VERP），并包含与包装有关的字段信息，如处理单元类型、毛重、体积以及计量单位等基础数据，这些信息对于处理包装作业很重要。包装主数据的维护信息如图4.4所示。

主数据管理专员通过"创建处理单元管理"功能将产品货物与托盘载具组合包装。处理单元创建后，系统将会自动复制包装主数据，并将其毛重和体积用作包装的重量和总体积。

图 4.4 包装主数据的维护信息

对于系统内还未分配处理单元的货物,艾德望思主数据管理专员可以使用"创建和处理未分配的可用处理单位"功能来处理。在包装物料栏位字段中选用包装物料PMWIREBASKET(托盘)来包装库存物料TG21,并输入产品需要包装的数量及单位等。系统将基于每个包装产品主数据所维护的重量及体积数据,自动计算出处理单元可以允许包装的总重量和装载的总重量。主数据管理专员执行包装操作后,系统自动生成唯一标识处理单元号码30000184,如图4.5所示。

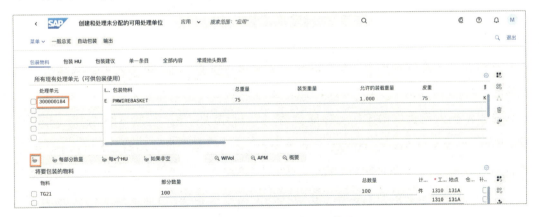

图 4.5 创建未分配的处理单元

艾德望思主数据管理专员和库存管理员还可以使用"监控处理单元"功能来查看处理单元的详细信息,例如状态、包装物料以及所属凭证信息等,实现处理单元的物流过程追溯管理。如图4.6所示。

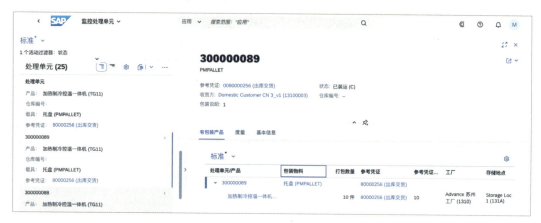

图 4.6　监控处理单元

2. 批次管理

在一些行业中，对关键物料或有保质期要求的物料需要进行批次管理。批次管理的用途包括：

（1）支持质量管理、缺陷追踪以及召回管理的需求；

（2）满足某些行业的精细化库存管理的需求，例如，同种物料由于产品质量或组成成分的不同而导致有不同的产品特征；

（3）支持生产作业执行的需求，例如，生产工厂依据物料批次先进先出的策略进行原材料的投料；

（4）遵守法规要求，例如GMP（good manufacturing practice）中关于物料质量管理的规定。

物料的批次管理标识可以在产品主数据中进行设置。批次的定义方式是使用唯一的最长不超过10位的数字和字母的组合。主数据管理专员在维护新的批次主记录时，系统将提示输入新批次的工厂、存储位置、货架存放期、下次检验日期、状态（非限制或受限制）以及其他相关详细信息。"批次分类"定义了每个批次的特征，如剩余货架寿命（LOBM_RLZ）、交货日期（LOBM_LFDAT）等。

SAP ERP公有云的所有主要业务流程均支持批次管理，包括采购、生产、质量、库存、销售到成本核算等业务。主数据管理专员在系统中可以预配置批次搜索策略和批次搜索过程，系统将根据搜索策略中的排序规则对已找到的可用批次进行排序，并根据搜索策略中的"数量建议"选择建议的批次数量，从而在采购收货、生产备料、销售交货、库存货物移动等业务处理中实现自动批次确定。根据批次管理的业务需求，系统也允许在自动批次确定的基础上人工选择特定的批次。每个批次可以记录该批次的库存数量、产品特征、化学成分等特征属性。

供应链主数据管理专员通过"批次"功能创建新的批次、更改或显示现有批次信息。艾德望思主数据管理专员在创建批次信息的界面上，输入对应的物料号TG21，维护基本数据视图、分类视图（例如，分配023 Batch分类）以及物料数据视图上的其他相关信息。在基本数据视图上维护的批次信息包括产品的生产制造日期、下一次检验日期、货架存放周期、供应商代码、原产地信息等。主数据管理专员执行"保存"后系统将自动生成批次号20221103。主数据管理专员可以在该界面上更改或显示指定物料的批次信息，如图4.7所示。

图 4.7 批次维护界面

3. 序列号管理

序列号管理可以用来识别和区分单件产品，是对产品主数据的深化应用。产品主数据只能描述和管理该产品通用的信息，但不能管理每个单独物料的具体状态信息。通过序列号管理可以实现对每个单件物料在采购、仓储、生产、销售等各个业务环节的追溯。在SAP ERP公有云系统中可以通过产品主数据的维护并配置序列号参数文件（见图4.8）来实现对每一个单独物料的序列号管理。

图 4.8 定义序列号参数文件

艾德望思物流供应链部门根据对物料可追溯性管理的需要，可以在相关的销售、仓储、生产等业务流程中，启用指定物料的序列号管理来监控单个物料流转、状态更新及其业务交易历史记录。主数据管理专员通过"创建物料序列号"功能为指定的物料创建序列号编号，并维护物料序列号使用的相关信息。系统根据设置的编号范围自动生成流水编码的物料序列号。

序列号参数文件定义了该物料在哪些流程（每个流程会用一个4位字符串代码来表示）中可以集成序列号管理。同种物料在不同的工厂中可以分配不同的序列号参数文件，这意味着主数据管理专员可以通过设置物料在工厂中的序列号参数文件来实现某些工厂需要单独物料的序列号管理，而有些工厂则不需要序列号管理的功能需求。

主数据管理专员通过"工厂"功能将设置好的序列号参数文件分配给指定的产品，如图4.9所示。

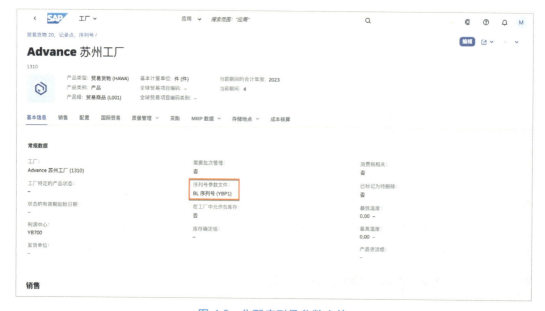

图 4.9 分配序列号参数文件

艾德望思物流供应链部门主数据管理专员通过"显示物料序列编号"功能，可以查看物料TG20序列号313100916的详细信息，包含工厂信息、保修状态信息等，如图4.10所示。

图 4.10　显示物料序列编号

主数据管理专员可以在系统中进一步查询追溯该物料序列号所有流转的历史记录信息，如图4.11所示。

图 4.11　显示物料序列号流转历史记录

4.2　供应链管理业务流程

本节将详细介绍SAP ERP公有云中与供应链相关的主要业务流程，包含内向入库交货、仓库发货出库、库存转储、库存盘点等业务管理，如图4.12所示。

除了以上四个主要业务流程，本节补充介绍了供应链相关的其他运营场景，如无参考收货过账、客户退货交货流程。

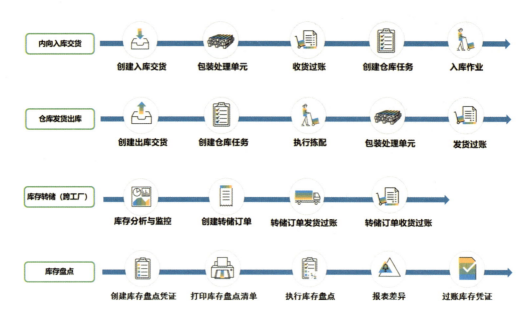

图 4.12 供应链主要业务流程关键业务步骤示意图

4.2.1 内向入库交货

库存管理员基于供应商采购订单的入库需求创建入库交货。当产品到达仓库后，收货专员清点货物数量进行交货操作，也可以将入库货物包装为处理单元进行交货以提高效率，或者通过将批次或序列号分配给入库货物，以便进行产品后续的可追溯性管理。在收货过账业务操作环节，仓库管理员接收货物并将其移动到仓库存储位置，确认执行收货过账，完成货物在仓库中的入库作业，流程如图4.13所示。

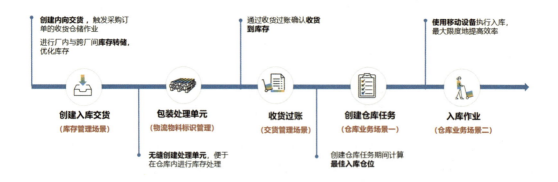

图 4.13 供应链从创建入库交货到仓库入库作业流程场景

业务场景:

(1) 创建入库交货业务流程从收到供应商的入库交货申请开始。库存管理员收到基于供应商采购订单入库收货的需求后,在系统中创建内向交货单,并确认物料数量、仓库存储位置等相关信息。在该业务流程操作步骤中,通过启用批次管理来提升物流物料标识的价值链监控管理。

(2) 在入库交货的包装处理单元流程中,艾德望思收货专员通过将接收项目包装到处理单元来优化的仓库处理效率。

(3) 仓库管理员接收需要内向交货的产品并将其移动到仓库存储位置,执行完成收货过账。

(4) 仓库管理员在创建仓库任务流程操作期间,还可以通过应用配置的入库策略确定最佳入库仓位,执行仓库入库作业。

(5) 仓库管理员处理未清仓库任务,执行完成货物在仓库中的入库作业。

相关的业务角色:

(1) 库存管理员(SAP_BR_INVENTORY_MANAGER)。

(2) 收货专员(SAP_BR_RECEIVING_SPECIALIST)。

(3) 仓库管理员(SAP_BR_WAREHOUSE_CLERK)。

(4) 仓库经理(SAP_BR_INVENTORY_MANAGER)。

相关功能:

(1) 管理采购订单。

(2) 针对采购订单的入库交货。

(3) 针对入库的入库交货。

(4) 更改入库交货-交货。

(5) 处理仓库任务。

(6) 仓库监控器。

(7) 处理仓库任务-交货。

1. 创建入库交货

在SAP ERP公有云的内向交货(inbound deliveries)业务流程中,系统通过内向交货单对入库的交货业务进行管理。入库交货单作为内向交货业务触发的指令,能够实现订单交货管理状态的追踪以及后续业务凭证的承接。为提高业务处理的效率,系统还可以配置使用API或批处理自动创建入库交货凭证。

收货专员可以参照使用采购订单或计划协议来创建入库交货单，并记录有关交货的相关信息，例如交货中的物料项目、重量和交货数据信息等。系统可以根据库存管理员的建议或自动确定收货入库的仓库具体位置。收货专员创建入库交货时，系统将执行以下活动：

（1）检查订单和物料，确保可以进行入库交货；

（2）确定项目行物料的交货数量；

（3）计算交货的重量和体积；

（4）为入库分配存储地点或系统自动确定最佳的仓库位置；

（5）更新采购订单历史记录。

本节以艾德望思的供应链流程为例，介绍从采购订单创建到入库交货的过程。采购员首先通过"创建采购订单"功能创建一个采购订单：在系统中输入供应商代码13300001，物料号TG21及数量500件，选取1310工厂，并在项目计划行中的"供应商确认控制"处选择"入库交货（0004）"，保存后系统生成采购订单4500001121，如图4.14所示。

图 4.14　创建采购订单

收到供应商发来的货物时，收货专员通过"针对采购订单的入库交货"功能创建针对采购订单的入库交货单。收货专员在系统中选择采购订单号4500001121，待执行系统操作后提示入库交货单号180000175已创建并保存，如图4.15所示。

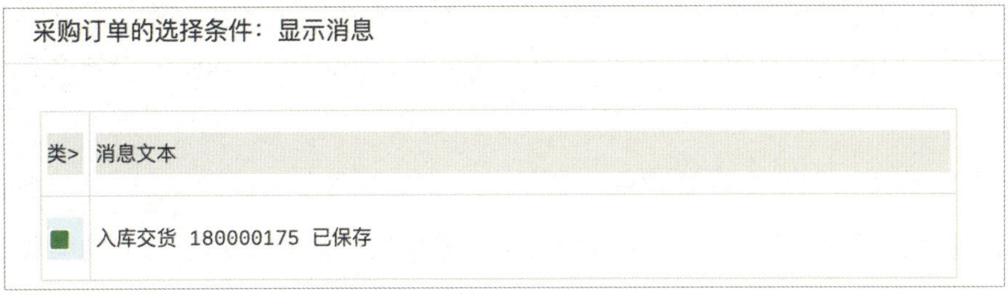

图 4.15　创建入库交货单

收到内向交货申请后，库存管理员使用"针对入库的入库交货"功能来确认处理入库交货单的物料数量及批次，如图4.16所示。

图 4.16　确认入库交货单的物料数量及批次

经清点确认后，库存管理员先在系统中收货处理一笔数量为10件的入库。系统自动分配批次号303，指定WM仓库位置135W进行入库数量确认，如图4.17所示。

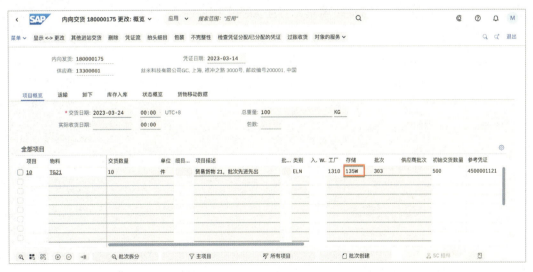

图 4.17　更改入库交货单界面

接下来进行后续入库打包到处理单元的作业。打包到处理单元这个步骤是可选的，取决于企业的仓储管理模式。

2. 包装处理单元

很多情况下，供应商发货的物料包装可能会和企业内仓储管理的包装单元并不一致，这时就需要通过将接收的物料包装到处理单元（handling unit，HU）来提高仓储作业效率。

包装到处理单元是交货处理的一部分。处理入库交货单时，可以通过创建包装指令来选择要包装的交货项目。包装指令定义了需要在处理单元中包装的物料和包装材料，并可在交货流程中设置特定的包装需求。收货专员可以根据包装指令为处理单元创建系统建议来实现自动化的包装处理流程。系统依据设置的条件参数，能够实现基于各种交货相关的特征（例如物料号、收货方等）自动确定相应的包装指令，并通过确认包装指令建议在系统中创建处理单元信息。

艾德望思收货专员通过将接收货物项目包装到处理单元，实现基于采购订单的内向交货处理。收货专员使用"更改入库交货"功能，针对内向交货单号180000175执行包装任务到处理单元的系统操作。收货专员在进入系统中的内向交货单明细后，单击"包装"按钮，系统将跳转到入库包装明细界面。在包装明细界面，当收货专员输入包装物料并确认后，系统自动生成处理单元编号300000284。收货专员在系统操作界面上需要勾选对应的处理单元行项目以及将要包装的物料行，单击"打包"按钮，系统会弹出消息"已经包装物料"。包装处理单元界面如图4.18所示。

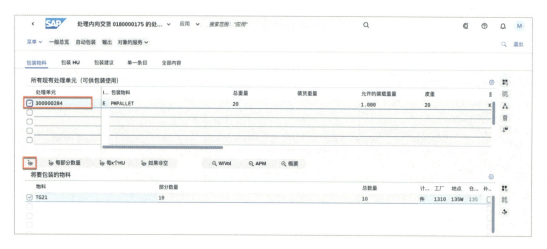

图 4.18　将物料打包到处理单元

通过制定交货程序决策，收货专员能够完成一个高效的基本自动化的包装流程。货物完成打包及处理单元操作后，仓库管理员需要完成收货过账到仓库，并创建入库的仓库任务。

3. 收货过账

在SAP ERP公有云系统中，仓库货物的位置可以准确映射到具体的货架位置。仓库管理员业务工作范围主要包括创建处理仓库入库、出库作业以及仓库内部货物的移动等。

仓库管理员在处理内向收货的货物移动时，需要先在系统中执行收货过账（post goods receipt），如图4.19所示。

图4.19 内向入库交货的环节

仓库管理的货物移动包括来自外部流程触发的货物移动（例如，采购收货入库或销售订单触发的外向发货出库），以及来自企业内部业务流程触发的内部移动（例如，生产收货或用于内部业务运营的物料领料）。系统过账货物移动时，将实现库存数量和价值的更新，并自动生成可用于库存评估的物料凭证和会计凭证。

在此步骤中，仓库管理员对入库交货单确认过账收货，并创建仓库任务。如果入库产品启用质量管理，系统也支持在入库收货处理时进行质量检验的仓库任务处理。例如基于入库交货过账收货后，系统会创建检验批次并启动相应的物料质量检验处理流程。仓库作业人员根据系统中的"仓库任务"指令，将货物移至进行质量检验的待检区域，系统最终将以质量检验的结果作为决策依据来确定最终仓库存储货物的位置及物料库存的状态。

本例中，艾德望思仓库管理员利用"更改入库交货"功能选取内向入库交货单号180000175，单击"收货"按钮，完成收货过账，如图4.20所示。系统还会发出提示消息，物料凭证5000001257已产生。财务人员这时可以在系统中查询到收货过账对应产生的会计凭证5000000054。

4. 创建仓库任务

仓库任务（warehouse tasks）是仓库管理的一种凭证类型，系统支持处理与仓库管理流程相关的仓库任务。例如，仓库作业人员执行仓库任务进行拣配确认、包装处理单元、入库收货作业等。对于更加复杂的仓库管理任务需求，例如堆场管理、波次管理

图 4.20　更改入库交货

等，SAP EWM（extended warehouse management）扩展仓库管理套件能够提供更加全面覆盖的仓储解决方案。SAP ERP公有云中的仓库管理支持与SAP EWM扩展仓库管理套件系统集成的各类开箱即用的业务场景。

接下来仓库管理员需要创建入库仓库任务。仓库管理员使用"更改入库交货"在系统中选取内向交货的行项目，单击"创建任务"按钮，系统将自动提示仓库任务单1000001107已创建。

在该业务步骤中，仓库管理员还可以查询处理单元编号来更好地规划和监控管理供应链物流，如图4.21所示。

图 4.21　交货处理单元

为能更好地监控仓库任务作业，仓库管理员还可以使用"仓库监控器"功能预览打印相关仓库任务凭证。仓库管理员可以根据业务需求来扩展配置仓库任务清单的 Adobe 输出表单。

5. 入库作业

艾德望思仓库作业人员利用"处理仓库任务-入库"功能处理入库仓库任务。仓库作业人员可以在"仓库任务状态"处选取"未处理"的仓库任务状态或者根据内向交货单凭证编号来筛选未处理的任务清单，如图4.22所示。

图 4.22 筛选未处理的任务清单

接下来，仓库作业人员将执行入库拣配作业确认，选中待处理的仓库任务 1000001107，然后单击"确认"按钮，仓库任务状态将会从"未确认"更新为"已确认"。仓库任务确认界面如图4.23所示。

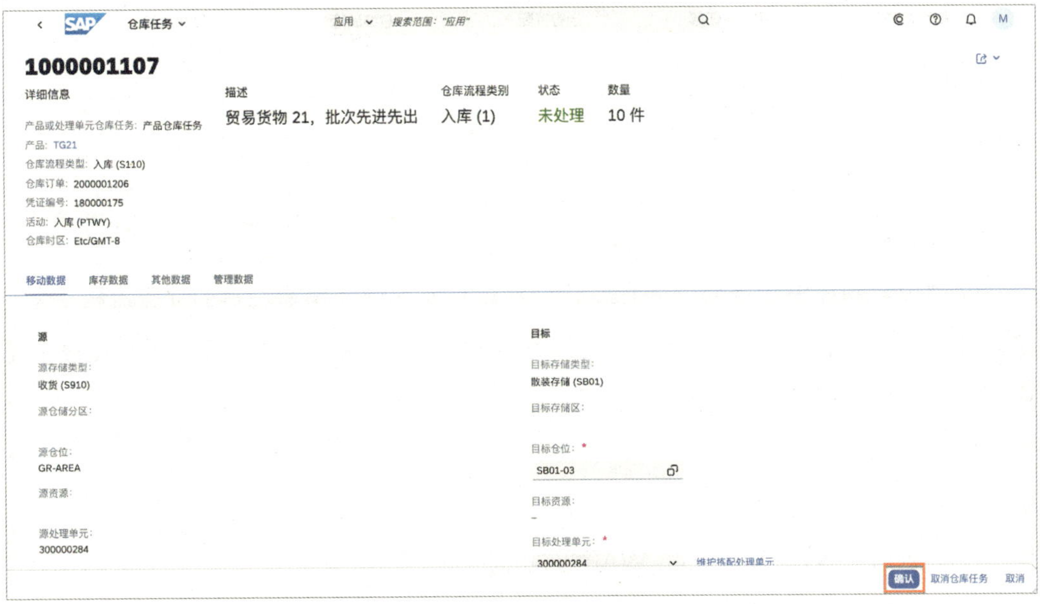

图 4.23 确认仓库任务

仓库作业人员还可以打印输出预配置的仓库入库作业单，如图4.24所示。一个仓库入库收货的主要业务流程到这里就执行完成了。

图 4.24　打印入库作业单

4.2.2　仓库外向发货

仓库管理支持不同的外向出库（outbound deliveries）业务流程，例如仓库管理员可以执行销售产品出库并发送给客户，或将产品退回供应商。仓库外向发货流程从创建外向出库交货单开始，到过账发货（goods issue posting）业务流程结束，如图4.25所示。

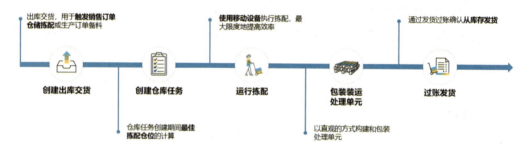

图 4.25　仓库外向发货的主要业务流程

业务场景：

艾德望思物流供应链部门的仓库管理员通过仓库外向销售发货的业务流程，基于销售订单创建出库单，在创建和处理仓库任务作业期间，从仓库中拣配、包装处理单元产品，最后通过发货过账完成库存发货。

相关的业务角色：

（1）装运专员（SAP_BR_SHIPPING_SPECIALIST）。

（2）仓库管理员（SAP_BR_WAREHOUSE_CLERK）。

（3）仓库经理（SAP_BR_INVENTORY_MANAGER）。

相关功能：

（1）创建出库交货。

（2）运行出库流程。

（3）处理仓库任务。

1. 创建外向出库交货单

艾德望思销售代表利用"管理销售订单"功能在系统中创建了销售订单，订单号为1109。该销售订单的物料号为TG11（加热制冷控温一体机），数量为20件。装运专员根据交货安排，会利用"出库交货"功能在系统中创建一张外向出库交货单。外向出库交货单号为80000618，选取交货工厂1310，存储地点135W，实际交货数量为20件，如图4.26所示。

图 4.26 创建出库交货

2. 创建和处理仓库任务

仓库管理员接到装运专员发来的外向出库需求后，需要在系统中基于出库交货单来创建仓库出库任务。仓库管理员利用"运行出库流程"功能在系统中筛选出需要出库的外向交货单号80000618，然后单击"创建任务"按钮，执行操作后系统中项目的任务状态会从"未分配任务"更新为"待处理的任务"。创建出库任务的界面如图4.27所示，单击仓库任务可以查看任务详细信息。

图 4.27 创建出库任务

接下来，仓库管理员开始执行拣配货物的业务操作，并在系统中完成拣配数量和仓库存储位置的确认。如果需要打包，仓库管理员可以将产品包装到处理单元。如果需要启用批次号或序列号，还可以在仓库任务的相关业务操作步骤中确定。仓库管理员利用"处理仓库任务"功能筛选出待处理的仓库任务1000001103，单击"确认"按钮后，此时仓库任务状态会更新为"已确认"，如图4.28所示。

图 4.28　处理仓库任务

仓库管理员执行完成拣配货物的确认操作后，可以使用预配置的表单打印输出成品仓库出货单，如图4.29所示。

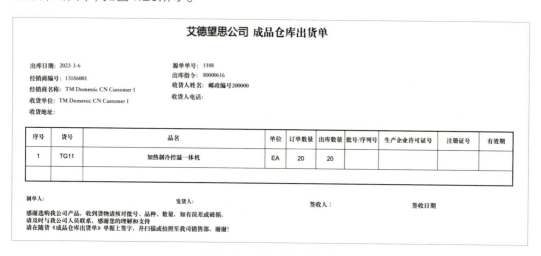

图 4.29　成品仓库出库单

3. 过账发货

仓库管理员使用"运行出库流程"功能在系统中执行发货过账处理（图4.30），系统将自动产生相应的物料凭证4900001998以及财务会计凭证4900000060，并更新外向出库交货单凭证流。

图 4.30　运行出库流程并执行发货过账

4.2.3　库存转储

下面继续介绍供应链业务中库存转储的业务流程场景。

业务场景：

库存管理员根据生产或销售发货的需要进行工厂内与跨工厂间的库存调拨，以便进行准时生产或按时发货。

相关的业务角色：

（1）库存管理员（SAP_BR_INVENTORY_MANAGER）。

（2）库存分析员（SAP_BR_INVENTORY_MANAGER）。

相关功能：

（1）转储库存-工厂内。

（2）库存转储-跨工厂。

（3）管理采购订单/创建采购订单。

（4）过账货物移动。

库存转储（transfer stock）是供应链库存管理中货物移动（goods movement）应用的主要业务场景。库存管理通常在工厂和存储地点级别运行，存储位置允许库存管理员准确快速找到物料的库存位置及相应数量。系统库存管理将实时映射库存状态信息，提供所有产品的当前库存情况概览。例如，可以区分企业的各类库存状态信息（非限制使用库存、质量检验中的库存、在途库存、冻结库存状态等）以及与公司外部业务伙伴相关的特殊库存状态（供应商或客户的寄售库存等）。如果需要将库存进一步细分为物料批次库存，则库存业务人员可以为指定的物料创建批次，以便细化并管理物料不同批次的库存状态。

供应链库存管理功能还可以实现货物移动的计划管理。例如，库存管理员可以使用预留功能来计划发货，指定某些库存只能发往特定销售订单；也可以使用采购订单或生产订单来计划收货，以加速收货业务处理，并有效地组织收货区域的工作，从而避免出现仓库作业瓶颈等情况。

艾德望思的库存管理员还将执行工厂内（in-plant）或跨工厂间（cross-plant）的库存转储业务流程。例如，对于工厂短期内物料短缺，库存管理员在与物料需求计划员协调确认后可以制定工厂内或跨工厂间的库存转储，以避免订单延期交货的发生，从而达到优化库存资源，实现降本增效的管理目标。接下来，本节将分别介绍工厂内转储库存以及跨工厂间转储库存这两种不同的业务流程场景的系统实现。

1. 工厂内转储库存

艾德望思物流供应链部门的库存管理员根据库存转储的需要，利用"转储库存-工厂内"功能在系统中操作相关的工厂内存储地点间的库存转储。

库存管理员利用"转储库存-工厂内"功能进行原材料RM120的工厂内库存转储调拨。在系统操作界面上，图标表示库存将从该存储地点（131A）移出，图标表明库存将移入该存储地点，如图4.31所示。

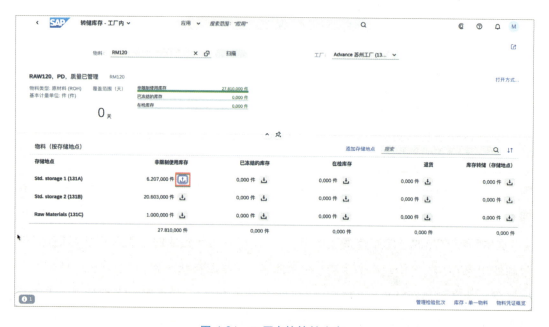

图 4.31　工厂内的转储库存

接下来，库存管理员选取存储地点131C作为入库的存储地点，输入工厂内库存转储的数量200件，然后执行"过账"处理。库存管理员在系统执行过账处理操作后，系统自动生成工厂内库存转储的物料凭证4900001949，工厂内存储地点的库存信息将更新，如图4.32所示。工厂内库存的转储只有库存数量的移动，没有库存价值的更新，所以不会产生会计凭证。工厂内库存转储的货物移动类型为311，库存管理员在系统内可以查看详细的物料凭证流的状态。

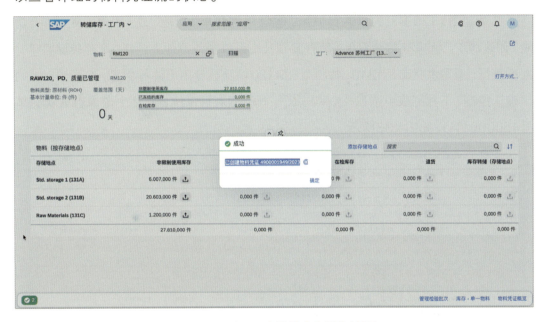

图 4.32 创建工厂内转储库存的物料凭证

2. 跨工厂间库存转储

艾德望思的采购部门完成原材料RM120采购订单收货入库后，存放于1310工厂下的存储地点（131A）中。艾德望思下属有多个生产工厂，目前工厂1320采购的原材料RM120库存缺料，且短期内供应商的供货无法准时送达1320下的存储地点。公司物料需求计划部门通过实时的库存分析与监控，为了避免生产线停运，经与工厂1310库存管理员确认物料安全库存情况后，提出跨工厂间物料转储数量200件的调拨需求，由1320工厂发起库存转储单。

对于跨工厂间的库存转储，可以使用"库存转储-跨工厂"功能进行跨工厂间一步法的库存转储（一步法表示在不同工厂间直接进行物料移动，操作步骤与"工厂内转储库存"类似）。由于艾德望思需要分别管控跨工厂间的转储发货与收货确认的业务环节操作，库存管理员将使用库存转储订单的二步法来执行跨工厂间转储调拨的业务。

（1）创建工厂间转储订单。艾德望思负责1320工厂原材料供应的采购员在系统中创建库存转储订单，向1310工厂发起原材料RM120共计200件的库存转储调拨需求。这张转储调拨单不同于标准的采购订单，是同一公司代码下不同工厂之间的物料短期调拨需求，转储调拨单中不涉及物料价格，不存在采购金额，只有物料库存在工厂之间的转储需求。

艾德望思1320工厂的采购员使用"管理采购订单"功能（或"创建采购订单"功能）创建跨工厂间库存转储订单。库存管理员在系统操作界面上选择"库存转储订单"业务类型，填写供货工厂1310、物料号RM120以及数量200件等信息，在行项目上的"确认控制"下拉列表中选取"入库交货"，执行保存后系统会自动生成库存转储订单号4500001111，如图4.33所示。

图 4.33　创建库存转储订单

（2）转储订单发货过账。艾德望思1310工厂的库存管理员接到1320工厂的库存转储调拨需求之后，根据库存转储调拨单进行库存拣配调拨，并在系统中进行发货过账处理。库存管理员通过"过账货物移动"功能进行采购转储订单发货（系统配置的过账移动类型为351-从非限制库存发货到在途库存）。库存管理员在系统操作界面上选择"发货"的库存转储业务类型，输入已创建的转储订单号4500001111，选择需要出库的存储地点131A，然后选择"项目确定"，最后执行"过账"操作后，系统将转储原材料RM120的库存状态由非限制库存发货到在途库存，并自动生成对应的物料凭证以及会计凭证，如图4.34所示。

库存管理员利用"过账货物移动"功能可以查询从1310工厂转储发货的物料凭证4900001967及会计凭证4900000052，如图4.35所示。

图 4.34　过账货物移动

图 4.35　显示物料凭证和会计凭证

（3）转储订单收货过账。当艾德望思1320工厂接收确认来自1310转储调拨来的物料之后，1320的库存管理员利用"过账货物移动"功能在系统中对这张跨工厂转储订单4500001111进行收货过账（系统配置的移动类型101）。1320工厂库存管理员需要确认原材料RM120的收货数量以及接收的存储地点132A，如图4.36所示。

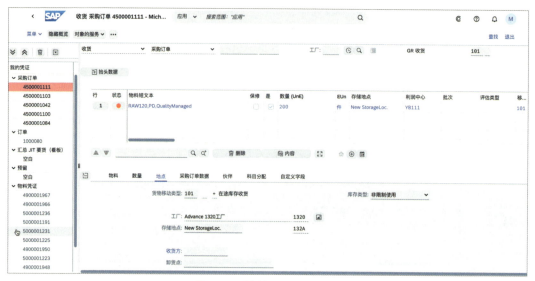

图 4.36 转储订单收货界面

库存管理员操作执行"项目确认"并完成系统收货过账后,原材料RM120的200件库存就完成了从1310工厂下的131A存储地点转储调拨到1320工厂下的132A存储地点,系统自动生成物料凭证5000001240。库存管理员可以查询跨厂间转储订单状态的更新,如图4.37所示。

图 4.37 显示跨厂间转储订单的更新

4.2.4 库存盘点

库存盘点是艾德望思供应链物流部门业务运营中主要的业务流程场景之一。

业务场景：

为确保库存数量的准确性，库存管理员需要定期或按需清点库存实际数量并更新系统。

相关的业务角色：

（1）仓库管理员（SAP_BR_WAREHOUSE_CLERK）。

（2）仓库经理（SAP_BR_INVENTORY_MANAGER）。

相关功能：

（1）创建库存盘点凭证。

（2）打印库存盘点凭证。

（3）管理库存盘点。

（4）处理库存盘点结果。

库存盘点（physical inventory）期间，库存管理员执行库存盘点业务流程，将实际物料库存与系统中存储的账面库存数量进行比较。基于确认的库存差异，库存管理员可更新库存数据，打印库存盘点分析报表。

常用的库存盘点业务类型包括定期库存盘点、持续实物盘点、周期盘点和库存抽样盘点。

（1）定期库存盘点。定期盘点指公司的所有存货都在与资产负债表相关的关键日期进行实物盘点。在这种情况下，必须对每种物料进行计数。在库存盘点清点期间，需暂停仓库运营以防止发生物料的货物转移。

（2）持续实物盘点。在持续实物盘点流程中，存货在整个会计年度内连续盘点。在这种情况下，必须确保每年至少对每种物料进行一次库存盘点。

（3）周期盘点（循环盘点）。周期盘点是在一个会计年度内面向不同物料种类，按不同频率定期盘点的方式。

（4）库存抽样盘点。在库存抽样盘点中，将随机选择公司的部分存货在资产负债表关键日期进行实际盘点。如果盘点结果与账面库存数量之间的差异足够小，则假设其他库存的账面库存数量是正确的。

艾德望思供应链部门执行月末定期库存盘点的策略，其库存盘点的业务流程概览如图4.38所示。

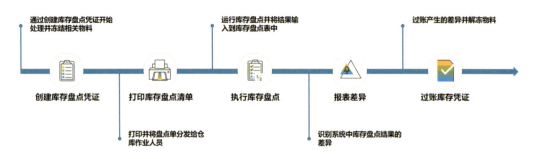

图 4.38 库存盘点业务流程

库存盘点流程主要的业务操作处理环节包括创建库存盘点凭证、打印库存盘点清单、执行库存盘点、报表差异和过账库存凭证。

（1）创建库存盘点凭证。该流程从生成所需库存盘点单开始，可冻结物料在库存盘点期间过账。

（2）打印库存盘点清单，并分发给仓库管理员和仓库作业人员。

（3）执行库存盘点。输出库存盘点单后，仓库作业人员执行库存盘点清单的实际库存盘点。

（4）审核盘点结果报表差异并在系统中过账库存差异。盘点结果输入到系统中，系统库存数量产生的差异需要接受库存管理人员的审查。如果审核发现异常，可能需要重新执行库存盘点，直到库存管理人员接受最终盘点结果并且在系统中完成过账库存差异。

1. 创建库存盘点凭证

艾德望思库存管理员利用"创建库存盘点凭证"功能选择需要库存盘点的工厂、存储地点和物料号等筛选条件，然后在系统中执行操作。如图4.39所示，系统显示了当前的盘点库存状态清单，并提示物料号TG21在1310工厂下的131A存储地点需要执行库存盘点的物料批次。

接下来，库存管理员选择需要盘点的物料批次，以及计划盘点日期，单击"创建库存盘点凭证"按钮，系统自动生成库存盘点凭证100000221，如图4.40所示。

2. 打印库存盘点清单

库存管理员利用"打印库存盘点凭证"功能输入库存盘点凭证100000221，然后执行打印生成系统库存盘点凭证。输出库存盘点清单后，分发给相关的仓库作业人员，进行库存盘点清单的实际库存盘点。

图 4.39 创建库存盘点凭证

图 4.40 系统自动生成库存盘点凭证

3. 执行库存盘点

接下来执行库存盘点作业。当仓库作业人员盘点完成指定物料的仓库库存数量后,库存管理员通过"管理库存盘点"功能录入实际盘点物料数量,并保存库存盘点凭证,如图4.41所示。

图 4.41　管理库存盘点

4. 处理库存盘点结果

库存管理员确认库存盘点差异后，用"处理库存盘点结果"功能来调整过账盘点产生的账面差异。例如，仓库管理员发现物料TG21的批次20221103实物库存盘点数量861件，与账面数量有2件的库存差异，如图4.42所示。

图4.42　处理库存盘点结果

库存管理员在确认库存差异原因后，执行"过账差额"操作，系统自动生成相应的物料凭证及会计凭证（见图4.43）。盘点产生的库存差异记入总账科目"52001000库存差异损失-R/T"。

4.2.5 供应链其他业务流程

SAP ERP公有云供应链主要的业务流程包括仓库内向交货收货的业务流程、仓库外向销售出库的业务流程、库存转储流程，以及库存盘点流程。下面将拓展介绍艾德望思供应链物流部门业务运营中涉及的其他主要的业务流程场景，例如，期初库存导入、

图 4.43 显示物料凭证和会计凭证

无参考的过账收货、客户退货交货流程。

业务场景：

有一类特殊收货场景是在没有相应业务单据情况下，例如没有采购订单或生产订单，但需要进行收货的情形。这些情景包括库存期初导入、无参考入库过账等。

另一种场景是客户退货流程的处理，以应对客户可能会要求退货或者换货的情况。

相关的业务角色：

（1）库存管理员（SAP_BR_INVENTORY_MANAGER）。

（2）库存分析员（SAP_BR_INVENTORY_MANAGER）。

（3）仓库管理员（SAP_BR_WAREHOUSE_CLERK）。

（4）仓库经理（SAP_BR_INVENTORY_MANAGER）。

（5）收货专员（SAP_BR_RECEIVING_SPECIALIST）。

（6）装运专员（SAP_BR_SHIPPING_SPECIALIST）。

相关功能：

（1）管理库存。

（2）无参考入库过账。

（3）管理客户退货。

（4）更改出库交货。

1. 库存期初导入

SAP ERP公有云系统正式上线运行之前，先要将仓库结余库存进行批量导入，作为业务系统运行的期初数据。但有些不在清单上的库存也可能会另行录入。这时，库存管理员可以利用"管理库存"功能对库存物料进行期初录入（或者对库存物料进行冻结报废处理）。以艾德望思为例，库存管理员在界面上选择指定的物料号FG228，工厂选择

1310，存储地点选择131A，在"库存变动"字段中选择"初次录入"，单击"过账"后，系统将执行库存物料数量的变动过账处理，并自动生成相应的物料凭证及会计凭证。录入方式如图4.44所示。

图 4.44　录入期初库存

2. 无参考入库过账

以样品入库为例。艾德望思采购部门参加了一场行业供应商贸易促进会，采购员收到10件样品。由于样品物料价值较高，需要管理收货入库。库存管理员可以使用"无参考入库过账"功能进行收货过账，因为此时并没有前序单据（例如采购订单凭证）可供参考。库存管理员在系统中输入物料号ELT-2，入库的数量10件，选取1310工厂下的131C存储地点。执行收货过账后，系统自动生成物料凭证和会计凭证，如图4.45所示。系统还支持将相关的说明文档上载作为附件备案。

3. 管理客户退货

艾德望思在业务运营中存在不同的退货交货业务场景。例如，处理客户退货或者货物留在客户场所待检验处理，以及货物退货至供应商等。下面介绍客户退货（customer returns）交货业务流程。

艾德望思的销售代表收到来自客户13100003的产品退货处理申请。该客户原始出货的销售订单号为1028，申请退货处理的物料号TG12数量为5件。经销售经理审批同意后，销售代表使用"管理客户退货"功能在系统中参照原始出货的销售订单号1028创建退货订单。销售代表需要维护退货处理的相关信息。在创建退货订单界面上的"后续活动"

图4.45 样品入库后生成物料凭证和会计凭证

处,销售代表可选择退货的货物后续流转的去向,如确定"接收到工厂"。

在系统操作界面上的"退款详细信息"处,销售代表可以决定后续如何处理退货后的补偿行为,一般分为贷项赔款或替换产品。本例中,销售代表执行替换产品业务流程。当销售代表维护完成退货处理信息后,单击"保存"按钮,系统生成退货订单凭证60000182,如图4.46所示。系统将会基于预先设定的配置规则自动触发创建退货交货单号84000089。销售装运专员和库存管理员可以在退货订单凭证流中查看退货交货处理的详细信息。

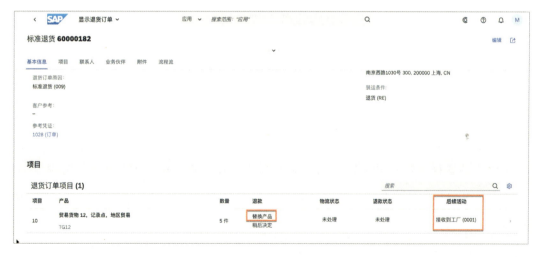

图 4.46 生成退货订单凭证

库存管理员利用"更改出库交货"功能对退货交货单号84000089进行退货交货过账入库,后续系统自动生成退货交货冻结的物料凭证4900002003。当销售代表决定通过替换产品补货给客户进行退货后续处理时,后续的业务步骤将由销售代表用"管理客户退货"功能来创建换货订单，后续系统生成换货免费订单，最后装运专员对换货免费订单执行发货过账。

库存管理员利用"管理客户退货"功能实时查询客户退货交货单60000182的凭证流状态信息，同时监控客户退货交货业务流程处理的状态，如图4.47所示。

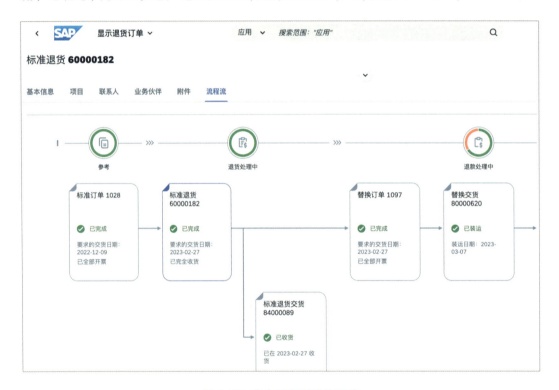

图 4.47　客户退货流程的跟踪

4.3　供应链分析洞察

供应链管理的重点是通过不间断的库存流转确保需求和供应的平衡。SAP ERP公有云的供应链实时分析可以实时监控各工厂和仓库的各项库存关键指标，包括库存周转率、现有库存预计覆盖需求的天数等。这些对库存的动态分析可以为艾德望思物流供应链部门提供相关的管理依据，能够对供应链管理的评估和改善起到很大的支持作用。

本节列举几个艾德望思供应链部门经常使用的业务洞察与分析应用场景。

4.3.1 库存分析仪表盘

SAP ERP公有云供应链仪表盘提供库存管理概览功能，供应链部门在"库存管理概览"功能页面上能一目了然地查看当下最重要且需要处理的信息以及相关任务，对工厂库存进行分析与监控管理。从而能更快速地发现问题、做出决策并采取行动。例如对于工厂短期内物料短缺，供应链业务人员可以制订工厂内或工厂间的库存转储计划，以避免订单延期交货。

供应链部门可以使用全局过滤器来过滤整个库存管理概览页面，从而便捷操作相关库存业务处理。例如，可以按工厂或存储地点进行过滤，根据指定的过滤条件，可以查看所有逾期物料、特殊库存金额或仓库吞吐量信息等。

"库存管理概览"功能是动态聚合的汇总仪表盘。界面中的磁贴包含库存金额（按库存类型）、库存金额（按特殊库存类型）、仓库吞吐量历史记录、逾期物料-在途库存、逾期物料-收货已冻结库存、最近物料凭证（可按过账日期排序，以监控各类货物移动的物料凭证项目）等，如图4.48所示。

图 4.48 库存管理包含的内容

供应链业务人员如需要就某个磁贴作进一步分析查询，双击磁贴就能进行明细分析。例如，供应链业务人员可以查询一个过账期间的"仓库吞吐量历史记录"明细来实时查看仓库收货与发货的动态数据，如图4.49所示。

图 4.49 查询仓库吞吐量的明细数据

4.3.2 多维度库存及移动分析

供应链业务人员可以利用"显示仓库库存"功能查看工厂下的物料库存情况。供应链业务人员在"显示仓库库存"参数筛选界面上可以通过设置多种维度来查询仓库的库存水平,如产品类型、物料号、工厂、存储位置、批次等。系统也可以筛选特殊库存或者进行库存水平的相关设置,如图 4.50 所示。

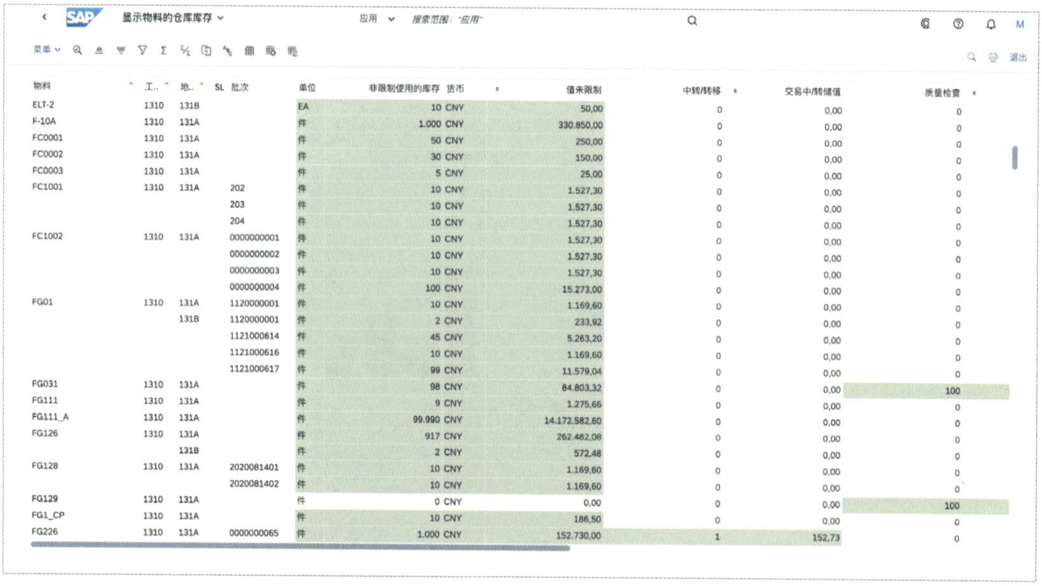

图 4.50 显示物料的仓库库存

供应链业务人员可以通过"过账日期的库存"功能洞察物料在不同工厂下某一期间范围内的总发货数量、总收货数量,以及该时间点下的库存水平(包含物料过账移动产生的对应物料凭证),及时监控跟踪库存货物移动状态,如图 4.51 所示。

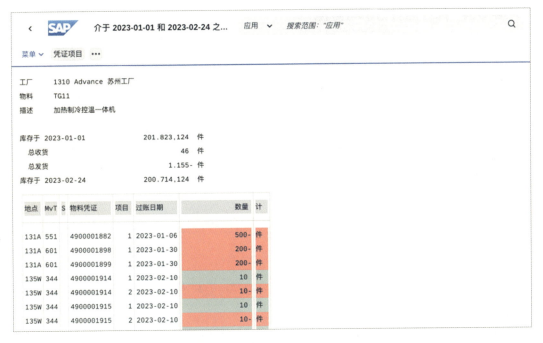

图4.51 库存移动的详细信息

4.3.3 库存KPI分析

供应链业务人员可以通过"库存KPI分析"功能来比较库存以月为单位的上一期间和参考期间的库存值差异，如图4.52所示。库存KPI过滤器包含库存变动、消耗变动、库存账龄变动、库存周转变动、覆盖范围变动等多种分析维度。

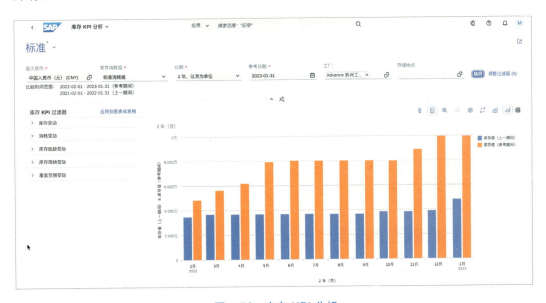

图 4.52 库存 KPI 分析

4.3.4 库存周转分析与监控

库存周转率（inventory turnover）是衡量和评价企业采购、生产、销售等各环节计划与执行绩效的综合性指标。它是销售成本与平均存货价值的比值，反映库存周转的速度。在多数行业中，周转率高意味着企业可以用较少的库存通过高效率流转来支持生产或销售，因此是供应链部门最常用的指标之一。在SAP ERP公有云中，供应链业务人员利用"库存周转分析"功能来分析某一期间范围内各工厂的库存周转相关指标的变化，如图4.53所示。供应链业务人员还可以按物料类型、物料ABC标识等多种分类来进行分析。

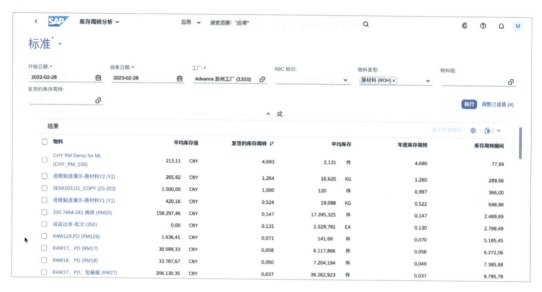

图 4.53 库存周转分析

供应链业务人员能够对呆滞库存进行实时分析与预测。SAP ERP公有云系统可以利用机器学习技术识别并评估低周转或呆滞物料，从而帮助艾德望思物流供应链部门快速识别潜在的库存损失风险。供应链业务人员用"呆滞库存分析"功能分析某一期间范围内的呆滞库存指标的变化，如图4.54所示。呆滞库存分析可以基于安全库存数量、上次消耗的日期、上次过账日期、无消耗过账的天数等来分析物料库存的呆滞周期及呆滞库存水平，帮助供应链业务人员提升工厂库存的流转管理，提高业务处理效率。

4.4 供应链智能场景

SAP ERP公有云采用了众多基于智能技术的解决方案和应用，其中常见的技术就

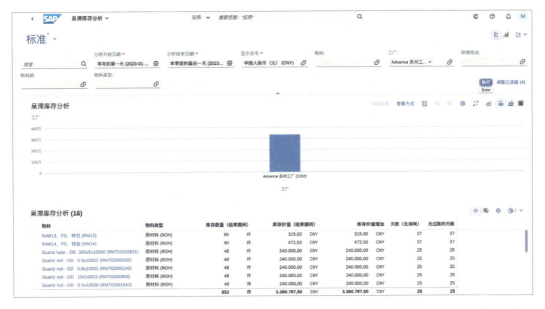

图 4.54 呆滞库存分析

是机器人流程自动化（Robotic Process Automation，RPA），它是一种利用软件机器人来完成重复性的、规则性的任务的自动化技术。它可以模拟人类的行为，如输入数据、查找信息、更新数据、操作应用程序等，从而提高工作效率，减少人力成本。

SAP构建流程自动化（SAP Build Process Automation）致力于完成端到端的业务流程全自动化，其中一个重要的产品组件就是SAP iRPA，即SAP智能机器人流程自动化（SAP Intelligent Robotic Process Automation）。之所以称为iRPA，是因为其整合了机器学习和会话式人工智能，如图4.55所示。

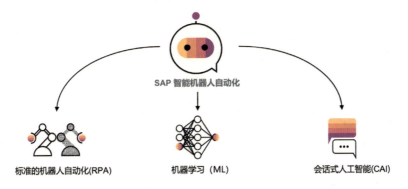

图 4.55 SAP 智能机器人自动化

SAP iRPA的主要组成部分有设计环境、中央资料库、运行时环境和监控工具，如图4.56所示。

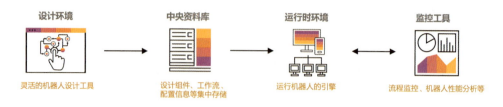

图 4.56　SAP 智能机器人自动化主要组成部分

除此之外，SAP iRPA 还提供了机器人商店，并预制了300多个免费的机器人应用模板，帮助企业可以在项目中快速地实现流程自动化。例如，三单匹配、发票验证和银企对账等都是非常热门的场景。下面介绍SAP iRPA在库存盘点中的应用。

业务场景：

库存盘点指在一定时间内，对库存物料、产品等进行实物核对，以确定实际库存量与账面库存量的一种管理活动。它是企业库存管理的重要环节，可以及时发现库存中的异常情况，从而改善库存管理，提高企业的库存准确度。但企业日常库存盘点通常需要大量的手工操作，费时费力、容易出错。

相关的业务角色：

库存管理人员（SAP_BR_INVENTORY_MANAGER）。

相关功能：

（1）创建库存盘点凭证。

（2）管理库存盘点。

通过引入SAP iRPA机器人流程自动化工具，艾德望思可以使用机器人模拟人工操作来帮助库存人员完成大量重复性的工作，经过改良后的库存盘点流程如图4.57所示。

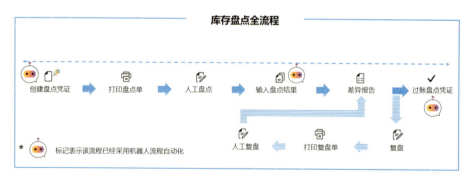

图 4.57　利用 SAP iRPA 进行库存盘点全流程

（1）创建盘点凭证机器人将SAP ERP公有云系统中的库存待盘点凭证提取到模板

中，包括库存编号、库存名称、规格型号、库存数量和单位等。

（2）盘点操作。按照机器人提取的盘点单模板，库存管理员对库存进行实物盘点，并记录实物数量，这一步为手工进行。

（3）库存盘点机器人通过监控源文件夹中的传入文件，将盘点结果自动上传至SAP ERP公有云系统中的库存盘点清单。

（4）库管人员核对盘点结果。将实物盘点结果与账面数量进行核对，确认盘盈、盘亏数量。

（5）过账盘点凭证机器人监控源文件夹中的传入文件，根据文件中提供的参考凭证编号和对应的会计年度查找实际库存凭证。

（6）过账盘点凭证机器人将请求转发到库存盘点接口进行过账。执行完成后，成功过账凭证的文件将移动到"成功"文件夹，无法过账凭证的文件将移动到"错误"文件夹，以便用户可以对文件或系统进行必要调整以解决错误。

（7）系统将自动触发对相关责任方的通知。

智能场景小结

库存盘点是艾德望思管理库存的关键环节，确保库存数据准确性和及时性对企业运营具有重要意义。SAP iRPA利用软件机器人来完成重复性的、规则性的任务，它可以模拟人类的行为，如输入数据、查找信息、更新数据、操作应用程序等，从而提高工作效率，减少人力成本。

采用SAP iRPA技术进行库存盘点，可以通过自动化的方式执行库存盘点流程，显著减少所需的总时间。这意味着生产停机时间将大幅度减少，从而提高艾德望思的生产效率和盈利能力。

不仅如此，SAP iRPA还可以有效减少人工输入数据时可能出现的错误，从而提高数据准确性。这对于艾德望思管理库存、避免缺货或库存积压等问题具有重要价值。

同时，SAP iRPA可以大幅度提高工作效率。一个智能机器人可以完成3~4个专业人员的工作量，效率提升400%，在人力成本上可以实现6倍的回报，从而降低运营成本并提高企业竞争力。

机器人可以按照预设的流程和规则自动执行库存盘点任务，确保盘点过程的标准化和一致性。这有助于艾德望思建立统一的库存管理标准，提高库存管理水平。

另外，由于机器人的特性，SAP iRPA可以根据艾德望思的实际需求灵活调整库存盘点任务，轻松应对库存规模的变化或临时性的盘点需求。

第 5 章 CHAPTER 5
生产管理

SAP ERP公有云生产管理支持不同行业的生产制造管理,涵盖产品和生产主数据管理、需求管理、物料需求计划(MRP)、生产计划、生产控制、生产执行及生产质量管理等主要功能。同时,生产管理与销售管理、采购管理、财务管理、供应链管理、质量管理等业务流程和功能紧密集成,提供生产管理过程中的实时成本分析与业务洞察,协助企业提升生产绩效,降低成本,实现可持续发展。

本章节将着重讲解在SAP ERP公有云中生产管理的主要应用场景与业务流程。

学习目标

- 学习生产计划相关的产品主数据、产品结构主数据和生产流程主数据;
- 了解生产计划的流程和功能;
- 熟悉生产控制与执行的主干流程和功能;
- 了解不同行业的生产制造选项;
- 理解生产制造中的分析洞察;
- 学习生产制造中的智能场景。

业务范围

在SAP ERP公有云中,生产管理包括生产工程主数据,生产计划,制造工序,制造选项,生产质量管理,环境、健康与安全、制造分析等诸多业务场景。本章将带读者了解生产管理解决方案的核心业务范围,如图5.1所示。

图 5.1 生产管理解决方案的核心业务范围

各主要功能概述如下。

(1)生产工程主数据。生产工程主数据包括制造定义、产品结构、生产流程主数据等。

(2)生产计划。生产计划指从需求管理、创建计划独立需求到计划工厂的物料需求计划等。

(3)生产控制。生产控制包括将计划订单转换成生产订单,监控物料可用天数,检查物料覆盖范围等。

(4)生产执行。生产执行包括订单创建、可用性检查、生产订单的备料、下达生产订单、拣配生产订单组件、确认生产订单、物料反冲、过账货物移动等详细的生产执行流程。

(5)制造选项。制造选项包括离散制造、流程制造、重复制造、项目制造、外包制造、准时制生产、看板制造等。

(6)制造分析。制造分析包括生产计划洞察、生产执行洞察和生产成本分析洞察。

SAP ERP公有云生产管理有很强大的功能及灵活性。

(1)可调整的生产流程。

① 建立具有多个阶段(例如部件装配、成品组装)的生产流程。

② 支持不同的制造方法并可组合运用(例如按库存生产、按订单生产、按订单装配等)。

(2)支持所有类型的制造流程,包括离散制造、重复制造、看板制造、准时制造、流程制造。

（3）无缝的生产执行和监控。

① 下达和确认生产订单，并实时监控生产状态。

② 捕获生产流程中的生产数据，以进行详细分析。

（4）紧密集成车间解决方案。

利用与SAP数字制造云（SAP digital manufacturing cloud, DMC）的集成，为车间员工提供3D工作说明。

（5）全面集成的质量管理。

① 在生产流程的多个部分（例如，接收组件或生产收货）中充分利用与质量管理的紧密集成。

② 通过整体解决方案（包括质量计划、检验和改进）确保产品满足质量要求。

③ 利用先进的方法（如8D）解决内部问题。

（6）无缝的仓库集成。

① 充分利用与仓库管理的紧密集成，进行高效的物料备货。

② 利用与仓库管理紧密集成的同步收货过账，将产品直接接收到仓库中。

③ 利用高效的补货程序，如开箱即用的看板，进行快速补货。

④ 利用基于物联网的看板补货，提高流程自动化水平。

5.1 生产工程主数据

生产管理涉及的主数据比较多，包含制造定义、产品结构、生产流程主数据及生产基础架构等。

SAP ERP公有云生产工程主数据范围如图5.2所示。

5.1.1 生产工程主数据

生产主数据管理员可以通过"管理产品主数据"功能为单个产品、共性产品和结构化产品创建主数据。

1. 产品类型

产品类型（product type）也称物料类型，SAP ERP公有云使用产品类型来区分不同类型的产品。产品类型包括成品、半成品、原材料、贸易货物、消耗品、可回收包装

图 5.2　生产工程主数据范围

等，也有些行业会采用可配置产品进行管理。

产品类型的选择将会直接影响该产品的计划订单生成方式与系统的相关建议。艾德望思生产数据管理专员在使用"管理产品主数据"功能创建产品时，需要首先指定产品的产品类型，如图5.3所示。

图 5.3　指定产品类型

2. 产品主数据（MRP视图）

产品主数据的MRP视图定义了产品生产的计划信息。生产主数据管理专员可以进入MRP视图来设置、更改和显示相关产品的计划参数，例如维护策略组、消耗模式、可用性检查代码以及补货提前期等信息，如图5.4所示。

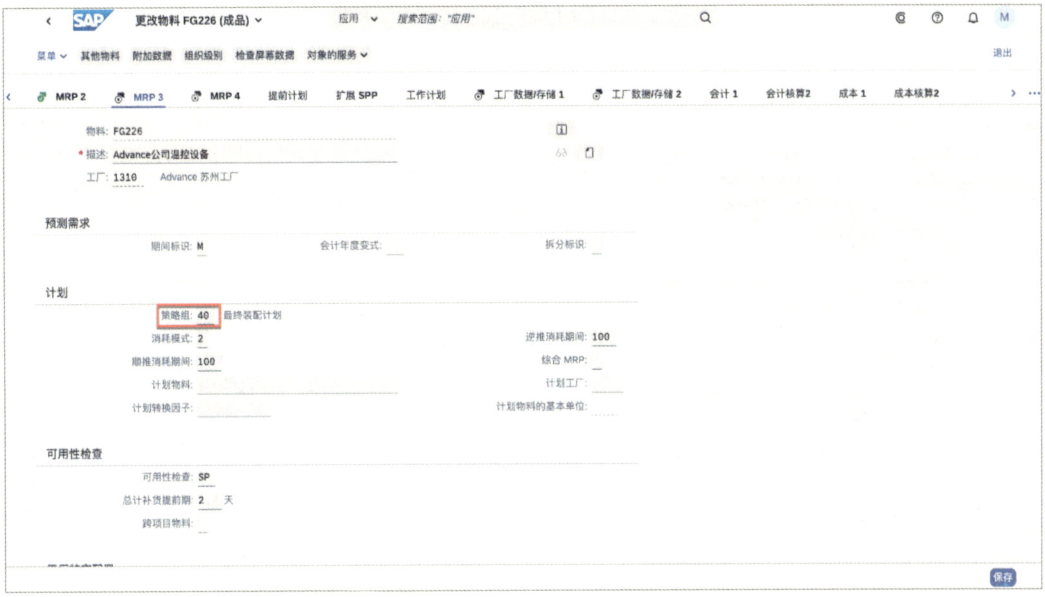

图 5.4　产品主数据的 MRP 视图

物料需求计划（material requirements planning，MRP）的主要功能是保证物料的可用性，并避免订单履行时出现延迟。通常由MRP控制员执行和监控物料短缺情况并及时解决相关问题。物料需求计划主要任务是确保计划供应可以准时满足生产和销售的需求，并避免因缺少部件而造成任何的生产中断。

在产品主数据"MRP 1"视图中，艾德望思生产数据管理专员需要确定每个产成品或半成品采用的物料需求计划类型（见图5.5）。常用的物料需求计划类型包括PD预测消耗，无计划时界；VB重订货点计划；X0无物料需求计划，物料清单展开等。

3. 计划策略

计划策略（planning strategy）是SAP ERP公有云生产管理中的精华部分，几十种预配置的不同计划策略可以满足各行业不同需求计划模式和生产计划模式的组合需求。需求计划一般有计划独立需求和客户订单需求两种表现形式。生产计划策略决定了一种产品如何进行计划、生产（或采购）和销售预测消耗，是生产管理的核心配置信息。

制造型企业的目标是平衡需求与供应，尽快地向客户提供产品，同时减少或优化库

```
物料需求计划类型 (1)
搜索并选择

限制 ∨                                                                    执行  隐藏过滤器  ⚙ ∨
MRP 类型：                              MRP 类型描述：

项目 (19)                                               ∨   查找   查找下一个   添加到收藏夹   ⚙

       物料需求计划描述
   P2  预测消耗，自动固定，计划时界后不新建订单
   P3  预测消耗，手动固定，计划时界后新建订单
   P4  预测消耗，手动固定，计划时界后不新建订单
   PD  预测消耗，无计划时界
   R1  时段计划
   R2  具有自动重订货点的时段计划
   V1  具有外部请求的手动重订货点
   V2  具有外部请求的自动重订货点
   VB  重订货点计划
   X0  无物料需求计划，物料清单展开

                                                                          确定  取消
```

图5.5　物料需求计划类型

存成本，缩短交货时间，这通常会涉及计划策略的制定问题。SAP ERP公有云提供了生产计划策略的大量不同选项，最典型的是按订单生产、按库存生产、按订单配置等，在具体运用时应当根据企业的业务特点进行适当的选择。

艾德望思生产主数据管理员使用产品主数据中的"策略组"为物料分配计划策略。基于所选择的计划策略，生产管理可以实现不同的计划功能，例如，使用销售订单或销售预测值来计算需求；按单装配，最终装配由收到的销售订单触发；对关键装配件进行专门的需求管理。

系统为每个策略定义了不同的需求类型，每个需求类型都包含重要的控制参数。需求管理的功能是确定产品生产或成品装配的需求数量和交货日期。

计划策略组表示制订生产计划或采购计划的方法。计划策略组由需求管理和销售订单管理的需求类型组合而成，它决定了客户需求对计划独立需求的消耗方式，以及如何执行可用性检查。计划策略组已经预先定义，在"管理产品主数据"的"MRP 3"视图中将合适的计划策略组分配给物料即可。不同计划策略组对应的需求类型组合如表5.1所示。

生产制造中常用到的几种计划策略类型，包括按库存生产、按订单生产以及按订单进行产品配置的生产。

表 5.1 计划策略组对应的需求类型组合

策　略		独立需求的需求类型		客户需求的需求类型	
净需求计划 (10)	LSF	按库存生产	KSL	无独立需求减少的库存销售	
总需求计划 (11)	BSF	总计划独立需求	KSL	无独立需求减少的库存销售	
按订单生产 (20)	-	(无 PIR)	S40	MTO 已验证（不含计划）	
按订单设计：无计划的项目库存销售 (E2)	-	(无 PIR)	E21	无计划的项目销售	
按批量生产 (30)	-	(无 PIR)	041	订单/交货需求	
含最终装配的计划 (40)	VSF	含最终装配的计划	KSV	含消耗的销售订单	
无最终装配的计划 – 含成本核算的按订单生产 (S5)	VSE	不含最终装配的计划	S45	带成本核算的按订单生产	
无最终装配的计划 – 无成本核算的按订单生产 (B6)	VSE	不含最终装配的计划	BB6	MTO 已评估 @STD 无结果分析 不含成本核算的按订单生产	
不含最终装配且不含 MTO 的计划 (52)	VSE	不含最终装配的计划	S49	不含装配和按订单生产的销售订单	
含计划物料的计划 (60)	VSEV	计划计划物料	S60	含计划物料的按订单生产	
含计划物料且不含 MTO 的计划 (63)	VSEV	计划计划物料	S70	含计划物料的按库存生产	
装配级别计划 (70)	VSFB	装配计划	-	无销售需求	
含最终装配的备件销售 (47)	VSFB	装配计划	KSV	含消耗的销售订单	
装配级别不含最终装配的计划 (74)	VSEM	不含最终装配的装配计划策略	-	无销售需求	
无最终装配的备件销售 - 按库存生产 (53)	VSEM	不含最终装配的装配计划策略	S49	不含最终装配和按订单生产的销售订单	
无最终装配 MTO 的备件销售 (57)	VSEM	不含最终装配的装配计划策略	S45	MTO 已验证；销售订单成本核算	
含配置的按订单生产 (25)	-	(无 PIR)	KEK	含可配置物料的按订单生产	
用于 pMRP 的装配级别计划 (P6)	VSEP	不含最终装配的计划，无配置	S45	带成本核算的按订单生产	

（1）按库存生产策略。

按库存生产策略（make-to-stock production，MTS）是使用较为广泛的策略。如果产成品的需求数量基本稳定，或者有比较可预测的需求模式，则生产计划员可以使用计划策略组40进行配置。

计划策略组40对应的需求管理逻辑是计划独立需求可以由收到的销售订单进行消耗，以便生产计划始终反映当前的需求情况。此计划策略的重要特征是生产计划员可以对客户的需求做出快速反应。

系统还可以对需求的消耗方式进行控制，通过"MRP 3"视图中的消耗参数"消耗模式"、"顺推消耗期间"和"逆推消耗期间"可以配置独立需求的各种消耗方式。如果物料主数据中没有维护消耗参数，系统将使用从MRP组中获取的默认值。

以离散装配行业按库存生产的最佳业务实践范围项目BJ5（make-to-stock production-discrete manufacturing）为例，主要的业务逻辑和具体涵盖的关键步骤描述如下。

① 维护计划独立需求。该流程开始于计划独立需求（planned independent requirements, PIR）的创建，它代表对成品需求的预测。

② 执行物料需求计划和库存需求清单评估。基于PIR，物料需求计划（MRP）将为成品创建生产计划并展开整个物料清单。同时系统还将展开相关的半成品组件生产计划和原材料采购需求计划。生产计划员可以实时洞察分析并手动更改基于计划订单的生产计划。

③ 执行生产订单处理。执行过程包括将计划订单转换为生产订单、订单下达、备料、拣配、订单工序确认以及收货过账等。生产成本管理包括创建基于订单的目标成本和实际成本，并完成物料成本核算。

④ 运行生产制造分析报表，查看生产管理明细数据。

按库存生产的业务实践适用于客户需求相对稳定的业务环境，可以提前制订生产计划，快速满足客户需求。

（2）按订单生产策略。

按订单生产策略（make-to-order production, MTO）对应计划策略组20。在按订单生产策略中，产品是专门为单个销售订单生产的，当无法对产品进行提前计划时，将使用此计划策略。该策略以销售订单为需求来源，半成品和原材料的计划根据销售订单的需求自动生成，也可对半成品或原材料设置安全库存或单独做计划进行提前备料。这种策略下，产品是专门为某个具体客户生产的，库存与销售订单是关联在一起的。

在计划策略组20的配置中可选择下列选项。

① 在总补货提前期内采购所有必要的组件。

② 在组件级别进行计划。

③ 使用基于消耗的组件或基于看板的组件。

④ 在补货提前期的早期阶段接收销售订单。

按订单生产策略（计划策略组20）的业务逻辑描述如下。

① 根据销售订单中的订单数量生成生产计划。按订单生产的每个生产计划数量都是专门为单个销售订单维护的，数量无法更改，且在MRP清单中单独显示一行需求记录。

② 产成品的生产计划会分解到物料清单的多个级别。下级组件或原材料是专门为该订单而生产或采购的，其库存需要为此销售订单进行单独管理。

③ 在销售订单项目级别自动生成生产及采购相关的成本信息，这确保了对计划成本和实际成本的详细分析。

（3）含配置的按订单生产（计划策略组25）。

可配置产品是一种可能有不同配置的产品。可配置产品的计划策略组25，SAP ERP公有云系统可以用产品的特征值组合来计划可配置产品。艾德望思允许客户购买某些系列的温度控制设备时，提出一定程度的定制化要求，例如，客户可以指定产品规格尺寸、颜色以及性能要求等。

以按订单生产（含变式配置）的最佳业务实践为例，主要的业务逻辑和具体涵盖的关键流程步骤描述如下。

① 为单独配置的设备（单级或多级）创建客户销售订单（或销售报价单）。

② 根据客户选择的可配置产品的特征计算销售价格。

③ 根据配置，使用工艺路线为客户订购的产品执行按订单生产。

④ 处理客户交货和开票。

按订单生产（含变式配置）可以为企业带来如下管理上的收益。

① 通过集成的高级变式配置（包括单级和多级可配置物料）提高公司的销售和制造绩效。

② 在销售和制造中处理高度个性化的产品。

③ 利用性能优化规则引擎中的算法实现各类复杂配置。

④ 设置对象相关性以规避不允许的选项组合，有助于正确选择适合的组件。

⑤ 系统根据配置自动建议销售定价和打印输出。

5.1.2 产品结构主数据

产品结构也称为物料清单（bill of material，BOM）。从用途上看，BOM分为生产BOM、工程BOM、销售BOM等，分别服务于生产、研发和销售业务。本节介绍生产BOM的两种类型：标准产品的物料清单和可配置产品的超级物料清单。

1. 标准产品的物料清单

物料清单是生产一个产品所需的所有部件及原材料的结构化清单，一个典型物料清单的结构如图5.6所示。

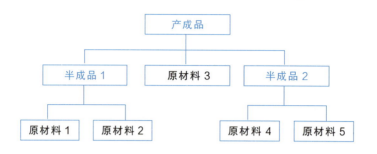

图 5.6　物料清单的结构示意图

在一个产成品的物料清单中，每个组件物料需要指定其在清单中的编号、所需数量、计量单位以及有效期等。组件可以是半成品或原材料。如果是半成品，意味着该半成品也需维护一个物料清单，并构成图5.6所示的多层物料清单。工程BOM（engineering BOM）和生产BOM（manufacturing BOM）的结构是类似的。工程BOM通过试生产后，可以转换为生产BOM进行产品量产。

有了生产BOM，物料需求计划就可以根据产成品的销售需求和计划策略，结合每个物料的现有库存和在途采购的数量等，生成工厂的生产计划和采购计划建议。

艾德望思产品工程师可以使用"维护物料清单"功能创建或维护物料清单的详细信息，如图5.7所示。

图 5.7　维护物料清单

产品工程师可以使用"维护物料清单"功能创建、复制、删除或变更一个物料清单。变更物料清单时，需要通过变更编号指明变更的内容以及变更的生效日期。物料清单中可以添加附件作为生产或维修过程的指导说明。

"维护物料清单"的主要功能举例如下。

（1）根据一系列过滤条件（例如物料、工厂、物料清单用途和备选物料清单）搜索并显示物料清单。

（2）将工程BOM转为生产BOM。

（3）为可配置物料创建超级物料清单，并使用建模分类应用程序维护对象相关性。

（4）按日期区间查询该区间内有效的物料清单。

（5）创建变更记录并将其分配到物料。

（6）通过附件将文档或文件附加到物料。

（7）将物料清单组件（备件和软件信息）移交给SAP资产智能网络（SAP asset intelligence network）。

（8）维护子项目并指定不同的安装点、子项目数量和子项目文本。

2. 可配置产品的超级物料清单

有些行业中，客户会要求指定产品功能特性以满足其需要。例如，对于艾德望思的某一款加热制冷控温一体机，客户在不同订单上会指定不同的产品特征，如功率选项（1000W、2000W、3000W等）、产品颜色（白色、红色、灰色等）、样式（嵌入式、挂式、立式等）等，这时称该产品有多种变式。如果按所有选项的不同组合都分别创建一个产品编码和对应的物料清单，那么大量的组合方式就会产生过量的编码和物料清单，既不方便又不必要，因为这个产品的主体结构是相同的，仅仅是在某些特性上需要为客户提供不同的选项。SAP ERP公有云提供了可配置产品的超级BOM解决方案，可以很好地解决这个问题。

超级物料清单包含产品所有变化形式所需的所有组件，并设定组件之间的依赖关系。客户下达订单时，系统基于客户需求的产品特征和组件之间的依赖关系来生成该订单特定的物料清单。

可配置产品在系统里以该产品的通用名称命名，按不同变式分别进行制造。由于可配置产品包含产品的所有可能的特性，因而并不代表任何单一产品。

维护可配置BOM时，系统实现的具体业务逻辑概述如下。

① 定义可配置物料的特征。每个特征有一组特征值，每个特征值对应客户的一个具体需求。

② 把各项特征分配到变式分类，并为可配置物料指定变式分类，以便能够使用分

类特征来配置物料。

③ 建立特性和组件之间的相关性,即让系统自动判断客户选择的特性值对应BOM中哪个物料或物料的数量。

④ 建立各种特征选项间的依赖关系或约束关系以确保正确合理的产品配置。

可配置产品使用简单赋意的物料编码+特征属性的编码方式,可以大幅度减少产品编码和物料清单的数量,并减轻BOM维护的工作量,在很大程度上也避免了BOM错配对生产造成的损失。

标准产品的BOM和可配置产品的超级BOM之间的简单对比说明如图5.8所示。

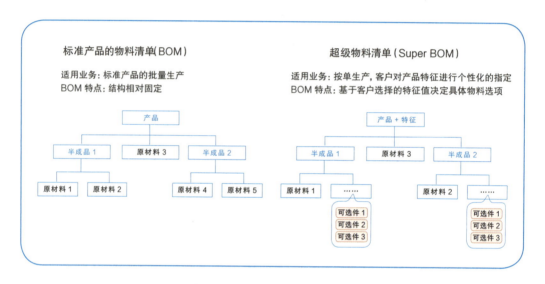

图5.8 标准产品的 BOM 和可配置产品的超级 BOM

完成一个超级BOM,需要经过建模和测试模拟两个阶段的工作,这个过程中需要使用的应用程序包括管理类、管理特征、变式配置建模环境、模拟配置模型、变式配置概览。

SAP ERP公有云可以实现可配置产品的有效建模,通过模拟环境充分分析产品结构,可以为生产工程管理带来很大的帮助。例如,通过有效模拟新产品变式和选项提高新产品建模的效率;通过高级变式配置建模和有效模拟新产品变式和选项缩短新产品的上市时间;构建需求管理和建模器之间的有效协作;通过实现复杂的变式配置降低企业在产品工程上的管理成本并优化可用性。

可配置BOM建模完毕后，产品工程师可以使用"模拟配置模型"功能对配置模型进行全面检查。检查范围包括一致性检查、集成检查、性能检查、知识库检查以及客户特定的检查要求等。

产品工程师通过"模拟配置模型"功能来模拟可配置物料清单展开，检查提高可配置模型的质量，并集中识别在建模环境中出现的错误或问题点。

另外，可配置物料的工艺路线（或任务清单）包含制造可配置物料的所有变式所需的所有工序、工序操作顺序和生产资源/工具（PRT）。可配置物料的所有工艺路线（或任务清单）的集合被称为超级工艺路线（super routing）。配置物料时，可以分配可配置物料的工艺路线（或任务清单）参数的相关性，并使用相关生产工序操作中的特征值以确定所需的工序操作。

对可配置产品使用超级物料清单和超级工艺路线，可以更高效、全面地满足客户订货的个性化要求，提高订单处理的效率，降低生产主数据维护的成本。

5.1.3 生产流程主数据

1. 工作中心

工作中心（work center）是执行生产工序的位置。例如，工作中心可以表示生产线、机器或机器组、员工或员工组等。工作中心会明确指定一个成本中心和多个活动类型或业务流程。

工作中心、物料清单和工艺路线均属于生产计划中重要的主数据。工作中心用于能力计划（如可用能力计算）、排产计划（如处理时间的公式）和成本核算（如成本中心）等并支持任务清单和生产工作订单等事务。

艾德望思的产品工程师可以使用"管理工作中心"功能来创建工作中心，如图5.9所示。

产品工程师使用"显示工作中心"功能中"成本核算"视图，查看生产主数据专员创建的机器、人工以及能耗相关的成本核算公式，并将其分配到指定的成本中心，同时指定相关生产成本归集要素的数据采集标准。生产资源与工作中心的概念相近，适用于流程行业。在使用数量结构的成本核算中，工作中心和生产资源分别通过工艺路线和主配方包含在成本估算的公式中，如图5.10所示。

图5.9　创建和管理工作中心

图5.10　显示工作中心中的成本核算信息

2. 工艺路线

工艺路线(routing)定义了物料的生产过程,它包含生产期间要执行的工序或加工步骤。工艺路线需要确定每道工序的物料分配以及工序使用的工作中心。工艺路线构成了生产订单执行的模板,也是产品成本核算的基础。

产品的工艺路线是在工厂级别进行定义的。工艺路线适用于指定的批量,由多个工序组成,每个工序都分配到工作中心。艾德望思产品工程师可以通过"管理工艺路线"功能来维护相关产品的工艺路线数据,如图5.11所示。

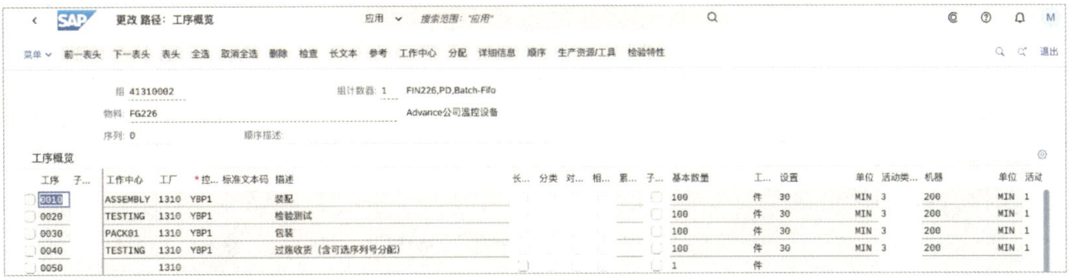

图 5.11 定义产品的工艺路线

流程制造行业会启动主配方管理,主配方与工艺路线的概念相近,在SAP ERP公有云系统中通过不同类型的任务清单进行区分。主配方是创建流程订单的基础,一个流程订单描述了实际的生产过程和控制方式、生产日期和生产数量等。

3. 生产资源/工具

生产资源/工具(production resources/tools,PRT)是指在生产制造或工厂维护过程中使用的操作资源或工具。根据其属性和业务功能可分为以下四种类型的生产资源/工具。

① 物料型PRT。物料型PRT指进行物料管理的资源或工具(如模具、电动工具等),拥有物料主数据记录,需维护PRT视图。

② 文档型PRT。文档型PRT使用文档管理系统进行管理,如图纸或程序。

③ 混合型PRT。混合型PRT具有PRT主记录,在系统中需要的维护较少。

④ 设备型PRT。设备型PRT指必须自行维护或定期维护的生产资源或工具。

在SAP ERP公有云系统中,艾德望思产品工程师可以通过"创建、更改和显示生产资源/工具"功能创建、删除生产资源/工具,将其分配给工序,还可以查看生产资源/工具在生产订单中的使用情况。

4. 生产版本

生产版本（production version）是产品物料清单和工艺路线/主配方之间的组合，它确定在计划或生产时将哪个备选物料清单与哪个工艺路线/主配方一起使用。对于同一个物料，根据不同的批量和有效日期，可能存在不同的生产版本。

艾德望思的产品工程师可以使用"处理生产版本"功能管理产品主数据启用的生产版本，及其对应的物料清单和工艺路线，如图5.12所示。

图5.12 现有生产版本清单

5.2 生产管理业务流程

本节将介绍SAP ERP公有云生产管理的主干核心业务流程，包括从计划需求获取，到生产订单执行和生产控制的端到端管理，如图5.13所示。

生产管理的业务流程相对复杂，为了便于理解，本节抽取生产计划、生产控制与生产执行的三个主干流程进行介绍，如图5.14所示。

（1）生产计划。生产计划从需求预测开始，创建成品的计划独立需求（PIR），然后执行物料需求计划（MRP），生成成品生产计划、半成品组件生产计划和原材料需求。生产计划员可以审核生产计划，必要时进行相应调整。

（2）生产控制。生产控制指基于计划订单下达生产订单；对计划订单和生产订单进行处理与监控；监控生产订单供需变化，监控物料的库存可用性等。

图5.13 生产管理的业务流程

图5.14 生产管理主干流程

（3）生产执行。生产执行包括备料和领料、工序执行与确认、质量检查、产成品收货入库等，也包括核查生产订单的目标和实际成本，确保完整一致的物流、数据流和价值流。

5.2.1 生产计划

生产计划的核心是物料需求计划（MRP），用于制订物料清单中各物料的生产计划或采购计划，包括数量和交货日期。MRP的需求可以来自客户订单需求，或者计划独立需求。当客户要求的交货时间比采购和生产周期时间短时，计划独立需求可以帮助生产计划员在收到销售订单之前提前进行采购和生产，以按时满足未来的销售需求。生产计划中也包括产能计划，生产计划员可以实时查看工作中心的产能负荷是否超载或不足，有针对性地进行调整优化。

SAP ERP公有云MRP的主要特点如图5.15所示。

业务场景：

本节将覆盖艾德望思生产管理主要的生产计划流程。

（1）创建和维护计划需求，触发半成品和原材料采购的需求计划。

（2）计划和监控工厂级物料需求计划，优化供需平衡。

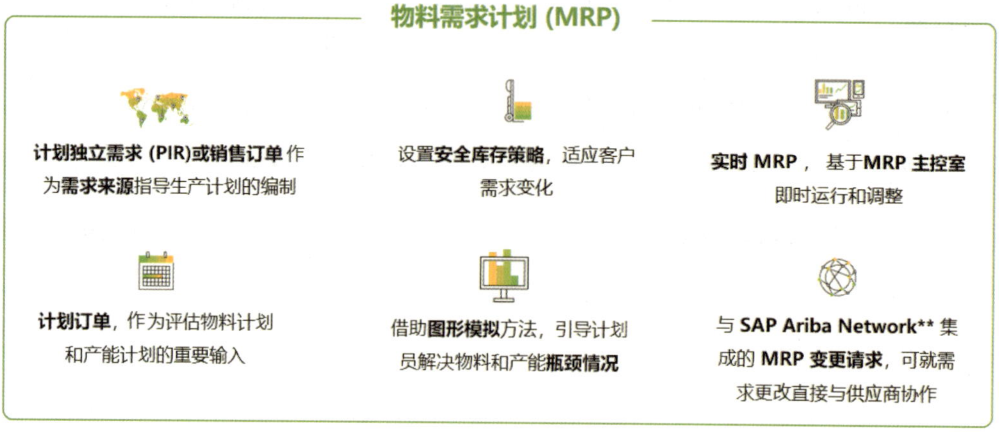

图5.15　生产计划的主要特点

相关的业务角色：

（1）生产计划员（BR_PRODN_PLNR）。

（2）生产操作员（SAP_BR_PRODN_OPTR_DISC）。

（3）生产主管（BR_PLANT_MANAGER）。

（4）仓库管理员（SAP_BR_WAREHOUSE_CLERK）。

相关功能：

（1）维护PIR。

（2）创建独立需求计划。

（3）计划MRP运行。

（4）工厂物料需求计划作业。

1. 创建计划独立需求

计划独立需求（PIR）用于执行产成品的需求管理，包含计划需求数量和日期。生产计划员可以创建一个版本的计划独立需求，也可以创建多个模拟版本的计划独立需求；可以维护单个计划独立需求，也可以对多个需求计划编号分组以进行批量处理。

艾德望思的供热制冷温度控制设备市场销售状况非常好，同时有些产品生产周期比较长。为了快速响应客户需求，对于主力畅销型产品，公司采用"按库存生产"的计划策略，提前制订生产计划并安排生产和物料采购，这样一旦收到销售订单，就可以尽快为客户发货。

因此生产计划员使用"维护PIR"功能（或者"创建独立需求计划"功能）来创建独

立需求计划,并维护一年内的产品或者半成品的计划独立需求(PIR)。

生产计划员选择热销的几款产品,使用"批量维护"的方式在不同的月份维护了需求计划,其中因为4—9月天气炎热,市场需求是其他月份的2倍。计划员也可以通过Excel批量上传计划数据,或者将计划数据下载到Excel。通常,系统默认视图是按月进行计划,可以根据需要设置为按周或者按天进行计划。计划信息如图5.16所示。

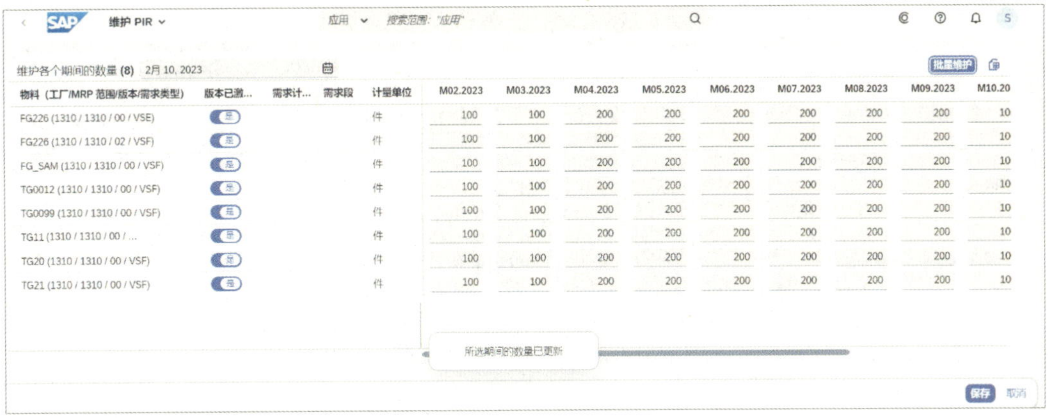

图 5.16　生产计划员创建计划独立需求

2. 计划物料需求计划运行

完成"计划独立需求"之后,生产计划员使用"计划MRP运行"功能来按照产品BOM展开物料需求。这是一个系统应用作业(application jobs),通常需要模板选择、计划选择、参数设置(可选)三个步骤。

当然,除了在前台手动执行该应用作业,也可以预约在特定时间定期自动执行该应用作业计划(一般在系统不繁忙的时候),这样应用程序可以按计划在后台平稳地运行,减少了手工工作量。MRP作业计划的设置示例如图5.17所示。

生产计划员监控作业执行状态,并查看执行日志。通常执行日志显示作业状态、作业名称、计划开始时间、开始时间、结束时间、创建者、作业 ID、应用程序日志等信息,如图5.18所示。

打开日志,可以看到作业执行的详细信息和执行结果。MRP作业执行完毕以后,系统将根据需求情况产生相应的计划订单和物料需求。作业执行的日志信息如图5.19所示。

5.2.2　生产控制

生产控制通常由生产主管执行。生产控制能够对生产过程进行管理和调节,可对系

图 5.17　工厂物料需求计划的设置示例

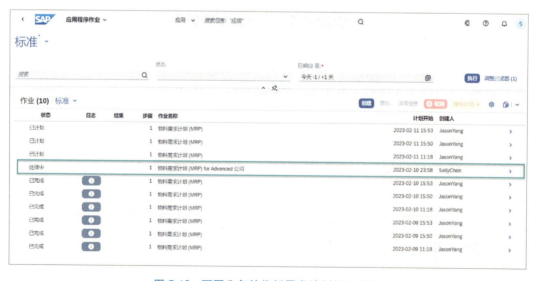

图 5.18　不同业务的物料需求计划作业清单

图 5.19 工厂物料需求计划作业的日志信息

统MRP运行的结果进行评估并做出适当的调整，还可结合实际情况对生产任务进行进一步的优化和资源分配。对于生产过程中出现的机器故障、部件缺失等问题，生产主管还可以及时采取措施予以解决。

生产控制方案的主要流程如图5.20所示。

图 5.20 生产控制的主要流程

业务场景：

本节将介绍艾德望思生产管理主要的生产控制相关流程，其业务范围项目主要包括三点。

（1）对计划订单和生产订单进行处理与监控。

（2）监控生产订单供需变化，监控物料的库存可用性。

（3）计划执行工厂级物料需求计划。

相关的业务角色：

（1）生产计划员（BR_PRODN_PLNR）。

（2）生产操作员（SAP_BR_PRODN_OPTR_DISC）。

(3)生产主管(BR_PLANT_MANAGER)。

(4)仓库管理员(SAP_BR_WAREHOUSE_CLERK)。

相关功能：

(1)管理生产订单。

(2)管理计划订单。

(3)监控物料覆盖范围。

1. 管理计划订单与生产订单

艾德望思生产主管通过"管理生产订单"与"管理计划订单"功能对当前生产订单进行概览，并监控生产进度、发现问题以及解决问题。生产主管可以按照工厂、工作中心、订单状态、问题类型、延期时间、MRP计划员、物料等几十个信息来检索查看职责范围内的计划订单或者生产订单，如图5.21所示。

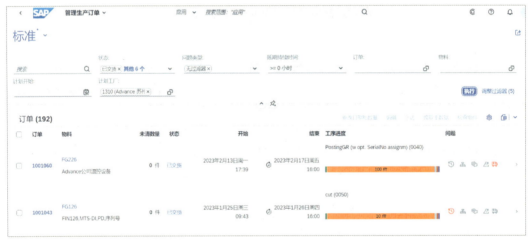

图5.21　生产订单的管理信息

生产主管可以针对特定订单导航到详细信息页面，一目了然地查看订单延迟的原因——可能是缺少组件或存在数量偏差，这些信息可以帮助生产主管尽快解决问题并保持生产流程的平稳运行。以图5.22所示为例，生产主管通过下钻查询发现某张订单的延期原因是缺少组件。

2. 监控物料可用天数

生产主管通过查询物料覆盖范围来了解MRP作业完成后各工厂物料的库存可用性。本例中，未来三周的物料可用性通过视图方式展示，红色表示物料短缺，并给出首次短缺的日期，视图的虚线部分表示周末，具体如图5.23所示。

生产管理 第5章

图 5.22 生产订单问题原因的追溯

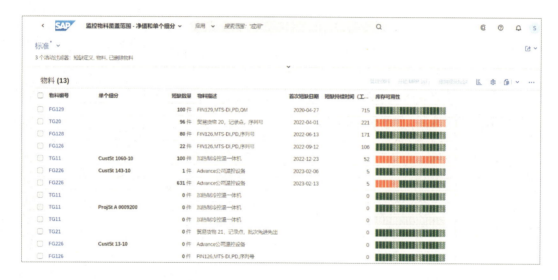

图 5.23 物料覆盖范围的信息展示

3. 检查物料覆盖范围

生产计划员在"管理物料覆盖范围"功能中需要选择工厂和物料或者物料组合来查看和解决物料覆盖（check material coverage）问题，系统中可以查询各MRP要素对应的需求和供应的时间和数量，直至供需平衡，如图5.24所示。

值得一提的是，生产计划员可以使用表视图、聚合表视图、图表视图等多种方式更好地理解供需变化和物料短缺情况。

（1）表视图。表视图可逐项清晰地列出供需变化的来源和形成过程。

（2）聚合表视图。聚合表视图指按照MRP要素进行合并统计后的视图，可以简明扼要地看出各类MRP要素的情况。

217

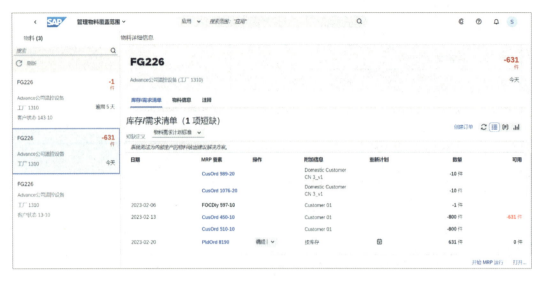

图 5.24　查看生产订单物料覆盖范围

（3）图表视图。图表视图可以一目了然地了解需求（橙色）和供应（蓝色）的情况，以及供需之间的差距，如图5.25所示。

图 5.25　查看生产订单物料覆盖范围视图

5.2.3　生产执行

生产执行是指根据生产计划进行具体生产的过程，绝大部分的生产由生产操作员按生产订单执行，包括进行生产所需的所有必要准备，执行投料、生产和产成品入库，并记录生产进度等。

SAP ERP公有云生产执行方案的主要特点如图5.26所示。

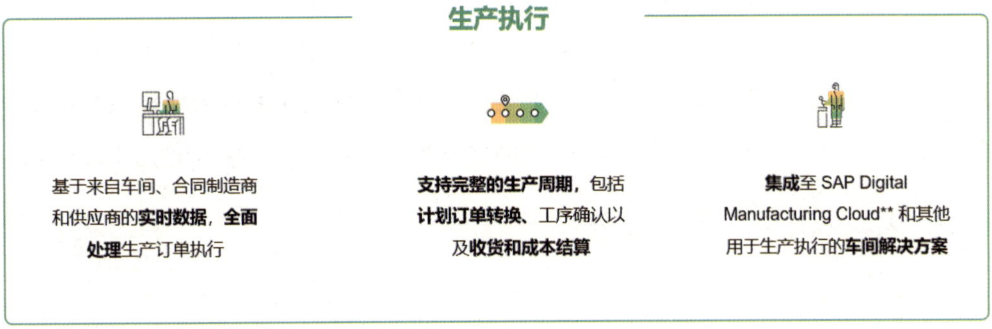

生产执行

基于来自车间、合同制造商和供应商的**实时数据**，**全面**处理生产订单执行

支持完整的**生产周期**，包括**计划订单转换**、工序确认以及**收货和成本结算**

集成至 SAP Digital Manufacturing Cloud** 和其他用于生产执行的**车间解决方案**

图5.26　生产执行方案的主要特点

业务场景：

本节将覆盖艾德望思生产管理主要的生产执行流程，业务范围包括：

（1）创建生产订单，将计划订单全部或者部分转换成生产订单。

（2）生产订单备料，物料可用性检查。

（3）发料、工序执行、成品入库、订单完工确认等。

相关的业务角色：

（1）生产计划员（BR_PRODN_PLNR）。

（2）生产操作员（SAP_BR_PRODN_OPTR_DISC）。

（3）生产主管（BR_PLANT_MANAGER）。

（4）仓库管理员（SAP_BR_WAREHOUSE_CLERK）。

相关功能：

（1）生产订单的创建-修改计划订单。

（2）创建生产订单，管理生产订单，下达生产订单。

（3）拣配生产订单组件。

（4）确认生产订单。

（5）工序确认的集中输入。

（6）确认生产订单-过账发货。

（7）过账货物移动。

（8）管理生产订单。

(9)物料凭证概览。

1. 生产订单的创建

艾德望思生产主管根据工厂生产计划,决定把计划订单全部或者部分转换为生产订单以进行生产。生产订单创建后,订单状态为 CRTD(已创建)状态。生产订单定义了要生产的物料、工厂地点、时间以及生产数量,它还定义要使用哪些资源以及如何结算订单成本。生产计划员可以编辑计划订单,例如先生产其中的100件,如图5.27所示。

图 5.27　更改计划订单

生产主管把100件转换成生产订单(见图5.28)后,余下的部分仍然为计划订单。

新创建的生产订单需要执行"下达"(release)操作才可继续执行。生产操作员可以下载或者打印订单文档以支持生产流程之间的信息沟通和传递。生产订单一般包括生产订单抬头数据、生产数量、生产日期、工序数据等。

2. 可用性检查

生产订单生成后,生产操作员通常要进行一项非常重要的操作——可用性检查(material availability check),也就是在开始生产之前,检查分配到生产订单的所有组件在要求日期是否可用。在系统配置中,可以按订单类型和工厂来指定是否应自动检查可用性,也可以在保存订单时执行自动可用性检查,或者可以根据需要随时手动触发可用性检查。自动的可用性检查信息如图5.29所示。

图 5.28　计划订单转换成生产订单

图 5.29　生产订单物料的可用性检查

在生产订单中，仅当组件符合以下条件时，系统才检查组件的可用性。

（1）组件保存在库存中。

（2）组件不是虚拟物料。

（3）组件不是散装物料。

系统通过物料主数据中的检查组和系统配置中的检查规则来决定可用性检查范围，因此，每种物料都必须设置检查组。系统配置中的检查规则规定如何执行可用性检查，例如检查中包括哪些库存、是否包括收货中和发货中的库存，以及是否考虑补货提前期等。

除此之外，可以在工厂或存储地点级别执行可用性检查。

3. 生产订单备料

生产订单备料（staging materials for productions orders）的目的是为生产准备物料。如果生产存储地点有足够的可用库存，则不需要此项操作。将物料从当前所在的存储位置转移到生产存储位置，被称为"备料"。生产操作员可以通过备料确定生产线需要哪些组件以及这些组件必须在何时何地可用，同时检查生产存储位置的库存情况并查看缺少零件的数量。

4. 下达生产订单

艾德望思生产操作员下达生产订单（release production order），通知生产部门开始生产。生产订单必须先下达才能开始生产。订单下达后，订单状态为"已下达"（REL）状态。

订单的下达可以在订单级别和工序级别进行。

（1）如果在订单抬头级别下达，表示下达生产订单及其所有工序。订单和工序均为"已下达"（REL）状态。

（2）如果在生产订单内下达单个工序，则该工序为"已下达"（REL）状态，而订单为"已部分下达"（PREL）状态。如果订单中的所有工序均已下达，订单的状态为"已下达"（REL）。

生产操作员按照计划下达生产订单前的状态如图5.30所示。

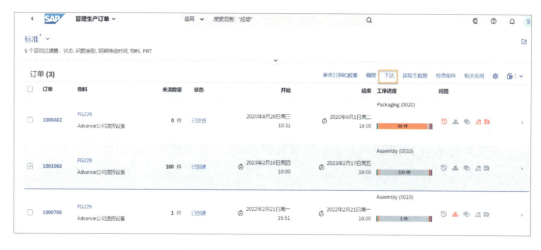

图5.30 下达生产订单前的状态

生产订单下达后的状态及进度信息如图5.31所示。

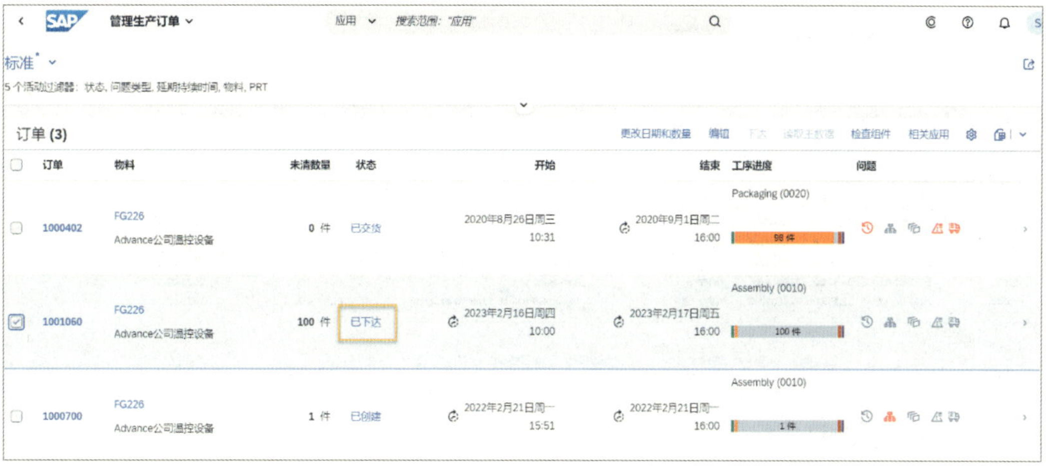

图 5.31　生产订单下达后的状态及进度信息

生产操作员打开该生产订单，可以看到生产订单的信息（见图5.32），包括抬头信息（如生产计划日期、订单分配、生产成本控制信息、主数据等）和详细信息（如组件、工序等）。

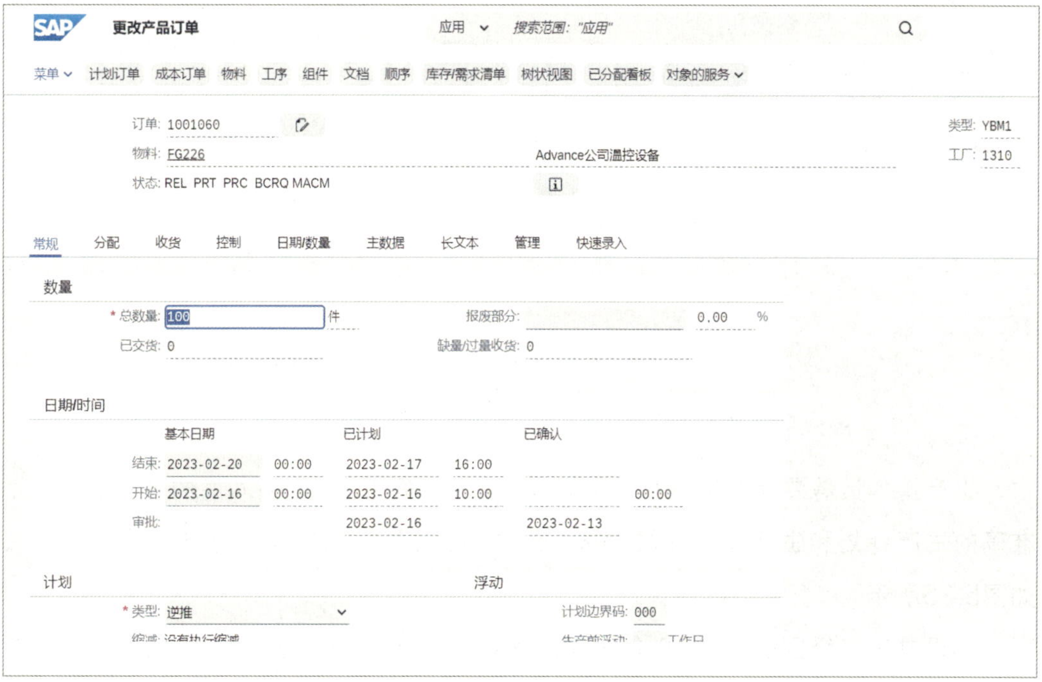

图 5.32　生产订单的信息

单击"工序"页，可以看到每道工序的开始及结束时间，及其所在的工作中心，如

图5.33所示。

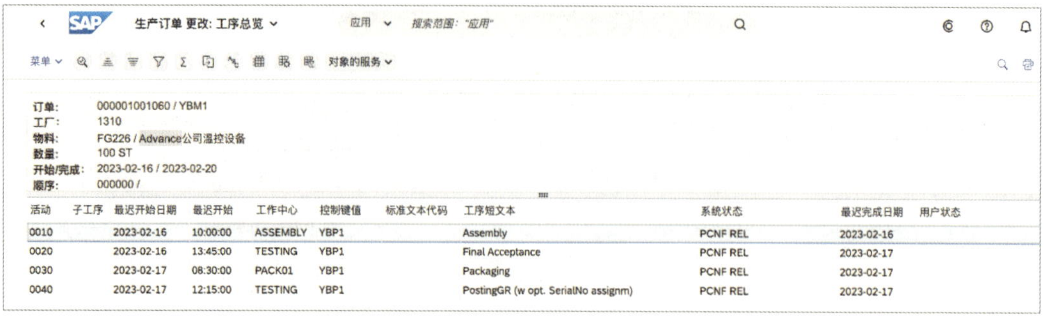

图 5.33　查看工序起止时间及工作中心

5. 拣配生产订单组件

接下来，生产操作员选择已下达的生产订单进行生产订单组件（picking components for production order）的拣配，并执行发货，如图5.34所示。

图 5.34　生产订单组件的需求清单

6. 确认生产订单

生产操作员需要及时确认和记录订单、工序、资源、产成品入库的处理结果，为准确的生产计划和生产控制提供支持。操作员在订单级别做确认时需要输入的信息如图5.35所示。

如果是工序级别的确认，则每一道工序都要录入更加详细的资源、工具、工时等信息。

工序确认会将工序或订单抬头级别的状态更改为"部分确认"（PCNF）或"最终确认"

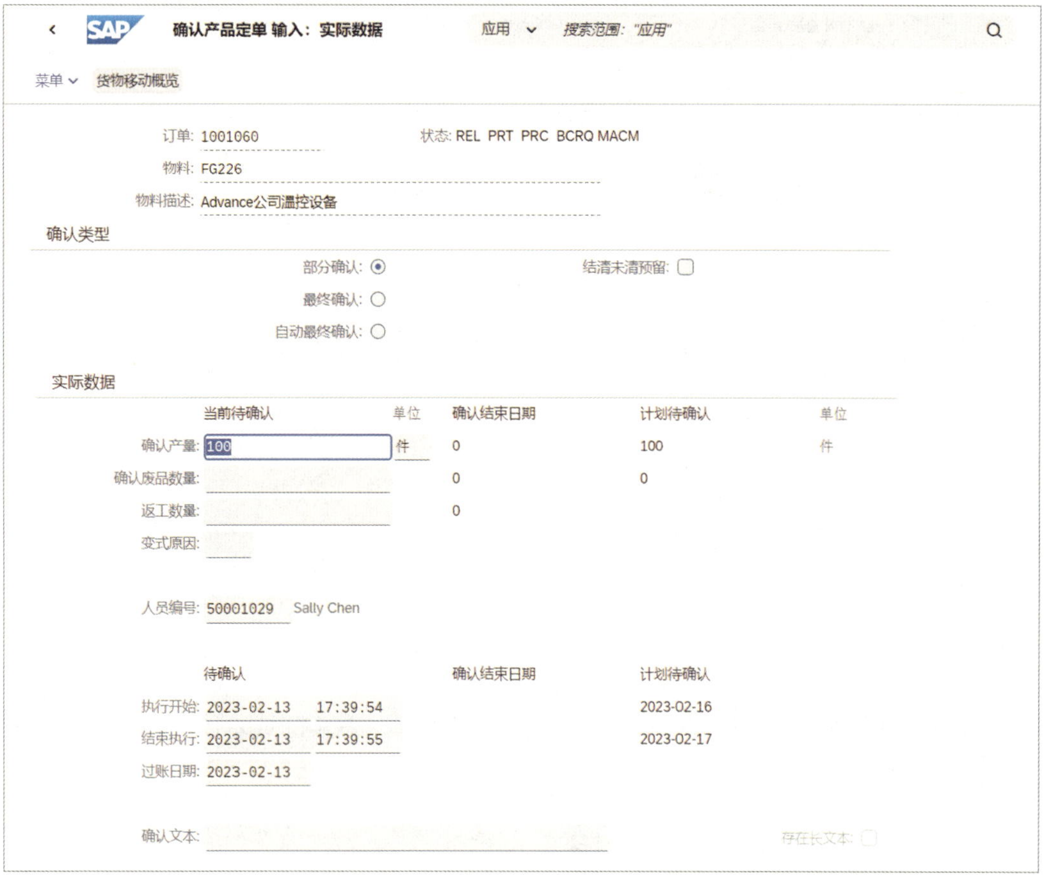

图 5.35 在生产订单级别做确认

（CNF）。只有当所有工序都已经达到"最终确认"状态时，订单才能更新为"最终确认"。

确认生产订单的方式有很多种。生产操作员可以通过"确认生产订单"功能在订单级别直接确认生产订单完成。这种情况下，相关工序的记录和过账按计划值进行。例如，计划中该工序需要人工作业5小时，则生产订单确认时系统自动确认5小时人工作业。生产操作员也可以批量确认生产订单，例如通过"确认的集中输入"功能一步确认多个生产订单。

另一类确认方式是在工序级别按实际发生值对各工序进行依次确认。生产操作员通过"确认生产订单工序"功能来部分或最终确认生产订单的工序。生产操作员也可以创建时间事件确认，通过"确认时间事件-生产订单工序"功能确认多个生产订单。

每确认一道工序或者整个订单确认时，系统都会进行成本计算，用户可以实时查看订单成本的详细信息，包括分析、项目明细、成本组件拆分和余额，如图5.36所示。

图 5.36　生产订单 – 成本分析菜单

整个订单结束后，用户可以概览订单的总计划成本、总实际成本以及它们之间的差异，如图5.37所示。

图 5.37　生产订单成本分析

7. 反冲

在确认订单的时候，凡是设置了反冲（backflushing）标识的订单或工序，系统会自动为订单或工序的组件过账发货，如图 5.38所示。

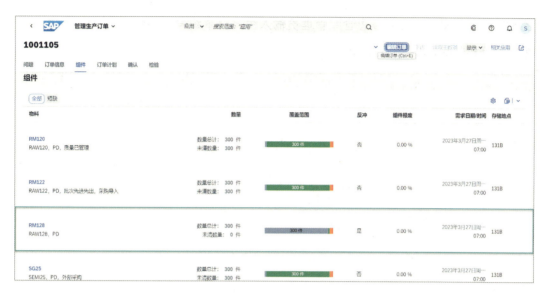

图 5.38　生产订单中的反冲标识

反冲标识可以在物料主数据、工作中心和工艺路线对象中设置。

（1）物料主数据。利用反冲代码，生产操作员可以指定物料的反冲方式，包括通常不进行反冲；物料始终进行反冲；工作中心确定物料是否进行反冲。

（2）工作中心。仅当物料主数据规定由工作中心确定物料是否进行反冲时，才考虑该标识。

（3）工艺路线。可在工艺路线的组件概览中规定对物料进行反冲。如果考虑该标识，就不考虑物料主数据或工作中心中的标识。如果已在主数据中维护反冲标识，则在创建生产订单时从该处复制反冲标识。生产操作员可以根据需要更改生产订单中的反冲标识。

如果正在确认的工序的控制代码指定了自动收货，系统会自动将已生产物料过账到库存。还可以在生产计划参数文件中激活自动收货。

里程碑确认是另一种确认方式，在该确认方式中，一个工序的确认会导致同时自动确认先前工序或子工序。当执行进度确认时，生产操作员可以通过确认已完成的工序来报告订单的进度，如在一天结束时集中确认生产订单进度。

8. 过账货物移动

过账货物移动（post goods movement）是指每天对库存移动（例如收货、发货、实际库存转移和转移过账）进行计划、输入和记录。在这里，仓库管理员要对生产订单的收货进行过账。当艾德望思仓库管理员输入生产订单编号时，系统会自动显示生产订单的项目和数量，如图5.39所示。

图5.39　产成品的收货及过账

9. 显示/管理生产订单

除了使用"管理生产订单"功能来管理生产订单之外，生产操作员也使用"显示生产订单"功能来按照订单编号显示或者查看生产订单状态和信息，还可以通过"取消生产订单确认"功能取消之前确认的某些符合条件的订单。系统中可以通过"管理生产订单确认"功能来显示确认情况，如图5.40所示。

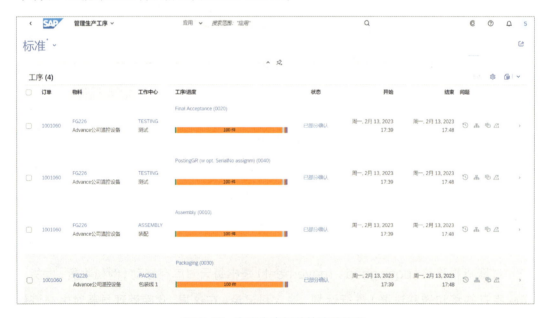

图5.40　查询生产订单的确认信息

10. 重新处理

过账确认或确认流程发生错误时，生产操作员可以通过重新处理（reprocess）它们来消除这些错误，这种情况下可以使用"重新处理确认"或"成本确定错误处理"来纠正错误。

11. 物料凭证概览

生产主管可以使用"物料凭证概览"功能来查看物料凭证，里面的项目列表显示所选物料凭证项目的物料凭证明细。此外，仓库管理员还可以冲销物料凭证。"物料凭证概览"中包含如下信息。

（1）显示物料凭证项目清单。

（2）显示所选物料凭证项目的物料凭证明细。

（3）显示一个物料单据的流程以及相关的先行单据和后续单据。

（4）获取发货、收货、物料移动等物料单据概览，包含如下信息：单据日期、移动类型（如发货、收货）、单据项目。

通过物料凭证单据流，生产主管可以看到生产订单物料凭证和会计凭证的关系，并可查看详细信息，如图5.41所示。

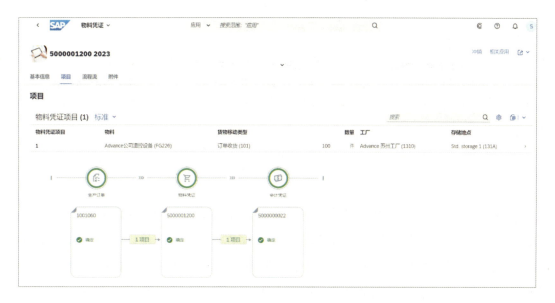

图 5.41　物料凭证及单据流

5.2.4 生产制造选项

SAP ERP公有云支持各种行业的不同制造选项，包括离散制造、流程制造、重复制造、外包制造、准时制生产、看板制造等。

1. 离散制造选项

离散制造，是指产品的生产过程通常被分解为很多加工任务来完成。企业一般将功能类似的设备按照空间和管理要求划分成一些生产单元，称为"工作中心"。在每个加工任务中，工件从一个工作中心到另外一个工作中心进行不同类型的工序加工。企业常常按照主要的工艺流程安排生产设备的位置，以使物料的传输距离最小。另外，离散制造的工艺路线和设备使用也非常灵活，在产品设计、处理需求和订货数量方面变动较多。

离散制造的产品往往由多个零件经过一系列并不连续的工序加工最终装配而成。加工此类产品的企业可以称为离散制造型企业。如飞机、机械设备、汽车、电子设备等制造业，都属于离散制造型企业。

离散制造方案的主要特点如图5.42所示。

图 5.42 离散制造的主要特点

2. 流程制造选项

流程制造指通过一条生产线将原料制成成品，如食品加工、饮料制造以及化工产品生产等。流程制造可以按日产量的方式下达计划，也可以通过流程订单下达计划。通常来说，流程制造企业的计划相对稳定。生产设备的能力、生产过程和工艺都比较固定，每个工作中心专门生产相似的产品。另外，配方管理方面要求较高，可能会有副产品和联产品的产出，通常需要对产品的质量进行跟踪。

流程制造的主要特点如图5.43所示。

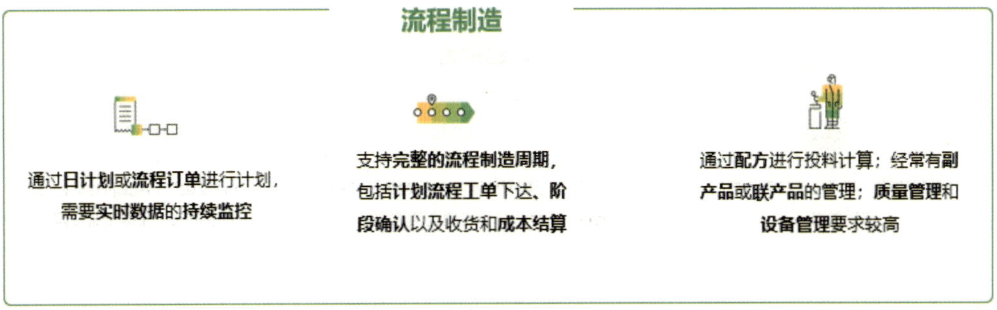

图 5.43　流程制造的主要特点

3. 重复制造选项

重复制造又叫批量生产,在计划环节和流程制造有相似之处,可以按计划表进行生产。但由于产品可以按件计数,因此属于离散制造的一种。由于产品高度标准化,因此可以通过流水线进行大批量生产。重复制造的行业主要有电子装配、家电产品、快消日用品等。重复制造的主要特点如图5.44所示。

图 5.44　重复制造的主要特点

4. 外包制造选项

随着制造企业不断优化和细化生产流程,外协加工变得越来越重要。SAP ERP公有云可以紧密集成生产订单处理和外协加工采购,高效支持生产外包管理,并提供以下功能。

(1)外协加工的采购信息记录并说明每一件的合同价格、交货提前期和交货条款。

(2)当系统下达一个有外协工序的生产订单时,系统会自动通知采购员。

(3)系统监控按时交货状态并自动发出提示信号。

(4)系统将外协加工费用作为产品成本核算中的价格组成部分。

外包制造的主要特点如图5.45所示。

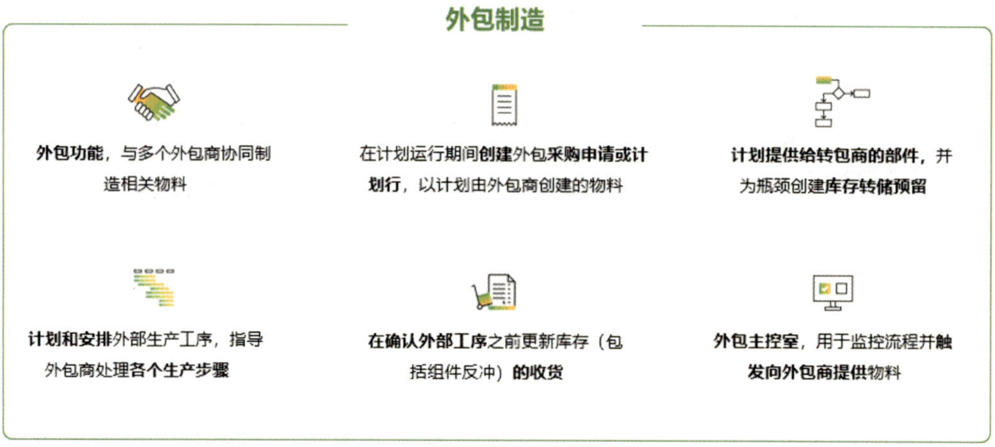

外包制造

- **外包功能**，与多个外包商协同制造相关物料
- **在计划运行期间创建外包采购申请或计划行**，以计划由外包商创建的物料
- **计划提供给转包商的部件**，并为瓶颈创建库存转储预留
- **计划和安排外部生产工序**，指导外包商处理各个生产步骤
- **在确认外部工序之前更新库存（包括组件反冲）的收货**
- **外包主控室**，用于监控流程并触发向外包商提供物料

图 5.45　外包制造的主要特点

5. 看板制造/准时制生产选项

看板是准时制生产中常用的一种控制现场生产流程的工具，最初由日本丰田汽车公司开发和完成。SAP基于大量客户的看板实践经验建立了SAP看板生产模式，并在汽车行业广泛使用。

看板制造/准时制生产可以与MRP和成本核算完全集成，通过供应商、内部生产或远程仓库支持库存补充，实现无纸操作，缩短处理环节，提高效率。

看板基于生产中的实际物料库存来控制生产和物料流。在生产中不断地少量供应定期需要的物料，只有在消耗了一定量的物料时才会触发物料的补货或生产。生产流程使用看板，旨在控制自身并尽可能减少手动过账工作，其影响是缩短提前期并减少库存。使用看板，系统中的输入条目可以减少到最少（如条形码的输入），所有其他操作都在后台自动执行。

例如，需要物料的工作中心（消费者、需求源）将看板卡发送到生产物料的工作中心（生产者、货源），看板卡描述了所需的物料、需要的数量以及交付地点。当生产工作中心基于看板卡完成补货后，系统可以通过看板信息自动过账需求源的收货。

看板制造和准时制生产的主要特点如图5.46所示。

5.3　生产分析洞察

SAP ERP公有云生产分析洞察有助于生产管理人员实时掌握生产计划和执行方面

图 5.46　看板制造 / 准时制生产的主要特点

的绩效,对潜在生产问题可以早发现,早介入,早解决。制造分析的主要功能如图5.47所示。

图 5.47　制造分析主要功能

5.3.1　生产计划监控分析

1. 生产订单监控

生产计划员可以监控其职责范围内的生产订单,并可使用订单状态、延迟天数等十几个搜索条件进行组合搜索。订单监控的主要功能如图5.48所示。

例如,在"监控生产订单"中可以检索延迟的生产订单,并且可以看到延迟天数,如图5.49所示。

图 5.48　订单监控的主要功能

图 5.49　检索延迟的生产订单

接下来,通过"管理订单"功能可以进一步发现产品FG226存在库存短缺的问题,如图5.50所示。

图 5.50　发现产品库存短缺的问题

同时，生产计划员注意到另一个生产订单（PrdOrd 1000864）延期问题来源于缺少一个装配所需的物料组件（SG124），计划员可以通过库存转移或者将采购订单提前等方式解决这个问题，如图5.51所示。

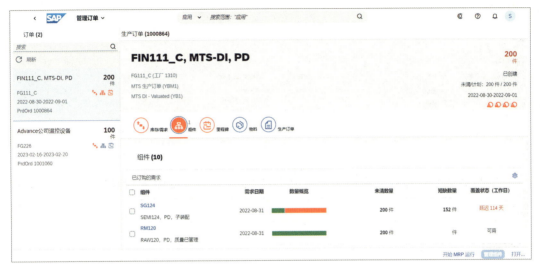

图 5.51　发现物料组件短缺

2. 工作中心产能管理和评估

在SAP ERP公有云中，通过"管理工作中心产能"功能能够实时评估工作中心产能情况，对于超载或者负荷不足的工作中心，生产计划员可以进行调整优化。产能及负荷概览如图5.52所示。

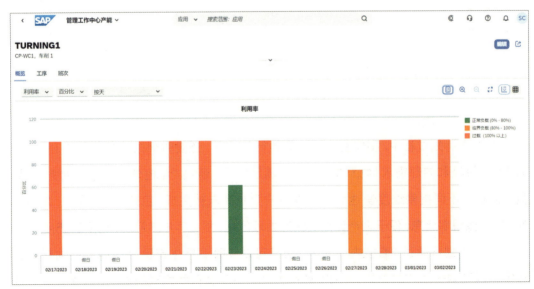

图 5.52　产能及负荷概览

在"管理工作中心产能"中的"工序"页面中,生产计划员可以查看具体工作中心的工序完成情况,如图5.53所示。

图 5.53　按工作中心查询工序信息

生产计划员可以在"管理工作中心产能"的"班次"页面查看具体班次情况,如图5.54所示。

图5.54　按工作中心查询班次信息

3. 监控内外部需求

在生产计划过程中,不仅要监控计划执行的情况,还要时刻关注外部需求(订单、需求计划等)和内部需求(物料供应等)的满足程度。通过"监控外部需求"功能,计划员可以基于不同搜索维度快速查看哪些客户订单尚未被完成,包括订单、客户、发货日期、短缺数量等信息,便于生产计划员快速处理问题,提高客户满意度,如图5.55所示。

生产计划员通过"监控内部需求"功能可以实时洞察生产计划所需要的物料供应和短缺以及对于生产的影响,例如,哪些生产订单受到哪些物料的影响,以便于生产计

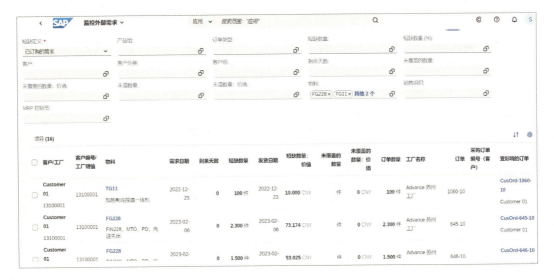

图 5.55　监控外部需求的完成状况

划员提前解决问题，从而提高生产效率，如图5.56所示。

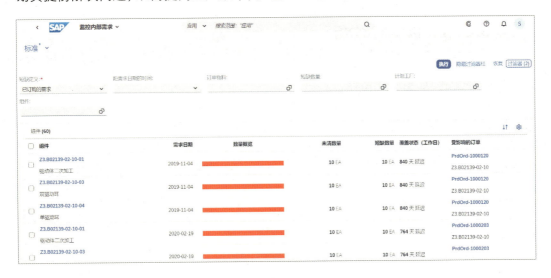

图 5.56　监控内部需求

生产主管通过"管理物料覆盖范围"功能可以自定义各种洞察的检索条件，生成完整报告，并轻松查看相关明细，而不必跳转页面和频繁切换菜单。例如，在所有短缺物料的清单中，选择任何一条问题记录，就可以看到其对应的库存/需求清单并可进一步查找原因，如图5.57所示。为了解决问题，生产主管可以在同一界面上即刻采取行动，如创建订单、运行MRP，或者转到相关应用进行问题解决。

图 5.57　查询物料覆盖范围及短缺信息

5.3.2　生产执行性能分析

SAP ERP公有云提供生产执行中的废料、报废原因、工序报废等分析报告,以支持对生产进行改进,如图5.58所示。

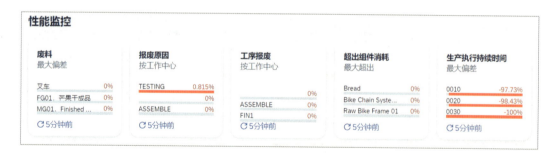

图 5.58　生产性能监控洞察

以"生产执行持续时间"为例,可以按不同维度的视图进行查询,例如柱状图、饼图和折线图等,如图5.59所示。

同时,生产操作员还可以单击某个图示进一步查看其对应的明细信息,如图5.60所示。

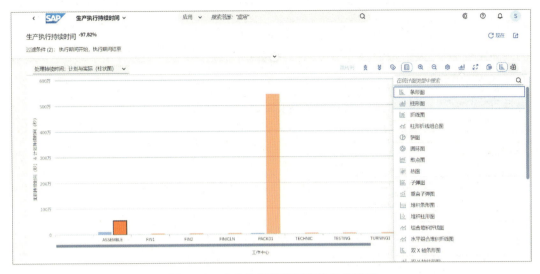

图 5.59　生产执行性能洞察的各类视图

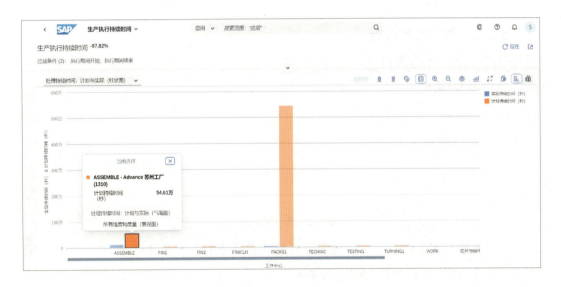

图 5.60　生产执行性能的明细信息

生产主管使用"物料报废"功能来分析报废信息,也可选择图形类型,以及分析的时间范围等,如图5.61所示。

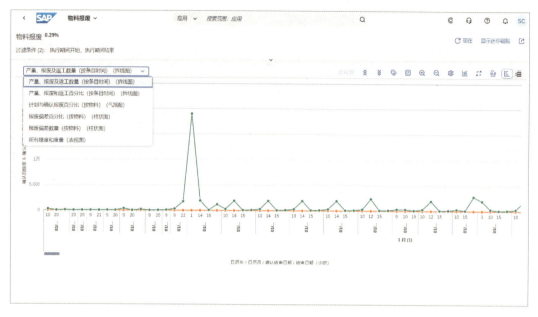

图 5.61 生产执行性能中的报废情况分析

5.3.3 生产成本分析

SAP ERP公有云提供详细的生产成本分析，可以按照订单成本、工作中心等维度查看，如图5.62所示。

图5.62 生产成本分析

生产主管和财务人员可以浏览生产订单计划成本和实际成本信息，并且对比它们之间的差异。成本类型包括"库存-在制品""消耗-原材料""存货变动-半成品"等，这些成本类型进一步展开可以得到更加详细的成本信息，如图5.63所示。

同时，财务人员还可以按照成本要素和生产资源来查看生产订单的明细成本分布。在机器设备工时成本中，用户可以看到在测试、包装等不同工序过程中机器设备按照使用工时计算的成本；在物料成本中，可以看到原材料、半成品等每一个物料的成本信息，如图5.64所示。

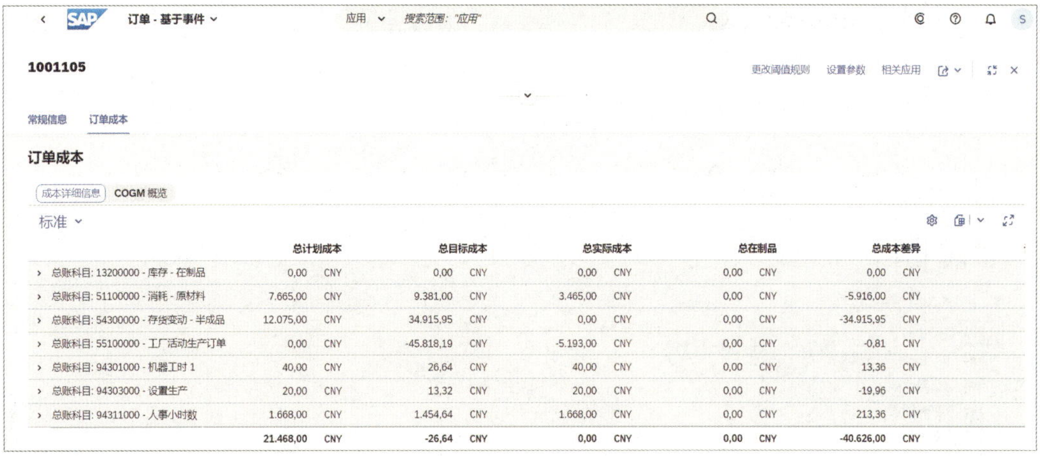

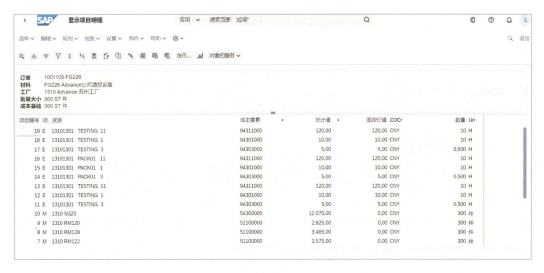

	总计划成本		总目标成本		总实际成本		总在制品		总成本差异	
总账科目: 13200000 - 库存 - 在制品	0,00	CNY	0,00	CNY	0,00	CNY	0,00	CNY	0,00	CNY
总账科目: 51100000 - 消耗 - 原材料	7.665,00	CNY	9.381,00	CNY	3.465,00	CNY	0,00	CNY	-5.916,00	CNY
总账科目: 54300000 - 存货变动 - 半成品	12.075,00	CNY	34.915,95	CNY	0,00	CNY	0,00	CNY	-34.915,95	CNY
总账科目: 55100000 - 工厂活动生产订单	0,00	CNY	-45.818,19	CNY	-5.193,00	CNY	0,00	CNY	-0,81	CNY
总账科目: 94301000 - 机器工时 1	40,00	CNY	26,64	CNY	40,00	CNY	0,00	CNY	13,36	CNY
总账科目: 94303000 - 设置生产	20,00	CNY	13,32	CNY	20,00	CNY	0,00	CNY	-19,96	CNY
总账科目: 94311000 - 人事小时数	1.668,00	CNY	1.454,64	CNY	1.668,00	CNY	0,00	CNY	213,36	CNY
	21.468,00	CNY	-26,64	CNY	0,00	CNY	0,00	CNY	-40.626,00	CNY

图 5.63　生产成本分析

项目编号	项.	资源	成本要素	总计值	固定价值	COCr	数量	Un
19	E	13101301 TESTING 11	94311000	120,00	120,00	CNY	10	H
18	E	13101301 TESTING 1	94301000	10,00	10,00	CNY	10	H
17	E	13101301 TESTING 3	94303000	5,00	5,00	CNY	0,500	H
16	E	13101301 PACK01 11	94311000	120,00	120,00	CNY	10	H
15	E	13101301 PACK01 1	94301000	10,00	10,00	CNY	10	H
14	E	13101301 PACK01 3	94303000	5,00	5,00	CNY	0,500	H
13	E	13101301 TESTING 11	94311000	120,00	120,00	CNY	10	H
12	E	13101301 TESTING 1	94301000	10,00	10,00	CNY	10	H
11	E	13101301 TESTING 3	94303000	5,00	5,00	CNY	0,500	H
10	M	1310 SG25	54300000	12.075,00	0,00	CNY	300	件
9	M	1310 RM120	51100000	2.625,00	0,00	CNY	300	件
8	M	1310 RM128	51100000	3.465,00	0,00	CNY	300	件
7	M	1310 RM122	51100000	1.575,00	0,00	CNY	300	件

图 5.64　生产订单成本分析－项目明细

除此之外，还可以查看按照订单成本类别划分的成本组成明细。这是一个成本汇总表，所有的成本明细都被汇总成了几个具体的成本大类，包括直接物料、委外加工（第三方）、物料间接费用、人事时间、机器时间、生产间接费用、设置时间、杂项等，使成本构成一目了然，也为优化生产成本提供了分析依据，如图5.65所示。

5.4　生产智能场景

SAP ERP公有云在生产领域的创新主要有需求驱动的补货（含动态缓冲水平调

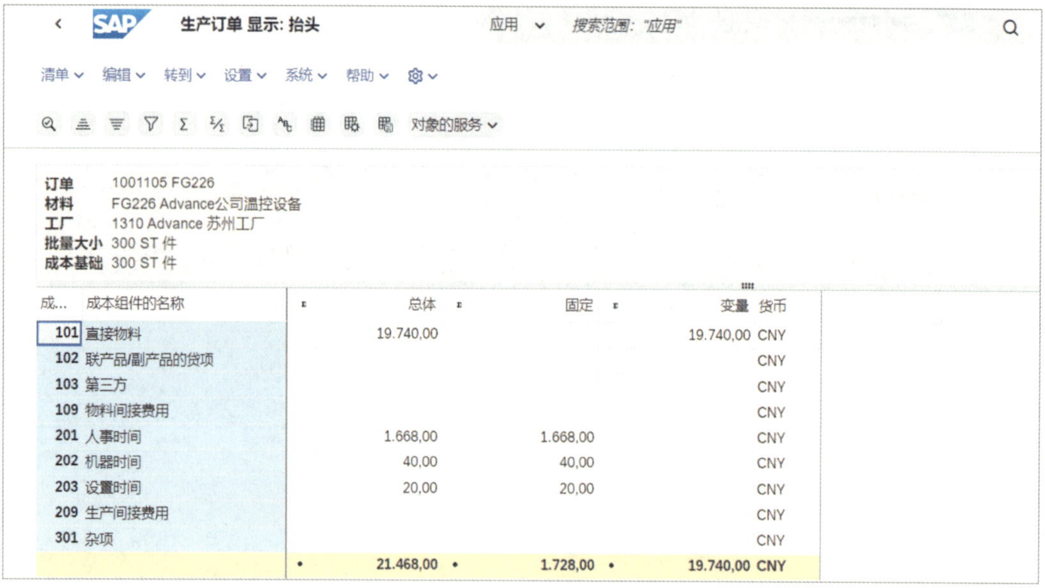

图 5.65 生产订单成本构成明细

整）和缺陷代码建议等。

5.4.1 需求驱动补货

需求驱动的补货模型由需求驱动研究所（DDI）推广，它是一种重要的新型物料需求计划方法，有潜力在全球范围内推动供应链管理的重大改进。而SAP与该研究所技术合作，利用强大的HANA数据库和ERP行业多年深耕的经验，整合迭代了一套完整的需求驱动的物料需求计划解决方案。

业务场景：

艾德望思传统的物料需求计划存在以下四个问题。

（1）由于市场需求的波动，造成库存绩效偏低，有的产品短缺，有的产品却积压。

（2）销售预测无法随时跟踪市场的需求波动，预测失真会对计划造成不利影响。

（3）供应的限制（如长提前期、产能限制等）导致公司无法及时满足客户订单。

（4）按库存生产（MTS）的产品越来越难以满足不断变化的销售预测，需要不断调整安全库存和重订货点。

相关的业务角色：

生产计划员（BR_PRODN_PLNR）。

相关功能：

(1) 缓冲定位。

(2) 管理缓冲级别。

(3) 计划产品分类（DD）。

(4) 产品批量维护（DD）。

(5) 计划产品提前期分类（DD）。

(6) 计划缓冲建议计算。

(7) 计划员概览。

(8) 补货计划。

(9) 补货执行。

(10) 预测现有库存警报。

这些功能如图5.66所示。

图 5.66　需求驱动的物料需求计划相关应用

需求驱动的物料需求计划（demand driven MRP，DDMRP）是一种创新的计划和执行方法，是由需求驱动协会开发的计划引擎。它基于MRP和DRP（distribution requirements planning）基础构建，并结合了"精益管理"、"六西格玛"和"约束理论"的优势，通过设计、设置和管理供应链，更好地为基于需求的订单提供服务。

需求驱动补货有助于根据客户需求而不是通过传统的MRP程序来规划和管理供应链。按实际需求补货可以避免预测的不准确性，在以客户为中心的业务实践中非常有效。

需求驱动补货的概念，简而言之，是通过在供应链的关键节点定义缓冲区并定期调整这些缓冲区实现可靠物料供应。

DDMRP的重要作用就是减少牛尾效应。牛尾效应指的是随着客户需求的变化，供应链库存计划的波动幅度增加。供应链层级越多，波动和失真就越严重，一端微小的波动也能对另一端产生巨大的影响，这正是传统物料需求计划的痛点，这些库存计划的波动可能在供应链上呈指数级增长，并且会导致在所有供应链级别上存储成本过高或由于库存呆滞而造成损失。供应链上的牛尾效应如图5.67所示。

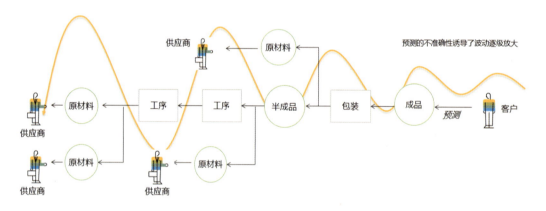

图 5.67　牛尾效应中，小的需求波动会引起较大的供应波动

需求驱动补货可帮助企业根据客户需求高效地计划和管理供应链，从而策略性地解耦物料流，减少供应链中断的影响。

DDMRP通过各种解耦策略和缓冲库存来解决市场需求变化的压力、供应商的供货压力以及内部组织的管理压力。解耦和缓冲库存就是DDMRP的秘诀：在掌握准确的需求前，通过在合适的解耦点（战略位置或战略物料）增加缓冲驱动材料的供给，通过材料的日均消耗量、提前期等参数可以随时调整缓冲量，如图5.68所示。

需求驱动的物料需求计划（DDMRP）通过解耦上下游物料的关联，使其互相独立，从而隔绝波动的传递，抑制供应和需求的波动性，有效减缓牛尾效应。DDMRP对战略物料设置智能缓冲区保护，根据动态业务需求来实时调节并管理最合理的库存水

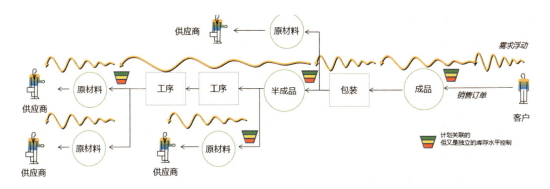

图 5.68 需求驱动的补货方案可以降低牛尾效应

平,为企业持续提高面向客户的服务水平保驾护航。进入旺季时,库存备货较高,进入淡季则自动降低库存水平,而这一切都无须人工干预。

缓冲区是DDMRP概念的核心,与计划相关的安全级别主要分为绿色、黄色和红色三层。这些层称为缓冲区区域。每个安全级别对应的库存管理概念和计算公式如图5.69所示。

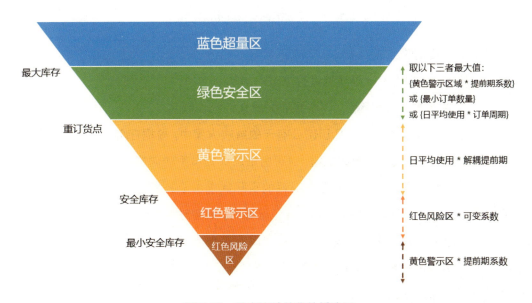

图 5.69 需求驱动补货的缓冲区

系统使用诸如"日平均使用"和"解耦提前期"等参数动态计算缓冲区区域的库存量范围,这些缓冲区区域有助于确定库存缓冲区的最大库存、重订货点、安全库存和最小安全库存。

如果缓冲量在红色区域,表明库存水平不安全,需要优先补给。红色区域顶部的缓冲区值给出了安全库存,即建议保持的最小缓冲区级别。

如果缓冲量在黄色区域,表明需要创建供货。红色和黄色区域数量的累计总和给出了重订货点。

如果缓冲量在绿色区域,表明有合适的库存能够满足当前需求。红色、黄色和绿色区域数量的累计总和为最大库存,即建议的最大缓冲区级别,超出此值则视为存储的库存数量过多。

DDMRP的方案核心分五个步骤,如图5.70所示。

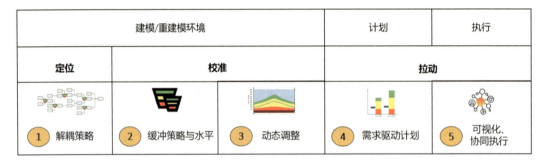

图 5.70 DDMRP 方案的五个步骤

各步骤简要说明如下。

(1)战略库存定位,设置战略库存点进行解耦。

(2)设置参数文件和等级,调整缓冲配置文件的参数。

(3)动态缓冲调整,在SAP ERP公有云的解决方案中,根据日均消耗量、提前期等参数,系统动态生成缓冲区域建议值,且可由生产计划员手动调整。

(4)需求驱动的计划,根据基于消耗的实际需求生成补货订单,在SAP ERP公有云的解决方案中,当净流动库存量低于黄色区域时,则会触发下达新订单。

(5)可视化与协作执行,根据实际物理库存等参数可以实时区分订单的优先级,在SAP ERP公有云的解决方案中,当物理库存低于红色区域时,会催交尚未完成的供应订单,该订单的优先级最高。

下文简单介绍DDMRP方案中的第三步:动态缓冲调整。

艾德望思生产计划员可以查看具体物料的缓冲区,从而得到建议的管理安全库存、重订货点和最大库存,以确保产品在需要时可用,从而优化需求驱动补货。缓冲区级别由系统根据历史数据计算参考值,而计划员也可以手动在应用中进一步调整缓冲区级别以适应不断变化的现实需求。

在此，我们将看到如何为相关产品计算缓冲区建议。缓冲（库存）级别建议可帮助艾德望思生产计划员通过管理缓冲区级别来管理产品的安全库存、重订货点和最大库存。缓冲级别查询如图5.71所示。

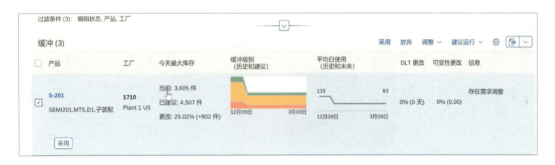

图 5.71　查看物料的建议缓冲级别

单击采用后，建议数量（图中为4507件）将成为今天的当前最大库存，物料主记录的相关参数也将更新（重订货点、安全库存和最大库存水平），更新后的数据如图5.72所示。

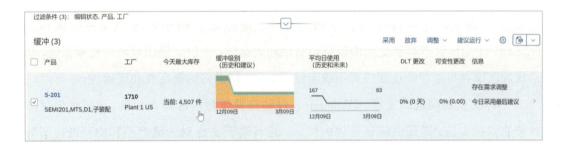

图 5.72　物料的缓冲级别更新后的数据显示

计划员也可进入缓冲区建议详细信息界面进一步查看历史缓冲水平，以决定是否采用或忽略当前缓冲建议值，同时针对特定时间段进一步调整缓冲级别以满足实际业务淡旺季的需求，如图5.73所示。

智能场景小结

DDMRP是一种创新的供应链管理方法，具有以下特点。

（1）动态库存缓冲区维护。DDMRP通过在供应链中的关键节点建立动态库存缓冲区，使企业能够以较低的库存水平达到较高的客户订单履约率。这种方法有助于降低库存成本和运营成本，同时保证客户满意度和市场需求的响应速度。

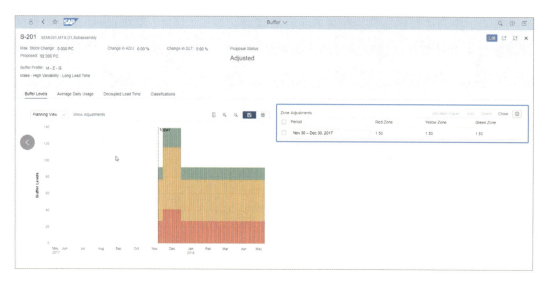

图 5.73 查看物料的缓冲级别详细信息

（2）需求驱动补货。DDMRP基于客户需求进行补货，根据市场变化和实际需求情况动态调整补货策略。这种需求驱动的方法可以有效地管理供应链，提高资源利用率，减少浪费，降低库存积压风险。

（3）缓冲区库存降低供货中断的影响。通过建立动态合理的缓冲区库存，DDMRP使物料更不容易受到供应链供货中断的影响。在供应链出现波动或紧张时，动态缓冲区库存可以帮助企业应对不确定性，确保物料供应的稳定性和连续性。

（4）优化物料流动管理。DDMRP通过动态管理缓冲区库存级别，可以优先保障重要物料的供应，实现供应链管理的优化。这有助于企业对关键产品和物料进行有针对性的管理，提高整体运营效率和市场竞争力。

总之，DDMRP的优势在于其灵活、高效和以客户需求为核心的供应链管理方法。通过建立动态库存缓冲区、基于需求驱动补货、降低供应链中断影响以及优化物料流动管理，企业可以实现供应链管理的优化，降低成本，提高客户满意度和市场竞争力。

5.4.2 缺陷代码建议

业务场景：

艾德望思的质量管理工程师在记录产品缺陷时，往往需要手工选择缺陷代码和缺陷代码组，而缺陷代码和缺陷代码组往往是数字和字母的组合，一般情况下不易于记忆，通常需要单击搜索帮助（search help功能）来查看缺陷代码文本，以确定选择哪个代码和代码组。但如果缺陷代码组和缺陷代码数量很多,那么手工查找势必要额外付出精力。

相关的业务角色:

(1)质量技术员(SAP_BR_QUALITY_TECHNICIAN)。

(2)质量工程师(SAP_BR_QUALITY_ENGINEER)。

相关功能:

(1)记录生产缺陷。

(2)缺陷代码组与缺陷代码的决定。

(3)智能场景管理。

可以使用预测分析模型来自动生成缺陷代码。通过文本识别功能,"缺陷代码建议"可以根据缺陷标题、缺陷的详细描述和历史缺陷记录等自动建议缺陷代码以及缺陷代码组。整个模型基于预测性分析集成器(predictive analytics integrator, PAI),并集成了业务应用中的预测功能,在后台自动运行。

当艾德望思的质量工程师在"描述"字段对产品的缺陷进行了详细的记录后,系统就会基于识别的文本和预测分析模型的计算结果,在"缺陷代码"字段自动建议一个代码并且高亮显示,质量管理工程师可以直接接受这个建议,或者选择按自己的想法修改。

智能场景小结

缺陷代码建议虽然是个很小的功能,但却从操作层面给用户带来了很大的便利和良好的体验,同时减少了操作上的差错概率。它内嵌在SAP ERP公有云中,给艾德望思带来的使用收益主要有以下三点。

(1)系统自动给出缺陷代码建议提升了质量管理工程师的工作效率,使他们无须翻看相应规则手册,无须牢记命名规则,也无须单击字段帮助和搜索,即可快速录入缺陷代码。

(2)该功能基于系统建议的统一规则,而非人工选择,提升了标准化,减少了不同质量管理工程师之间的处理差异。

(3)质量管理工程师大多数情况下只需接受系统推荐,无须手工搜索,这就减少了人工失误。

第 6 章 CHAPTER 6
财务管理

数字化转型的进程中,集成和协作对财务人员的日常工作提出了更高的要求,企业必须重新思考如何才能更高效地支持财务人员以及公司高层实时获取企业运营信息,洞察企业经营状况,及时进行调整和改变。本章将介绍SAP ERP公有云财务管理解决方案如何满足客户需求,应对变局。

本章介绍SAP ERP公有云中财务管理的主要应用场景与业务流程。

学习目标

- 了解财务管理的功能;
- 理解总账、固定资产、结账的基本概念;
- 学习处理应收账款和应付账款;
- 了解资金管理中银行管理及现金操作;
- 掌握产品成本核算的基本概念;
- 了解财务管理的智能场景。

业务范围

在SAP ERP公有云中,财务管理分为财务操作、资金、会计和财务关账、不动产管理、企业风险与合规性、成本管理和获利能力分析、订阅开票和收入管理七个业务领域，如图6.1所示。

图6.1 财务管理业务范围

（1）财务操作。财务操作用于记录和管理来自所有供应商和客户的应付账款和应收账款数据。

（2）资金。帮助企业实时了解企业现金和流动性情况。通过集成来自多个数据源的数据，建立统一数据源来预测和管理现金。

（3）会计和财务关账。通过快速、准确以及合规的财务结算降低成本和工作量。提供包括多种视图、评估方式和分摊方法的完整会计流程。

（4）不动产管理。不动产管理负责管理不动产的租赁及运营业务。

（5）企业风险与合规性。企业风险与合规性负责提供应对风险与合规的管理工具。

（6）成本管理和获利能力分析。提供一套用于计划和成本分配的强大工具集来提升管理的精细度、透明度和效率。

（7）订阅开票和收入管理。支持大规模订阅计费和收入管理，实现数字化转型盈利。

企业应用SAP ERP公有云的财务管理可以提升多方面的管控能力。

（1）集中所有与会计相关的事务。统一日记账将财务会计和管理会计数据记录在一张数据表中，构成集成会计系统的基础，同时保证财务数据的完整性、及时性和准确性，并提供强大的报告功能。

（2）遵守最新的财务报告准则。SAP ERP公有云确保合规性符合最新的财务报告准则要求，例如已经满足IFRS16和FASB ASC 842中租赁会计新准则的要求。

（3）监控外币汇率波动。借助SAP ERP公有云中的资金管理功能，基于自动现金流预测和市场数据分析，实时了解外币汇率波动并及时应对。

（4）实时评估和管理财务风险。借助SAP ERP公有云的实时资金和财务风险管理保护资产和现金流；利用强大的分析功能实时评估财务绩效以应对市场波动；利用假设分析制定前瞻性决策，保持财务健康度。

（5）分析项目的财务状况。从多角度分析项目的财务状况，发现问题产生的根本原因，主动采取纠正措施。

（6）减少错误和工作量。使用机器学习等智能服务功能支持重点关注领域，实现业务流程自动化，减少人工错误和工作量。

本章将重点讲解会计和财务关账、财务操作、资金管理以及产品成本管理，帮助读者了解SAP ERP公有云财务管理的主要功能。

6.1 财务管理主数据

6.1.1 关键概念

1. 统一日记账

首先介绍"单一事实来源"的概念。"单一事实来源"指企业的各个信息消费者都从同一个数据源获取基础数据后再进行加工，这样从根本上消除了信息来源不一致的问题。在SAP ERP公有云中，统一日记账（universal journal）将财务会计和管理会计数据全部记录在一个表中，构成集成会计系统的基础，成为真正的单一事实来源。以前用户需要多个数据表来记录不同来源的交易，然后通过表链接获得完整的信息，有时难免出错。现在相关数据都存放在统一日记账中，所有财务数据都基于同样的行项目，确保不同类型的财务数据始终保持一致，如图6.2所示。

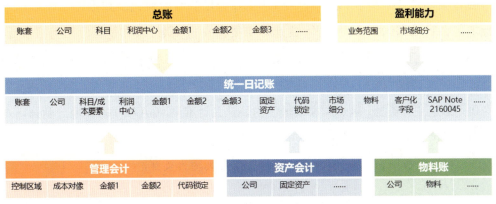

图 6.2 统一日记账

统一日记账既保证财务数据的完整性,又能提供增强的报告功能。表中包含所有资产负债表科目、损益表科目、次级成本科目,以及内部成本控制对象(如成本中心和项目)等信息,提供遵循多个会计准则出具报告的功能,大大简化了获利能力分析和财务报表编制的工作。

2. 公司代码

公司代码是外部会计核算的最小组织单位,可为其创建完整的独立会计科目表和法定财务报表(如资产负债表、损益表及现金流量表)。一个公司可能包含一个或多个公司代码。

公司代码级的财务报表是自动生成的,而公司级的财务报表则是基于公司代码的合并报表。对于不需要出具这种合并报表的企业,不必创建"公司"。

例如,艾德望思集团下设艾德望思中国、艾德望思新加坡和艾德望思咨询服务三家公司,因为需要出具集团财务报表,所以将艾德望思集团设为公司,为下属的艾德望思中国、艾德望思新加坡和艾德望思咨询服务这三家公司分别定义公司代码。

3. 分类账

公司代码的所有与过账相关的配置,如会计准则、货币、会计年度变式(FYV)和过账期间等信息必须链接到特定分类账。包含完整配置和过账信息的分类账称为标准分类账。每个系统都需要一个名为主分类账的主要标准分类账(默认情况下为分类账0L)。此分类账包含过账所需的全部信息,是其他扩展分类账的基础。根据企业的业务需求,主分类账可用于合并财务报表或出具本地财务报表。系统支持启用额外的标准分类账,用于实现基于不同会计准则和不同评估方法的并行会计。

4. 会计准则

会计准则是法定需求和财务报表的规则,管理公司如何记录和报告财务数据。会计标准是会计准则的集合,如国际会计标准委员会(IASB)发布的国际财务报表标准(IFRS)。此外还有各国的会计标准,如中国会计准则。SAP提供以下基础会计准则的分类账。

0L:必选主分类账,基于国家或地区的公认会计准则(GAAP)的本地分类账。

2L:可选分类账,如基于IFRS的公司或集团分类账。

3L:可选分类账,如基于US GAAP的公司或集团分类账。

5. 并行会计

一些跨国企业需要同时根据不同的会计标准记账并报告。企业必须使用开展业务的各个国家(地区)的本地会计标准出具报告,还要提供集团统一的会计标准报告。SAP ERP公有云中的并行会计功能满足了企业在国际化经营时对内对外财务记账和管理报表的需求。

系统通过并行分类账实现并行会计需求。如果启用了并行分类账,企业发生一笔业务后,系统会根据预设科目,确定产生基于不同会计准则的财务分录,因而可以同时获得根据不同的会计准则创建的财务报表。

例如,艾德望思(总部位于中国)成立新加坡子公司,统一使用国际财务报表标准(international financial reporting standards, IFRS)进行集团合并,则中国的公司需要以中国会计准则以及IFRS分别进行财务记账。中国公司完成一笔库存收货,系统将同时产生基于集团会计准则(IFRS)和中国会计准则的财务分录。为了满足不同的会计核算需求,财务人员也可以仅输入针对某一分类账的财务凭证。

6. 会计年度

会计年度是以年度为单位进行会计核算的时间区间,也是反映企业财务状况、核算经营成果的时间界限。会计年度可以与日历年准确对应,系统也支持设置与日历年度不一致的会计年度。

6.1.2 主数据

1. 货币

在会计核算中,货币是重要主数据,通过汇率将不同货币的交易换算成同币种才可实现有意义的统计或比较。系统中的货币代码遵循ISO标准,如CNY表示人民币,USD表示美元。

系统中包括下列货币类型。

(1)交易货币。交易货币指过账凭证所使用的货币(货币类型00)。

(2)公司代码货币。公司代码货币指本位币,用于以本位币计的销售报税和财务报表(货币类型10)。

(3)集团货币。集团货币在系统级别定义,所有公司代码和分类账均相同(货币类型30),用于合并报表。

（4）自由定义的货币。如果业务需求中需要其他货币，则可以配置选择相应货币类型。每个公司代码可以配置一种自由定义货币。系统使用中间汇率（汇率类型为M）将交易货币金额换算为公司代码货币金额。

2. 总账科目

总账科目的主数据用于定义如何在总账科目上过账业务交易，以及如何处理过账数据。

每个总账科目都需要定义科目类型，系统提供的总账科目类型有以下几种。

（1）资产负债表类。资产负债表科目指与资产、负债和权益相关的科目。资产负债表科目的余额在会计年度结束时结转。

（2）初级成本或收入类。初级成本或收入科目是损益表科目，为主要成本或收入的成本要素。主要反映工资核算、销售费用或管理成本等运营费用。初级成本要素包括物料成本、人工成本和制造费用。

（3）次级成本类。次级成本科目是损益表科目。次级成本来自组织内的价值流，例如内部活动成本分配、间接费用分摊和结算。次级成本要素包括间接费用分配、内部活动分配和订单结算。

（4）营业外费用或收入类。营业外费用或收入科目是损益表科目，用于记录非公司主营业务的费用或收益，例如制造公司通过金融投资实现的收益。

（5）现金类。现金科目是将现金日记账和银行账户关联到总账所需的资产负债表科目。当总账科目类型为现金科目时，必须指定总账子类型以进行进一步分类。现金科目的子类型包括银行对账科目、小额现金和银行子账户。

3. 统驭（对账）科目

在SAP ERP公有云系统中，总账和分类账通过统驭科目关联。这意味着财务分录过账至业务分类账的同时也过账至总账的统驭科目，确保总账和分类账的账目一致。应付账款、应收账款、资产会计和合同应收账款通过统驭科目关联至总账。

在总账科目主数据界面中，艾德望思设置了国内应收账款总账科目11220101，科目组为ABST（应付/应收账款对账科目），用来归集客户的应收明细，如图6.3所示。科目11220101的余额为所有关联客户的应收账款总额，如果要查询哪家客户有多少应收账款，就需要在应收账款明细账查看。

4. 利润中心

根据不同的需求，企业可以按区域（分公司、工厂）、功能（生产、销售）或产品（产

图 6.3　总账科目主数据界面

品分类、产品组）来设立利润中心。利润中心是统计与业务相关的收入或费用的组织单元，是与组织获利能力相关的主数据。默认情况下，企业应在SAP ERP公有云系统中的利润中心级别创建损益表。

5. 成本控制范围

成本控制范围是管理会计的组织结构单元，用来核算企业的收益及费用支出情况。一个成本控制范围可以包含多个公司代码，但一个公司代码只能分配一个成本控制范围。所有内部分摊仅能分摊至同一成本控制范围内的对象。SAP ERP公有云系统预定义唯一成本控制范围A000及业务范围。

6. 成本中心

成本中心是成本控制范围内成本发生的单元。成本中心的定义可以基于功能需求、分配标准、提供的活动或服务、物理位置、责任范围等，通常的成本中心定义可以对应企业的各个部门，如企业的财务部和销售部都可以定义为成本中心。成本中心也承接企业对成本的分摊和分配，只有对归集的成本进行合理的分摊和分配，才能更好地进行企业的责任管理和获利能力分析。

6.2　财务管理业务流程

6.2.1　财务会计及关账

1. 总账会计

总账会计的核心任务是根据企业财务制度规定和国家法律法规要求进行全盘的账务处理，在与公司其他业务完全集成的软件系统中记录所有财务交易（包括自动过账和内部会计结算分录），确保会计数据始终完整准确。总账会计用于为公司代码创建法律要求的资产负债表和损益表等财务报告，可按不同维度与不同颗粒度随时检查各个交易。

业务场景：

（1）分类账过账分录的查看与更正。

（2）总账凭证的输入。

（3）现金日记账的输入。

相关的业务角色：

总账会计（SAP_BR_GL_ACCOUNTANT）。

相关功能：

（1）管理日记账分录。

（2）过账一般日记账分录。

（3）过账现金日记账分录。

（4）现金日记账。

以下介绍日记账分录管理和现金日记账。

（1）管理日记账分录。日记账分录（会计凭证）是财务会计中业务交易的记录，可以反映收据、发票、支票或银行对账单等原始凭证信息。只要做好相关的科目确定组的配置，系统就可以根据交易的类型，自动生成财务分录。通过"管理日记账分录"功能可以查看分类账自动产生的过账记录以及在总账手工输入的分录，如图6.4所示。

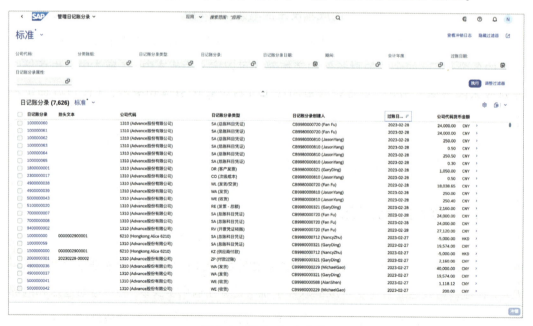

图6.4 管理日记账分录

以第2章中自动产生的销售发票分录9400000002为例，单击此行最右箭头，显示录入视图，如图6.5所示，在"相关凭证"选项卡中可以查看完整业务流及相关凭证。本例中显示的是销售发票分录，如果需要查看对应的发货分录，可以继续单击会计凭证4900000038进行查看。

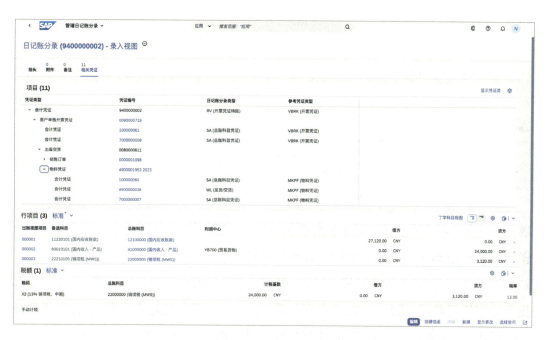

图6.5　管理日记账分录的相关凭证明细信息

除了集成业务模块自动生成的分录，总账还可以手工输入日记账分录，称为总账日记账分录。可以利用"过账普通日记账分录"功能进行分录的创建和过账。日记账分录由一个凭证抬头和至少两个行项目组成，在"过账普通日记账分录"界面中，上半部分是抬头信息，下半部分为行项目，单击"添加"可以添加行，但是借贷总额必须相平。根据输入的总账科目，系统会提供不同的行项目字段和信息，如图6.6所示。

在过账凭证之前，可以先模拟过账查看输入的结果是否正确。在过账之后，只能更改非常有限的信息，无法更改的错误则需要通过反冲分录冲销。可以通过"管理日记账分录"查找需要冲销的分录并冲销。

经常发生的总账日记账分录可以通过"管理日记账分录"功能创建日记账分录模板，以提升财务工作人员输入的速度及正确性，在通过"过账普通日记账分录"输入日记账分录时可以选择相关模板。

（2）现金日记账。现金日记账是一种财务会计明细分类账，用于管理公司的现金

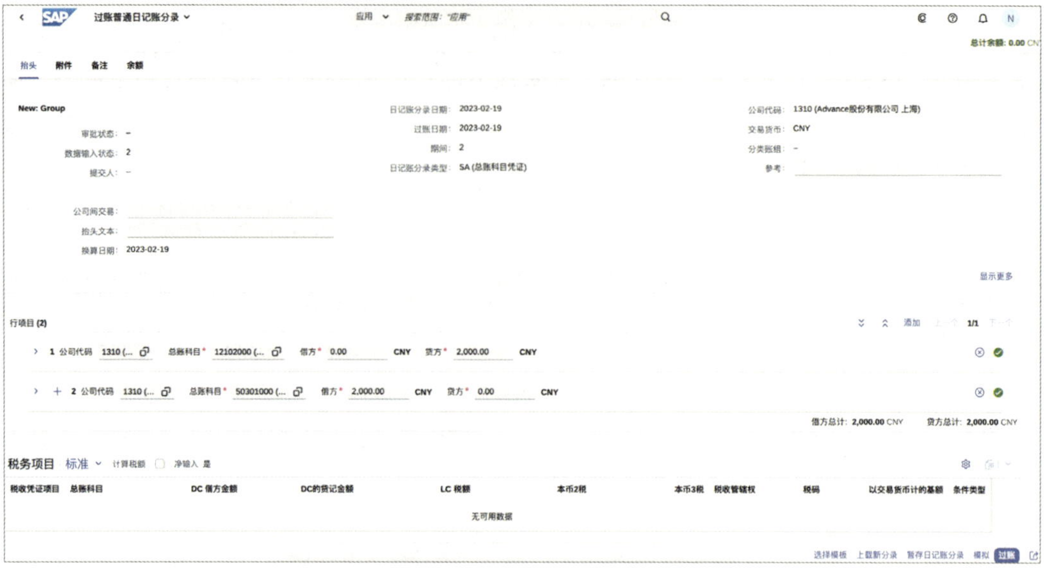

图 6.6　创建日记账分录

收支。系统自动计算和显示期初和期末余额以及收款和付款总计。每个公司代码可以设多个现金日记账，每个现金日记账关联至总账科目及货币。

可以利用"过账现金日记账分录"功能输入与现金相关的日记账分录。现金日记账用于记录银行转账、客户收款、供应商付款和支付办公用品等直接费用。首先选择现金日记账代码，然后进入图6.7所示的"现金日记账"输入界面，可以看到现金日记账的期初余额、现金收入总计、现金付款总计、期末余额。界面下方的"现金付款"选项卡中可以输入收支业务，如果是与供应商或客户相关，则会自动挂账到应收应付分类账。

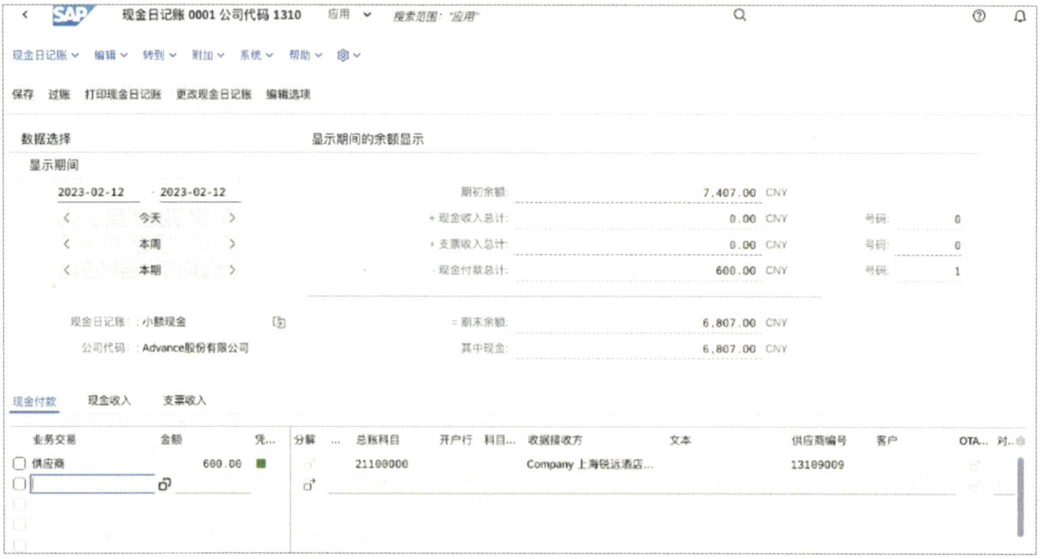

图6.7　输入现金日记账分录

通过"现金日记账"功能可以显示现金交易信息，如图6.8所示，小额现金0001在查询期间的未结算盈余、总计及期末余额信息。

图 6.8 现金日记账明细

2. 月结和年结

根据企业的业务不同，月结和年结会有不同的工作内容。下面介绍月结/年结中通用的内容。

业务场景：

（1）打开关闭期间。

（2）外币评估。

（3）收货/收发票清账。

（4）应计/递延处理。

（5）出具财务报表。

（6）余额结转。

相关的业务角色：

总账会计（SAP_BR_GL_ACCOUNTANT）。

相关功能：

（1）管理过账期间。

（2）货币汇率。

（3）外币估值。

（4）清算收货/收发票科目。

（5）监控GR/IR科目对账。

（6）收货/收发票流程分析。

（7）对账收货/收发票科目。

（8）周期性分录。

（9）过账日记账分录。

（10）上载一般日记账分录。

（11）财务报表（中国）。

（12）运行法定报表-中国现金报表。

（13）审计日记账。

（14）余额结转。

以下针对几个重点关账流程进行分别介绍。

（1）管理过账期间。在"管理过账期间"中可以通过打开或关闭过账期间来控制日记账分录是否可过账至该会计期间，通过筛选过账期间、会计年度或科目类型，选择相关项目，单击右下角"设置过账期间"来设置期间状态。通过单击"CO期间状态"可以打开或关闭成本会计交易（如分摊与分配）的会计期间，如图6.9所示。

（2）汇兑损益。在出具月末或年末报表之前，财务需要用月底的汇率折算交易金额，产生汇兑损益，以真实地反映企业的资金状况。首先要通过"货币汇率"输入更新的汇率，也可通过"导入外汇汇率"上传数据，然后运行"执行外币评估"产生汇兑损益。

进入"外币估值"的输入界面，在"过账"选项卡中可以选择测试运行、模拟运行或更新运行。其他几个页签分别指外币评估的范围，包括未清项：分类账、未清项：总账科目（暂估、在途）、总账科目余额（现金、银行，或外币的长期投资等）等，如图6.10所示。

系统自动创建以下外币评估过账分录：

① 在汇兑损失的情况下，借记汇兑损失费用科目，贷记资产负债表调整科目。

② 在汇兑收益的情况下，贷记汇兑收益费用科目，借记资产负债表调整科目。

图 6.9 管理过账期间界面

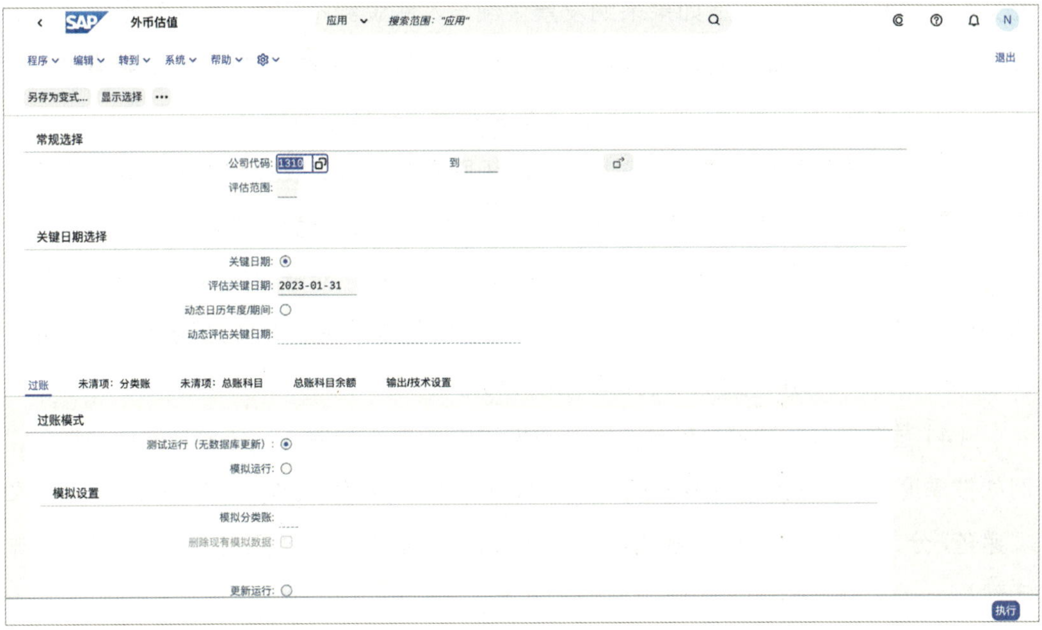

图 6.10 外币估值界面

（3）GR/IR（goods to be received，待收货/invoice to be received，待收发票）清账。待收货/待收发票科目相当于中间科目，对于每个待收货（GR）和待收发票（IR）的场景，都会将相应的财务凭证过账到待收货/待收发票科目。例如：

艾德望思库存管理员收到采购到货，在系统中录入采购收货，系统自动产生以下分录：

借：库存　　　1000
　　贷：待收发票　　1000

艾德望思应付账款会计收到采购发票，将采购发票录入系统，产生以下分录：

借：待收货　　1000
借：进项税　　　130
　　贷：应付账款　　1130

本例中发票金额和收货金额一致，则待收发票和待收货科目发生额是匹配的。利用"清算收货/收发票科目"功能会清算待收货/待收发票科目上的未清项目，产生以下分录：

借：待收发票　1000
　　贷：待收货　1000

这样就将这笔采购入库和采购发票的两笔交易清算完成，待收货/待收发票科目在此交易上的余额清零。但是如果采购发票金额与入库金额不一致，系统则会根据库存评估的方法将差异过账至相应的科目。如果缺少收货记录或收发票记录，或者收货与发票尚未完成清算，行项目将在待收货/待收发票科目上保持未清状态。

通过"监控收货/收发票科目对账"功能获取需要澄清的收货和发票科目上未清项目状态的概览，还可以导航到"对账收货/收发票科目"，进一步查看收货和发票中的金额或数量不匹配的凭证。"收货/收发票流程分析"提供由"对账收货/收发票科目"管理的GR/IR科目对账流程的分析。图6.11所示为"收货和收发票对账概览"界面，显示收货和收发票概览，可为用户提供可视化多维度分析。

（4）过账应计及递延。有时在一个周期过账的费用和收入可能源自另一个期间，例如按季度收取的租金，需要分配到实际月份。因此需要输入费用和收入的"应计"和"递延"分录，确保过账到正确的期间进行报告，然后在下一期间将其冲销（因为值未实现）。

应计通常通过日记账分录手动处理，如果需要，还可以通过采购订单应计功能自动处理。对于手动应计，可以使用"过账日记账分录"手动输入或"上载一般日记账分录"导入。如果需要输入具有相同值的应计和递延，可以使用"周期性分录"。

结账流程还会包括费用成本收集和分摊、固定资产折旧、生产成本的核算结转等

图 6.11　收货和收发票对账概览界面

工作，本书不做详述。

（5）生成结账财务报表。财务报表反映了公司的业务活动和财务绩效，需经过会计师和权威机构的审核以确保准确，并保证公司基于真实可靠的数据缴纳税款。此外，上市公司的财务报表构成年度报告的一部分，向投资者和市场分析员告知公司报告期内的财务状况、经营成果和现金流。系统中定义的基本内容是资产负债表、损益表和现金流量表。在SAP ERP公有云中，需维护财务报表版本（FSV）以生成财务报表。

① 资产负债表。资产负债表显示截至报告日期的公司资产、负债和股东权益。

$$资产总额=负债+所有者权益$$

② 利润表。利润表显示了企业在报告期间内的收入和支出。

$$收入-费用=利润$$

运行"财务报表（中国）"，输入需要的参数，获得资产负债表（见图6.12）和利润表（见图6.13）。

③ 现金流量表。现金流量表用于显示报告期间内，公司资产负债表科目和收入的变化如何影响现金和现金等价物，并将分析细分为经营、投资和融资活动。SAP ERP公有云支持直接法及间接法现金流量表。通过"运行法定报表""中国现金流量表"运

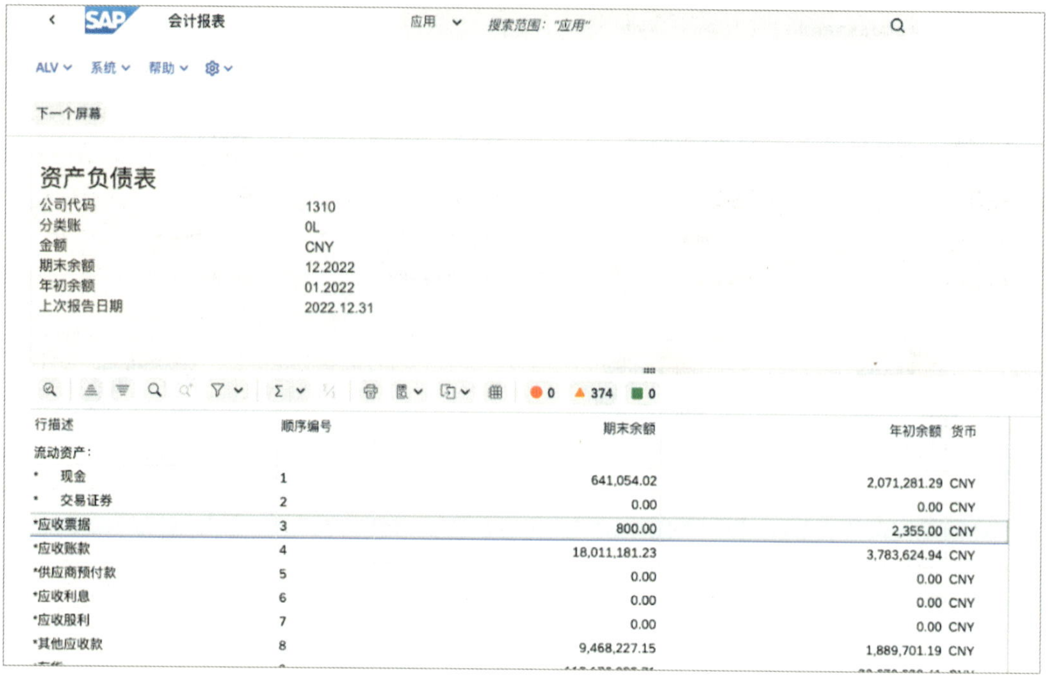

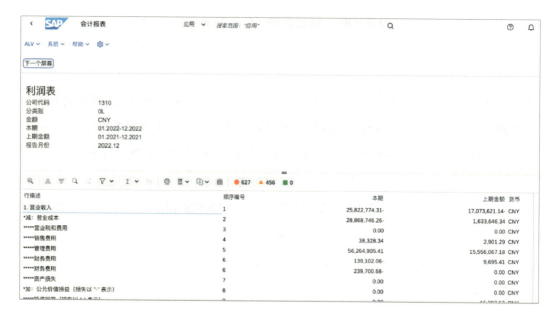

图6.12 资产负债表

图6.13 利润表

行报表，图6.14展示了中国现金流量表运行结果，同时生成直接法及间接法编制的现金流量表。

图6.14 中国现金流量表

④ 审计日记账。对于任何处理财务数据的系统而言,提供清晰的审计报告和有效的工具至关重要。SAP ERP公有云的统一日记账在行项目级别存储所有内容,因此很容易解释企业报表上每个项目的来源构成。

"审计日记账"可按公司代码、会计年度和分类账输出所有凭证的明细。输出可按会计期间的"精简日记账"或按天的"日记账"进行。系统还提供了其他控制功能,用于快速指出输入的凭证中潜在的问题。图6.15所示的审计日记账界面,显示了满足相关过滤条件的日记账汇总,单击右方箭头 ,可以查看明细日记账构成。

(6)余额结转。在会计年度之初或新会计年度前,需要将上一年度的期末余额结转至新一年度的期初。这个动作称为余额结转。余额结转(BCF-balance carryforward)涉及将所有货币的科目余额结转至新会计年度。在开始新会计年度的两周前,系统会自动计划余额结转运行并将新会计年度的期初余额设置为可用。这时,如果向上一会计年度进行过账,系统会自动更新上年度期末余额及新年度期初。

系统按以下逻辑执行余额结转。

① 资产负债表科目余额结转至相同科目的期初。

② 损益表科目结转至一个或多个留存收益科目。执行余额结转后,损益表科目余额为0。

③ 留存收益科目期初余额为

$$期初余额=上一年度期末余额+损益表科目的汇总余额$$

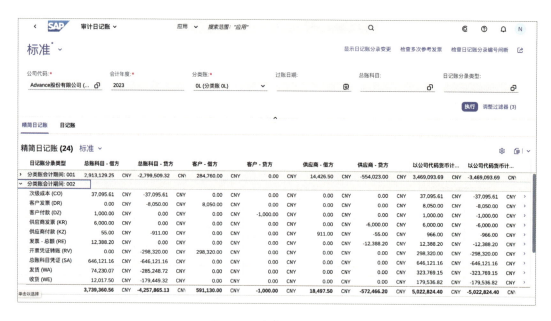

图 6.15　审计日记账界面

通过"余额结转状态"查看余额结转的详细信息，如状态、运行时间等。"日记账分录分析器"可以显示上一会计年度已结转的余额。通过比对上一会计年度的期末余额是否等于下一会计年度的期初余额，检查损益科目的总计是否与留存收益科目余额一致。

3. 资产会计

SAP ERP公有云系统中的资产会计用于管理和监控企业的固定资产。在财务会计中，它用作总账的明细分类账，提供有关涉及固定资产交易的详细信息。资产会计与其他模块功能无缝集成。

资产会计功能涵盖从采购订单或在建工程到资产报废的整个生命周期，自动计算折旧、利息、处置等固定资产变动产生的交易，提供多维度报表分析查看固定资产信息。

业务场景：

（1）固定资产新增。

（2）固定资产处置。

（3）固定资产转移。

（4）固定资产折旧。

（5）在建工程。

相关的业务角色：

资产会计（SAP_BR_AA_ACCOUNTANT）。

相关功能：

(1) 管理固定资产。

(2) 过账购置（集成应付账款）。

(3) 过账资产购置。

(4) 过账转移。

(5) 计划资产会计作业。

(6) 定义分配规则。

(7) 执行结算。

以下介绍资产会计相关的主要数据和流程。

(1) 固定资产主数据。

① 资产类。资产类是定义资产时的主要分组标准。每个资产必须分配到一个资产类。资产类预定义了屏幕布局规则、资产编号范围、科目确定等参数，并建议了默认的折旧条件。

在资产负债表中列示的不同固定资产项目（例如建筑物和设备）通常对应创建不同的资产类（可以具有不同的科目确定分配）。此外，还有在建工程和低值易耗品等特殊资产类。图6.16显示了艾德望思定义的资产类，包括机器设备、车辆、办公设备等每个资产类对应不同总账科目，从而各资产类的余额可以体现在财务报表上。

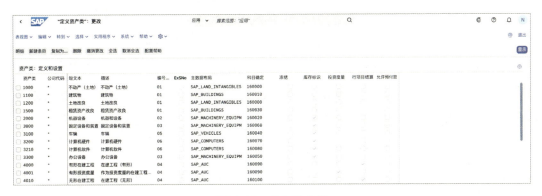

图 6.16　定义资产类

② 固定资产。固定资产通常是企业长期拥有的对象、权利或项目。每项资产都隶属于一个公司代码。使用"管理固定资产"功能创建和查看资产主记录，界面如图6.17所示，左边是过滤的资产清单，右边是资产卡片，显示资产全生命周期的信息。

(2) 固定资产交易。

图 6.17 创建和查看资产主记录

① 固定资产新增。资产会计可通过多种方式过账购置资产交易以满足公司管理需求，系统处理方式主要有以下三种。

第一种：无供应商或采购订单。固定资产对方科目将过账到预配置的清账科目（固定资产采购）。

第二种：直接来自供应商。通过财务会计直接过账，没有相关采购订单。

第三种：与采购集成。集成采购订单、收货和收发票流程，增加固定资产。

例如，艾德望思采购一辆价值30万元的汽车，没有与采购流程集成，则固定资产会计首先通过"管理固定资产"创建固定资产500015，然后使用"过账资产购置"将固定资产入账，这个动作称为"资本化"，界面如图6.18所示，可以单击"模拟"查看模拟过账，没有问题后单击"过账"按钮。

单击过账后，可以查看系统自动生成了如图6.19所示的分录。

查看资产卡片，在图6.20中可以看到该资产（500015）的"生命周期状态"为"已资本化"，折旧也已自动计算。

资产到账后，系统将使用资本化日期和根据法律规定的折旧开始日期定期更新资产主记录，同时还会计算当前年度过账的折旧金额。

② 折旧。折旧过账运行将计算的折旧和利息过账到财务会计中的总账科目。折旧类型包括正常折旧、特殊折旧和计划外折旧。所有类型的折旧都已事先计算并以计划值

图 6.18 购置固定资产（无采购集成）

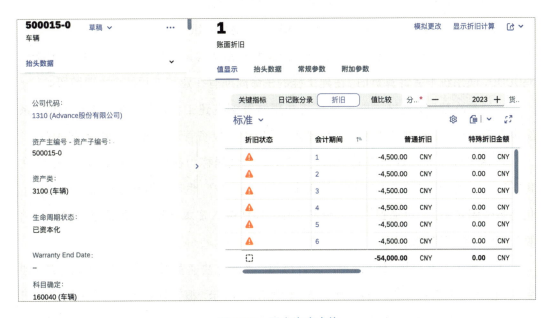

图 6.19 资产购置分录

图 6.20 固定资产卡片

的形式保存在资产主数据中,如图6.20右侧折旧表所示。折旧过账运行后,折旧金额会显示在总账科目和财务报表中。资产会计可使用"计划资产会计作业"功能提供的模板和计划选项来计划资产会计作业。

③ 固定资产处置。系统根据资产报废日期确定资产报废期间,自动确定计算资产折旧的时间。处置收益或损失结果取决于资产报废金额、价值调整金额、资产销售收到的收入。以下是过账报废的三种方式。

第一种:"过账报废(集成应收账款)"。将固定资产销售给客户,有收入和客户的报废。

第二种:"过账报废(非集成)"。固定资产被出售,但不含客户的报废。

第三种:"过账报废"。废弃资产的无收入报废。

这三种方式都支持完全报废或部分报废。

④ 固定资产转移。固定资产转移包括一个公司代码内的交易(公司内部转移)和不同公司代码之间的交易(公司间转移)。转移方法决定了资产以什么价值转移。

使用"过账转移-公司代码内"功能有两种方式。

第一种是完全转移方法,资产的历史价值自动转移到目标资产,包括取得成本及折旧信息。

第二种是净值方法,仅转移账面净值,目标资产以源资产账面净值资本化。

使用"过账转移-同一国家内的跨公司转移"功能的方式是:

新值方法,系统将目标资产的销售收入金额资本化。

(3) 在建工程。在建资产(asset under construction, AuC)在财务报表中需要单独列示,所以要单独为在建工程设立资产类和相应的总账科目,可通过选择标准折旧码0000,使系统不会计算折旧。在建工程的生命周期有在建和使用两个主要阶段。

当资产在建时,直接过账发票可将费用结算到在建工程,增加在建工程价值。系统也支持预付款,通过应付账款模块输入。可以通过投资管理管理较大的投资项目。

在建工程完成建设后将转为固定资产,这个过程称为在建工程的资本化。根据在建工程的功能,可以将整个在建工程资本化为一个资产,也可以按行项目将其分别资本化为多个固定资产。可通过"定义分配规则"功能输入资本化规则,然后通过"执行结算"功能来完成资本化步骤。

(4) 固定资产分析。使用"资产会计概览"功能可快速查看资产会计的最近交易和金额,包括与未清资产相关的采购订单,如图6.21所示。概览界面上显示的KPI磁贴可以自定义,也可以根据用户的使用习惯和需求调整。

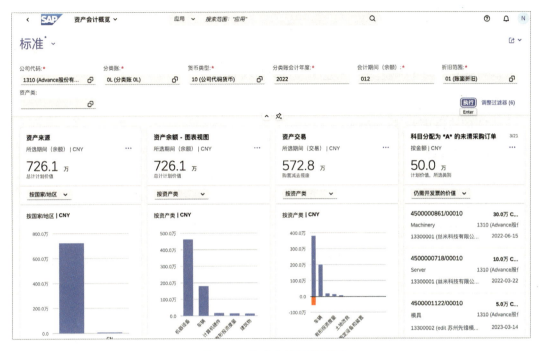

图6.21 资产会计概览界面

6.2.2 财务操作

1. 应付账款

应付账款记录并管理所有供应商的财务数据,与采购系统无缝集成,采购流程中自动创建的交货和发票会归集在对应供应商名下进行管理。通过应付账款,企业可以管理从采购流程自动创建的未清应付发票,触发的交易会自动产生相应的会计分录并过账至总账。现金管理也可以通过抓取应付账款中的发票信息,提供更准确的现金流计划。应付账款支持手工付款及系统根据发票到期日自动运行批量付款。付款程序支持所有标准支付方式(如支票或银行转账),包括纸制的或电子数据传输(文件方式或电子数据交换)。系统提供各个维度的报告,以分析管理应付账款(包括付款计划)并更高效地利用现金折扣等。

业务场景:

(1)创建直接供应商发票。

(2)创建经常性供应商发票。

(3)支付供应商款项。

(4)供应商余额确认。

(5)外币评估。

相关的业务角色:

应付账款会计(SAP_BR_AP_ACCOUNTANT)。

相关功能:

(1)创建进项发票。

(2)管理经常性供应商发票。

(3)计划应付账款作业。

(4)管理供应商项目行。

(5)管理自动付款。

(6)管理余额确认-针对供应商。

(7)执行外币评估。

(8)应付账款概览。

以下介绍应付账款相关的几个主要流程。

(1)应付账款的交易。

① 供应商发票和贷项凭证。第3章采购流程已经讲到通过"创建供应商发票"创建和过账采购订单后续的供应商发票和贷项凭证,应付账款会计将在此基础上继续管理这些供应商发票的按期付款。

对于一些直接的采购发票,如运营费用等,可以使用"创建进项发票"直接输入手工发票并将发票过账到总账。录入时需要维护抬头数据,包括确认从业务伙伴设置带来的默认的付款详细信息,输入运营费用的费用项目时,必须维护一个成本对象,如科目、成本中心,或者是内部的订单号。

例如,艾德望思的应付账款会计收到一张由丝米科技有限公司提供的一次性服务发票,没有前续采购订单,会计通过"输入供应商发票"功能输入这张6000元一次性服务发票,如图6.22所示,输入基础数据页签后,在行项目选择总账科目,直接记到相关科目,金额为借项6000元,填写完成后,单击"过账"按钮。

通过"管理日记账分录"功能可以查看系统自动生成的日记账分录,如图6.23所示。

② 经常性供应商发票。对于具有特定重复模式和规则的供应商发票,如按月支付的房租、管理费等,可以通过"管理经常性供应商发票"功能一次维护、定期过账,最大限度地减少工作量及输入错误。经常性发票可以体现在现金预测中,帮助企业更准确

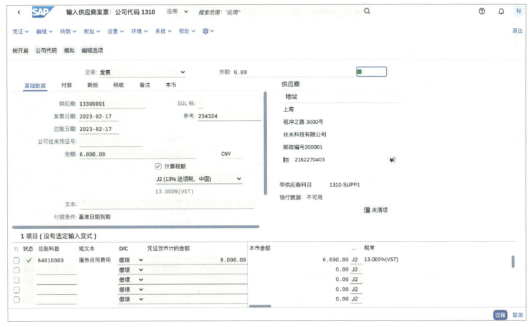

图 6.22　输入供应商发票

图 6.23　供应商发票日记账分录

地做好现金计划。"计划应付账款作业"功能可用于计划经常性供应商发票的自动过账作业。在作业参数中,可以指定所需的循环模式参数,如每周,还是每月等信息。

例如,艾德望思采购的办公室花束按月支付,每月1000元,应付账款会计在系统中输入了一笔供应商为丝米科技的经常性供应商发票,每月通过定期作业自动过账。本例中这笔计划周期1年、每月1000元的经常性发票,已经完成了3月1日的第一次过账,下次过账日期为4月1日,如图6.24所示。

③ 支付。应付账款会计可以通过"管理供应商行项目"功能查找未清发票,针对某张发票创建手动付款,也可以通过此功能设置或解除付款冻结。"管理供应商行项目"提供大量搜索条件,帮助应付账款会计轻松查找供应商交易,进行进一步处理或作为报表导出至Excel。图6.25为"管理供应商行项目"界面,列示了所有未清账款的供应商及项目余额情况,应付账款会计可以直接选中发票并单击上方"创建单一付款"来支付,输入必要的信息后,单击"创建"完成付款,系统同时自动清账,将这笔发票从未清项目中移除。

图 6.24 输入经常性供应商发票

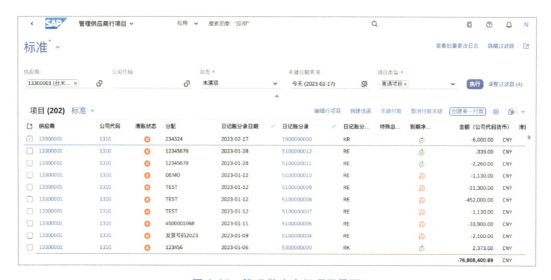

图 6.25 管理供应商行项目界面

本例中，应付账款会计准备支付前续由丝米科技有限公司提供的6000元的一次性服务发票，会计打开"管理供应商行项目"，选中这张发票，单击上方"创建单一付款"，出现图6.26所示界面。

单击右下方"创建"后，系统自动生成图6.27所示分录。

回到如图6.28所示的"管理供应商行项目"，发现发票及对应付款已清账。

图6.26 创建单一付款界面

图6.27 系统自动生成付款分录

图6.28 发票及对应付款已清账

系统也同时提供自动付款功能，帮助应付账款会计批量高效地处理近期到期的发票。这个功能通过"管理自动付款"实现。

（2）供应商余额确认。为了更高效地管理未清账款，应付账款会计月末可以通过

"应用程序作业"执行供应商余额确认作业,为供应商创建余额确认。该作业会为供应商提供对账清单,余额确认与回复请求将通过Email发送给供应商,供应商检查收到的余额信息并发送回复确认,这样就可以与供应商就未支付金额达成一致。

(3)外币评估。如果供应商科目包含外币未清项目,则需要运行外币评估。在6.2.1节已经介绍了"外币估值"功能,应付账款外币评估的运行结果如图6.29所示,美元兑换人民币汇率由7变更为6.4,则12 000.00USD产生的汇率差异为7 200.00CNY。

图 6.29 应付账款外币评估的运行结果

(4)应付账款分析。"应付账款概览"功能为应付账款会计提供应付账款的总体情况,应付账款会计可以监控应付款的健康度,最大限度地利用现金折扣,避免逾期,提高资金效率。KPI及图表可以根据用户分析需求调整,也可以直接打开某个报表查看详细信息,如图6.30所示。

图 6.30 应付账款概览界面

2. 应收账款

通过应收账款可以管理从销售流程自动创建的未清应收账款发票,还可以通过多种分析工具管理和控制未清项目,优化应收账款处理。应收账款的收款主要通过现金管理流程中的银行对账单的资金流入项,它们会自动与未清发票进行对账,用户也可以手工过账收款并清账。对于逾期账款用户可以选择手动或自动发送催款信,并可以清晰快速地查询催款历史。系统提供多种分析工具来监控应收账款,帮助用户对于收款的异常趋势进行快速响应。

业务场景:

(1)创建直接销售发票。

(2)直接收款。

(3)使用银行对账单收款。

(4)发起催款。

(5)利息计算。

相关的业务角色:

应收账款会计(SAP_BR_AR_ACCOUNTANT)。

相关功能:

(1)输入客户发票。

(2)管理客户行项目。

(3)收款过账。

(4)收款清算。

(5)催款级别分配。

(6)创建催款通知。

(7)计划利息计算作业。

(8)应收账款概览。

以下介绍应收账款的主要处理流程。

(1)客户发票和贷项凭证。绝大多数情况下,客户发票和贷项凭证由销售订单管理集成至应收账款,但有时候并没有从销售订单开始发票流程,而是在应收账款模块直接输入客户发票或贷项凭证,这种情况可以通过"创建销项发票"输入客户发票和贷项凭证。

例如,艾德望思的应收账款会计收到开具废料的发票请求,打开"输入客户发票",输入客户编码13100008,行项目上选择"其他收入"科目,单击"过账",完成发票过账,如图6.31所示。

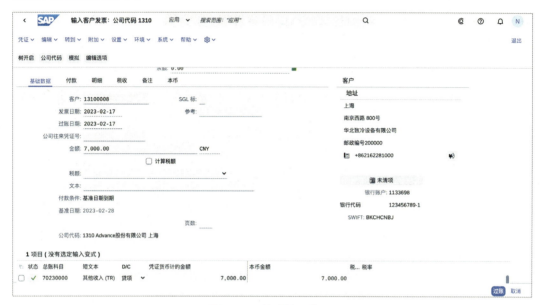

图 6.31 创建销项发票

打开"管理日记账分录",可以查看系统自动过账产生的分录,如图6.32所示。

图 6.32 系统自动过账产生的分录

打开"管理客户行项目",可以看到7000元发票已经显示在未清项,如图6.33所示。

图 6.33 未清项中的发票明细

（2）收款。SAP ERP公有云最通常的收款方式是通过银行对账单自动确认客户收款，如果有单笔收款也可以使用"收款过账"功能过账单笔收款。

例如，艾德望思的应收账款会计收到了前续废料发票的收款，打开"收款过账"，输入客户编码13100008，开户行及开户行账户，支付金额7000后，单击上方"处理未清项"后进入如图6.34所示"收款记账处理未清项"界面，激活7000元那笔金额发票，说明此金额是支付这张发票的，单击"过账"。

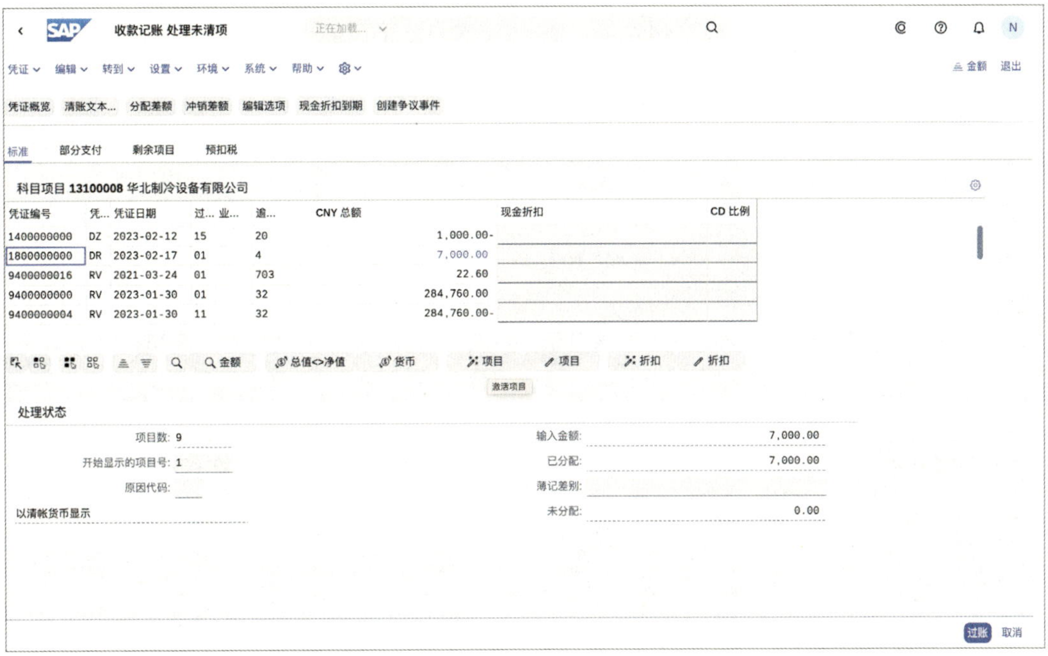

图 6.34　处理未清项界面

系统自动生成图6.35所示的收款财务分录。

图 6.35　收款财务分录

打开"管理客户行项目"，可以查看到发票与收款已清算，如图6.36所示。

如果是分别输入的发票，贷项凭证或者收款需要进行清算，可以使用图6.37所示的"清算收款"功能匹配待清算项目。

图 6.36　发票与收款已清算

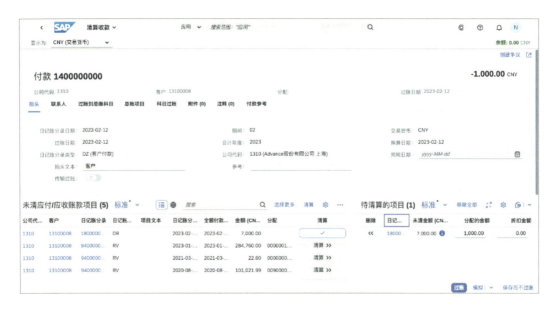

图 6.37　清算收款界面

（3）银行对账单。客户收款的主要方式为银行转账，通过输入银行对账单确认收到的客户款项。具体内容将在6.2.3节介绍。

（4）催款。系统自动分析所有未清项目，对逾期项目发起催款的功能，通过"催款级别分配"确定相应的催款级别及对应的欠款天数、催款费用和征收的利息，以及催款文本。催款历史记录可以查看已发出的催款通知，了解已发生的催款行动。利用"创建催款通知"功能可以为单个客户（单个催款通知）触发自动催款，或者通过催款程序为选定的多个客户执行自动催款。

（5）利息处理。SAP ERP公有云中包括如下利息处理功能。

① 计算利息。创建新的未清应收账款并通知客户每个逾期项目的待支付利息金额。

② 显示利息历史记录。包括创建的利息凭证、相关的逾期项目,以及利息通知函。

③ 计算增值税的利息。

④ 冲销计算的利息。

使用"计划利息计算作业"功能立即启动利息计算,或者发起后台作业。利息计算完成后,使用"管理利息计算"功能查看系统运算的结果,并执行后续处理。

(6)应收账款分析。

系统提供多维度报告帮助应收账款会计洞察监控应收账款健康度,及时进行响应或调整,可通过"应收账款概览"功能自定义显示用户最关注的应收账款信息,如图6.38所示。

图 6.38 应收账款概览

6.2.3 资金

SAP ERP公有云的资金管理能有效管理整个企业内的现金和流动性,识别、量化和管理财务风险,并根据(国际)国内会计核算原则评估金融交易风险,此外,还提供灵活的综合分析报表。

业务场景:

(1)创建银行及银行账户。

(2)创建现金计划备忘录。

(3)银行对账单的操作。

（4）流动性分析。

相关的业务角色：

现金管理专员（SAP_BR_CASH_SPECIALIST）。

相关功能：

（1）银行。

（2）管理银行账户。

（3）管理备忘录。

（4）对账现金流-当天备忘录。

（5）现金流分析器。

（6）管理收款文件。

（7）管理银行对账单。

1. 银行账户管理

通过银行账户管理功能集中管理企业的银行及银行账户，企业开立银行账户后，在SAP ERP公有云中通过"银行"创建银行信息，银行账户主数据通过链接的开户行信息，关联到财务会计中的总账科目。

基本银行账户管理的主要业务流程都可以直接映射到基本现金管理模块的功能和特性，支持维护常规主数据、创建银行层次结构、将信息导出到电子表格等，大大提升了现金管理员/出纳和经理处理日常现金业务的效率。

（1）管理银行。通过"银行"功能显示、创建和更改银行主数据，包括企业自己的开户行，客户和供应商收支所使用的银行信息，同时提供多种过滤条件帮助用户快速查找银行信息。可以利用"传输BIC数据"功能上传银行目录。银行主数据主要维护国家/地区、银行代码等银行基础信息，如果企业在该银行有账户，则需要定义开户行信息，使用它们来处理收付款交易。

图6.39所示为"银行"主数据页面，其中"中国银行北京分行"为艾德望思的开户行。除了银行名称等基本信息外，财务人员把银行代码为"123456789-1"的中国银行北京分行创建为公司"1310"的开户行"CNBK1"。

（2）管理银行账户。设立完成银行主数据，可以利用"管理银行账户"功能定义银行应开立的账户。SAP ERP公有云中银行账户的主数据包含公司代码和账户信息（IBAN或SWIFT/BIC）、关联的开户行、开户行账户，以及透支限额等关键信息。

"开户行账户连接"页签将银行账户连接至开户行账户，或连接至远程SAP或第三

图 6.39 银行主数据界面

方系统中的账户。

在总账会计中,需要总账科目来记录业务交易并进行期末过账,通过开户行账户收付款就需要将开户行账户与相应的总账科目相关联,这样收付款交易就可以过账至相应科目。所以在创建银行账户时要首先创建对应的总账科目。

对于每个开户行账户,可以使用银行统驭(对账)科目,也可以直接使用资产负债表科目。两种类型的总账科目对应两种不同的银行账户总账科目的维护方法。

① 一组总账科目用于一个银行账户。将不同资产负债表科目分配到一个开户行账户,同时为此资产负债表科目设置多个清算科目。因此,这种方式需要为每个银行账户定义一组总账科目,包括资产负债表科目及其清算科目。

② 一组总账科目用于多个银行账户。将银行统驭(对账)科目分配到多个开户行账户,还需要为此银行余额调节科目设置多个清算总账科目。这种情况下,总账科目集(包括银行统驭科目及其清算科目)可由多个开户行账户共享。

如果企业银行账户数量不多,可以直接对应到资产负债表科目,如果企业开户行众多,则建议使用银行统驭科目来减少科目数量。

前续艾德望思的财务人员创建了中国银行北京分行和开户行信息后,单击右上方"显示银行账户",即可显示图6.40所示的中国银行北京分行开户行下具体银行账户的信息。

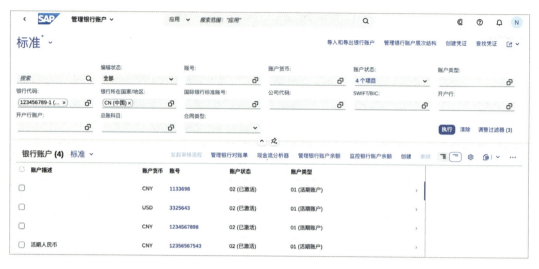

图 6.40 具体银行账户信息

单击"创建"并创建银行账号后,即可在银行账户维护界面出现账户基本信息。财务人员可在"开户行账户连接"选项卡中为此银行账户创建开户行账户 CNAC1,如图 6.41 所示。

图 6.41 创建开户行账户 CNAC1

接下来,财务人员通过开户行账户关联总账科目 11001000。这样开户行和开户行账户就可以用来收款和支付,如图 6.42 所示。

2. 现金操作管理

基本现金操作可帮助企业管理日常现金操作,包括支付、收款、备忘录(计划收付款项目),并提供当前现金头寸和流动性预测的信息。财务经理可根据预计的收款和付

图6.42　开户行账户关联总账科目

款以及手动输入的计划项目获取中期流动性预测。

(1) 管理备忘录。为了获得更准确的现金头寸和现金计划分析报告,可以将预期的收付款,即尚未在系统中生成的预期现金流,手工输入到系统里,创建备忘录信息。新建的备忘录随后会显示在现金管理应用中,如"现金流分析器"和"检查现金流项目"。

财务人员通过"管理备忘录"功能可以集中创建、删除、归档和重新激活备忘录,并可设置备忘录日期、到期自动过期,也可手动维护备忘录的"活动"或"非活动"状态。

通过"对账现金流-当天备忘录"功能手动将从当天银行对账单自动生成的当天备忘录与预测现金流进行对账。通过此功能,可以在业务结束前将当天银行对账单与预测进行比较,这样就可以及时识别未完成和未知的付款,有助于去除预测中的重复项目,从而更准确地了解现金头寸。

图6.43所示为现金管理专员在备忘录里输入一笔预计3月1日入账的收款,状态为已激活。

图6.43　向备忘录输入信息

在"现金流分析器"里可以看到这笔5000元的预计入账,如图6.44所示。

图6.44　现金流分析器中的5000元预计入账

（2）电子银行对账单。关于电子银行对账单，介绍以下几种国际公认的格式。

① 环球银行金融电信协会（SWIFT）是在全球范围内提供金融服务的机构。通常在SWIFT环境中使用的银行对账单的消息类型为MT940、MT942和MT950。

② 欧洲的SEPA CAMT环境中使用的银行对账单的消息类型是CAMT.052、CAMT.053和CAMT.054。

③ BAI2格式是由BAI（银行管理机构）开发的现金管理余额报表规范。BAI2格式在美国广泛使用。BAI2得到全球主要银行的支持，但在美国境外可用性有限。

（3）导入电子银行对账单。可以通过SAP MBC（multi-bank-connectivity）导入银行对账单，如果没有与SAP MBC的连接，也可以在SAP ERP公有云系统中手动导入电子银行对账单文件。通过"管理收款文件"功能手动上载电子银行对账单。系统根据事先定义的算法分析对账单信息，匹配应收应付未清项目，产生清算凭证及银行收支分录。

（4）手工输入银行对账单。通过"管理银行对账单"功能手动处理银行对账单，提供各开户行账户的所有银行对账单的概览以及详细信息，包括手工创建的银行对账单以及导入的银行对账单，如果发现错误，可以删除对账单，但是只能删除状态为已接收、已保存或已中止的银行对账单。已完成的项目则无法再从系统中删除，如果需要调整，需要创建冲销交易。图6.45所示为"管理银行对账单"界面，显示了开户行账户的对账单日期、期初及期末，单击向右箭头即可以查看具体项目。

图 6.45 银行对账单明细

（5）分析。通过"现金流分析器"可以集中分析所有银行账户和流动性项目按天、周、月、季度、年的现金流。通过现金流分析器，监控公司中的现金头寸并对流动性进行预测。"现金流分析器"提供"实际现金流"、"流动性预测"和"现金状态"三个预定义变式，如图6.46所示。

图6.46 现金流分析器

利用"现金流分析器"中的这些变式，除公司代码外，还可以显示业务范围、细分领域（segment）、利润中心，贸易伙伴等更多维度的分析，帮助企业更深刻地洞察业务。

6.2.4 产品成本管理

本节将学习SAP ERP公有云产品成本管理的解决方案,并以按库存批量生产（Make-to-Stock,MTS）的模式为例,介绍产品成本管理流程和重要成本业务知识点。产品成本管理流程如图6.47所示。

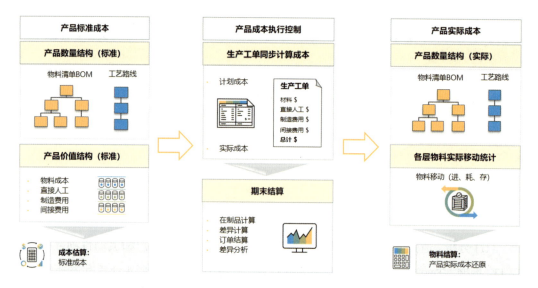

图6.47　产品成本管理流程

SAP ERP公有云的成本核算包括标准成本、目标成本、计划成本和实际成本。它们有同样的成本组成结构和相同的成本核算项目,便于不同成本分项对比和控制。

（1）标准成本。标准成本是以标准产品数量结构和价格为基础,按照产品标准生产批量进行估算的产品成本。

（2）目标成本。目标成本是进行生产成本控制的参照物。根据实际业务需要,通常可以用标准成本或计划成本为参照去控制实际成本,也可以用标准成本估算为参照去控制计划成本。

（3）计划成本。基于生产工单下达时的各项配置,包括工单的计划生产数量、下达时有效的物料清单和工序设置,以及料工费的计划价格等,系统自动计算该工单的计划生产成本。

（4）实际成本。实际成本是生产工单实际投入生产的物料成本、直接人工、制造费用和间接制造费用的总和。

下面将结合业务案例,分别对这四个成本产生、控制和管理流程进行详细介绍。成本管理的主要流程如图6.48所示。

| | | | |

产品成本组成和主数据	产品标准成本	产品成本执行控制	产品实际成本核算
• 产品组成物料成本 • 直接生产成本和制造费用 • 间接制造费用	• 产品标准成本估算 • 产品标准成本审批发布 • 标准成本发布集成影响	• 生产成本日常数据分析 • 生产成本期末处理	• 执行实际成本核算运行 • 实际成本结果分析洞察

图 6.48 成本管理主要流程

1. 产品成本组成和相关主数据

产品成本可以简单理解为由料、工、费三部分组成。

（1）料。料指生产一个产品所需要投入的原材料和半成品的成本。

（2）工。工指直接生产成本和制造费用，简单理解就是生产一个产品需要投入的直接生产成本，通常有直接人工成本和直接机器成本，特殊的还有直接消耗的能源或其他制造费用，如水、电、煤气等。

（3）费。费指间接制造费用，主要包括每月间接发生却需要企业所有产品共同承担，必须分摊到每个产品生产成本的那部分费用。如生产车间管理人员的薪酬和差旅费用、工厂厂房租金等。

下面将结合案例对产品成本组成部分详细说明。产品成本组成如表6.1所示。

表 6.1 产品成本组成

组成成分	定 义	计 算 逻 辑	相关主数据
料	产品组成物料成本	物料数量 × 物料价格	物料主数据（价格）、物料清单（BOM）
工	直接生产成本和制造费用	工时数量 × 工时价格	工艺路线、作业类型
费	间接制造费用	可按一定数量、金额的比例计算	统计关键指标

业务场景：

艾德望思计划下个月投入生产一款新产品。如第5章生产计划中提到，生产主数据管理员会在系统里完成新产品物料清单（BOM）和工艺路线（routing）的创建。在正式创建生产工单开始量产前，为了可以对这个新产品进行标准成本估算，并生成该产品的标准成本，成本会计专员需在系统中维护和检查包括成本中心、成本要素、工作中心、作业类型及统计关键指标等财务成本主数据。

相关的业务角色：

（1）成本费用会计（SAP_BR_OVERHEAD_ACCOUNTANT）。

（2）成本会计专员（SAP_BR_PRODN_ACCOUNTANT）。

相关功能：

（1）显示物料。

（2）显示物料清单。

（3）管理成本要素组。

（4）管理成本中心。

（5）管理作业类型。

（6）显示工作中心。

（7）管理统计关键指标。

本节介绍产品成本的几个主要构成部分。

（1）产品组成的物料成本。

$$产品物料成本 = 投入原材料或半成品数量 \times 投入原材料或半成品价格$$

产品生产中投入的原材料或半成品数量来自产品结构主数据，也称为物料清单。在第5章已经介绍了物料清单是构成产品或装配的数量结构清单，通过它可以准确知道生产一个产品需要投入哪些原材料或半成品，需要投入多少数量。

投入的原材料或半成品价格有标准价格和移动平均价格两种计价方式。标准价格来自于内部定期标准成本估算结果；移动平均价格则根据公式（当前移动平均价格=当前库存总价值/当前库存总数量）计算取得。

通常企业自己生产的半成品和产成品会使用标准价格，以便通过分析标准成本和实际生产成本的差异，对生产过程进行持续改善。而企业外购的原材料和其他辅料通常会使用移动平均价格，因为这些物料更需要时刻体现市场价格变化的趋势。

艾德望思生产主数据管理专员创建并维护物料清单后，财务成本会计可以通过"显示物料"查看物料清单里物料的价格和价值，如图6.49所示。

（2）直接生产成本和制造费用。直接生产成本指在产品生产过程中，与生产工单产出数量直接相关的生产成本，通常在应用中有变动成本和固定成本两种形式。后面会结合生产车间的直接人工成本和机器成本进行说明。

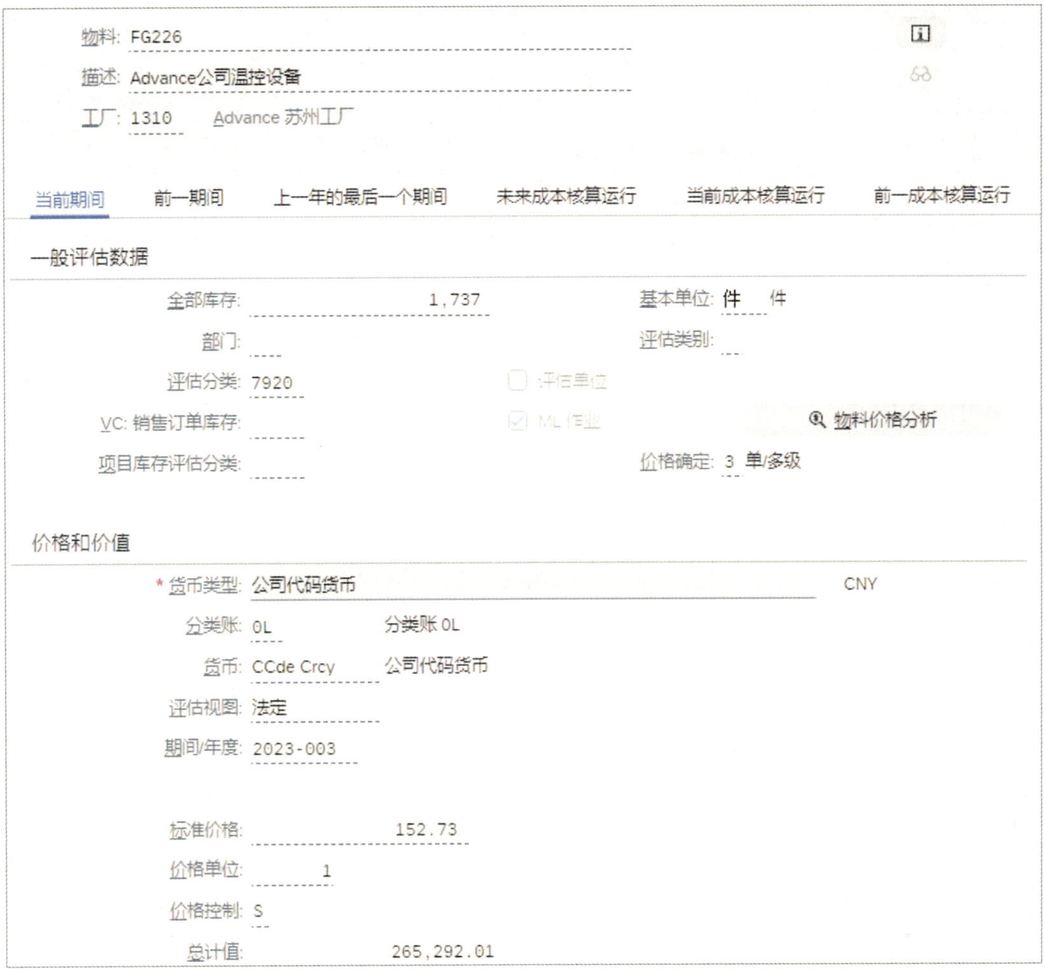

图 6.49　查看物料计价信息

在介绍直接生产成本收集和执行流程之前，先介绍以下三个相关主数据。

① 成本要素。成本要素（cost element）是科目表中与成本相关的项目，用于在整个管理会计系统中输入所有成本。成本要素是完成综合报告和详细计划的先决条件。

艾德望思的成本会计专员可以使用"管理成本要素组"功能来创建成本要素，如图6.50所示。

② 成本中心。成本中心（cost center）是管理会计中的基本责任单元，是公司内部对费用收集管理的组织，可以理解为企业内的"部门"。但在管理会计中它主要用于成本控制，通过成本中心实现费用的计划、归集、分析、分摊和考核。成本中心一般根据企业内的部门进行设置，也可以按人员设置成本中心，例如要单独分析总经理的费用，

图 6.50 创建成本要素

可以对其单独设置成本中心。

③ 作业类型。作业类型（activity type）也叫活动类型，是SAP成本管理的重要概念，也是学习SAP成本核算必须掌握的基本概念。从生产的角度，车间（工作中心）作为生产性的组织单元，提供产品的加工服务，这种服务可以细分人工工时、机械工时等，在SAP中就称为作业类型。从成本的角度，既然是服务，那就有价格，这就是作业类型的单价，也叫工费率。

艾德望思的成本会计专员可以使用"管理作业类型"功能来创建作业类型，如图6.51所示。

图 6.51 创建作业类型

直接生产成本的发生和收集是在产品生产执行过程中，基于作业类型、成本要素、成本中心和工艺路线等主数据和预定义的匹配关系，由系统自动计算完成的。

例如，艾德望思生产产品"FG226-Advance公司温控设备"的工艺流程中有一道装配工序0010，对应分配了工作中心ASSEMBLY，如图6.52所示。

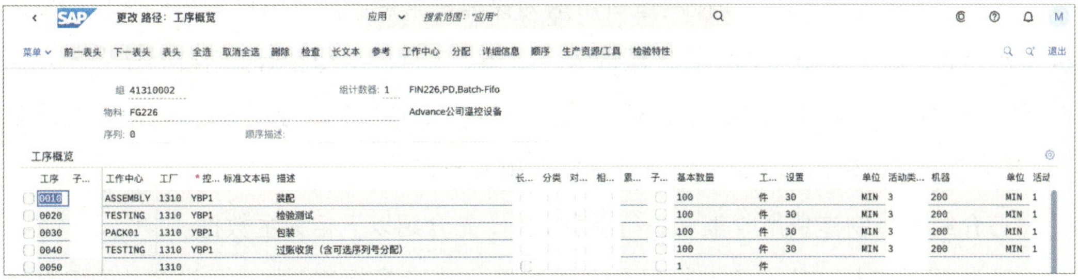

图 6.52　工艺路线的各个工序

艾德望思的生产产品工程师在使用"显示工作中心"功能创建工作中心时，会将财务经理确认的成本中心和作业类型维护到"成本核算"选项卡里，如图6.53所示。

图 6.53　显示工作中心

通过在系统里建立成本中心、作业类型和工作中心的匹配关系，确认装配工序里发生的生产设置成本、人工成本、机器成本、用电和用气成本都是从成本中心"制造1

（中国）"吸收分摊而来的。

一个成本中心可以指定给一个或多个工作中心，但多个成本中心不可以指定给一个工作中心。

（3）间接制造费用。间接制造费用指为保障正常生产而提供的服务所间接引发的成本和费用。如艾德望思车间管理层的人工成本、工厂厂房租金等。间接制造费用发生时是先通过成本中心收集，再通过预定义的统计指标按比例或数量分配到直接生产部门，最后按照"谁使用谁承担"的原则进行分摊和分配。

在介绍间接制造费用收集和执行流程之前，先介绍以下相关主数据。

统计关键指标。统计关键指标是可以数量化的度量标准，如人员数量、面积数量等。艾德望思每月底会支付一笔房租费用，会计入账时会统一记录在行政部门，一共支出30万元。最后月结时算总账，应由所有车间一起分摊，制造1车间占地2000平方米，制造2车间占地1000平方米。因此，制造1车间就分摊费用20万元，制造2车间分摊10万元，这里的"面积"就是分配费用的统计关键指标。

艾德望思的成本费用会计通过"管理统计关键指标"创建统计关键指标1003，如图6.54所示。

图6.54 创建统计关键指标

艾德望思的成本费用会计可以通过"管理分配"功能查看使用统计关键指标1003创建的成本分配规则，预设按照各车间占用厂房面积数量将房租进行分摊，如图6.55所示。

2. 产品标准成本

本节主要介绍产品标准成本的创建、审批和发布流程，包括单个产品和批量产品。标准成本是对自制产品的实际生产成本进行控制和分析的依据。通过实际生产成本和标准成本的差异分析，管理层可以了解工厂生产绩效、生产工艺能效、供应链响应能力和各种成本费用的异常。

业务场景：

艾德望思计划下月需要投入生产一款新产品，这款新产品的生产主数据已经都在

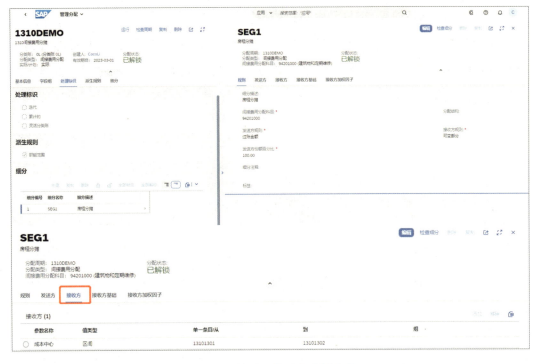

图 6.55 按照厂房面积分摊房租

系统里准备就绪。在正式创建生产工单开始量产前，公司的成本会计专员需要对这个新产品进行标准成本估算，产生的计算结果经过财务经理审批后发布生效，作为该产品的标准成本。生效的标准成本不仅可以作为产品成本价格计算当前库存价值，还可以成为后续其他成本控制的参照标准。

相关的业务角色：

（1）成本费用会计（SAP_BR_OVERHEAD_ACCOUNTANT）。

（2）成本会计专员（SAP_BR_PRODN_ACCOUNTANT）。

相关功能：

（1）创建物料成本估算。

（2）显示标准成本估算。

（3）审批物料成本估算。

（4）管理成本核算运行。

（5）编辑成本核算运行。

（6）显示物料。

接下来介绍标准成本的创建、审批与分析。

（1）为单个产品创建、审批和发布标准成本估算。

艾德望思在每个自制新产品投入生产前，财务成本会计会通过"用数量结构创建物料成本估算"功能按照物料清单、工艺路线和料、工、费的计划价格进行标准成本的估算，如图6.56所示。

图 6.56 创建物料成本估算

标准成本估算由财务经理进行审批，生成并发布产品标准成本，如图6.57所示。

图 6.57 审批物料成本估算

（2）批量产品创建、审批和发布标准成本估算。

艾德望思在每个会计期初，如每月1号，成本会计专员会通过"编辑成本核算运行"功能对产品进行批量估算、审批和发布，如图6.58所示。

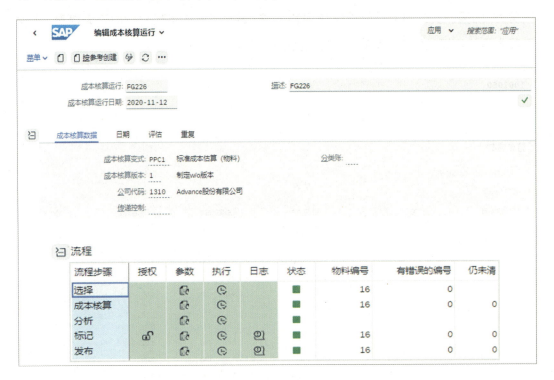

图 6.58 编辑成本核算运行

（3）产品标准成本分析、应用基本规则和影响。

如果产品计价控制采用的是标准成本，随着每个月的标准成本的更新，产品库存价值都会调整。

调整的库存价值=（新标准成本单位价格-旧标准成本单位价格）×更新当时库存数量

正负结果代表库存价值增加和减少。

标准成本也可以作为目标成本数据，在每个产品生产工单里按数量结构展开。生产工单执行过程中产生的实际成本也是按照同样数量结构展开，通过数量结构中各组成行项目的目标标准成本/数量和实际成本/数量的对比，就可以轻松了解生产过程中的各项差异的来源，帮助企业管理者优化生产管理。

例如，在艾德望思2月的生产工单1001060中，原材料消耗差异过大，造成产品单位实际成本升高。财务成本会计从"生产成本分析"发现，生产工单1001060中原材料

RM122的实际投入价值异常,远大于目标标准价值,主要来源于实际耗用数量大于标准数量。追查后才知道这是因为2月新招生产员工数量多,上岗操作失误增多,造成了原材料损耗率升高。于是在数据分析的结果提交给管理层后,人力资源部门和生产车间共同努力,加强新员工的上岗前操作培训和考核,避免了未来出现同样的资源浪费,实现了降本增效目标。生产成本差异分析如图6.59所示。

总账科目	来源	总目标成本		总实际成本		总在制品		总成本差异	
> 总账科目: 13200000 - 库存 - 在制品		0.00	CNY	0.00	CNY	0.00	CNY	0.00	CNY
∨ 总账科目: 51100000 - 消耗 - 原材料									
51100000 (消耗 - 原材料)	1310/RM120	875.00	CNY	875.00	CNY	0.00	CNY	0.00	CNY
51100000 (消耗 - 原材料)	1310/RM122	525.00	CNY	3,150.00	CNY	0.00	CNY	2,625.00	CNY
51100000 (消耗 - 原材料)	1310/RM128	1,155.00	CNY	1,155.00	CNY	0.00	CNY	0.00	CNY
51100000 (消耗 - 原材料)	1310/RM16	87.50	CNY	0.00	CNY	0.00	CNY	-87.50	CNY
51100000 (消耗 - 原材料)	1310/RM17	250.00	CNY	0.00	CNY	0.00	CNY	-250.00	CNY
51100000 (消耗 - 原材料)	1310/RM18	234.50	CNY	0.00	CNY	0.00	CNY	-234.50	CNY
51100000 (消耗 - 原材料)		3,127.00	CNY	5,180.00	CNY	0.00	CNY	2,053.00	CNY
		0.00	CNY	0.00	CNY	0.00	CNY	-5,478.68	CNY

图 6.59 生产成本差异分析

3. 产品成本分析及期末处理

本节主要介绍产品生产成本发生、计算和期末处理流程,并结合案例分别说明料、工、费如何通过生产工单发料、工时确认等操作生成成本数据记录,以及期末如何针对生产工单进行成本控制结算处理。

业务场景:

艾德望思的成本会计专员和成本费用会计需要在SAP ERP公有云中检查并执行以下业务流程。

(1)在日常和会计期末,检查和分析生产工单料、工、费投入,以及实时生成产成品成本数据。

(2)在会计期末,处理生产工单结算。

相关的业务角色:

(1) 成本费用会计 (SAP_BR_OVERHEAD_ACCOUNTANT)。

(2) 成本会计专员 (SAP_BR_PRODN_ACCOUNTANT)。

相关功能:

(1) 生产成本分析。

(2) 运行间接费用计算。

(3) 计算在制品-单个订单/集中。

(4) 运行差异计算-单个订单/按期间。

(5) 结算订单/运行实际结算订单-单个订单。

本节举例说明生产成本的分析过程及期末处理流程。

(1) 生产成本日常分析。成本会计通过"生产成本分析"功能,根据系统实时生成的投入和产出数据,监控生产执行过程中是否出现异常情况,并通过异常数据下钻到生产业务的明细记录,找到根本原因后对症下药解决问题。

例如,艾德望思的成本会计专员通过"生产成本分析"功能注意到某生产工单直接材料投入的总差异超过正常范围,于是展开行项目明细后发现主要是有一笔记录异常。于是通过下钻分析,追踪到这笔发货的业务凭证记录和物料主数据。发现原来是因为原材料主数据中的价格控制设成"S-标准成本"控制,而不是"V-移动平均价",从而导致系统里记录的价格一直没有随着市场采购价格的波动而变动,因此出现异常。

在系统操作中,成本会计通过"订单成本明细"功能可轻松看到所有的原材料发货实际值与目标值的差异,如图6.60所示。

接下来使用"显示行项目条目"功能和"显示日记账分录"功能可追溯到异常金额下对应的会计凭证,如图6.61所示。

进一步,通过"显示物料"功能在"会计1"选项卡中可以看到不匹配的价格控制"S-标准成本"和虚高的物料库存价格,如图6.62所示。

(2) 生产成本期末处理。生产工单状态是决定生产成本期末处理的重要因素之一。在介绍生产成本期末处理流程之前,先介绍几个对生产成本期末处理有重要作用的生产工单状态。

① REL(已发布)。生产工单指令已下达生效,但还没有产出产成品。

② PDLV(部分完工入库)。生产工单已经完成了部分产成品并收仓入库,生产还

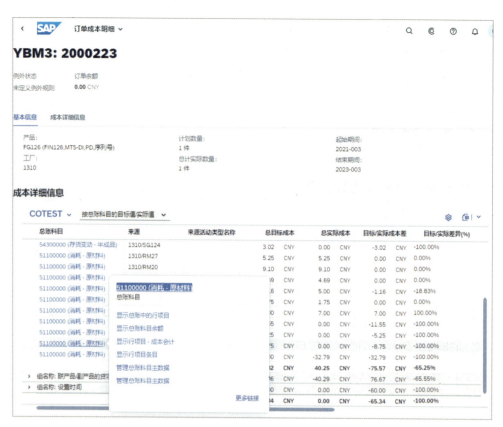

图 6.60　生产成本原材料差异分析

图 6.61　显示行项目条目下钻到显示日记账分录

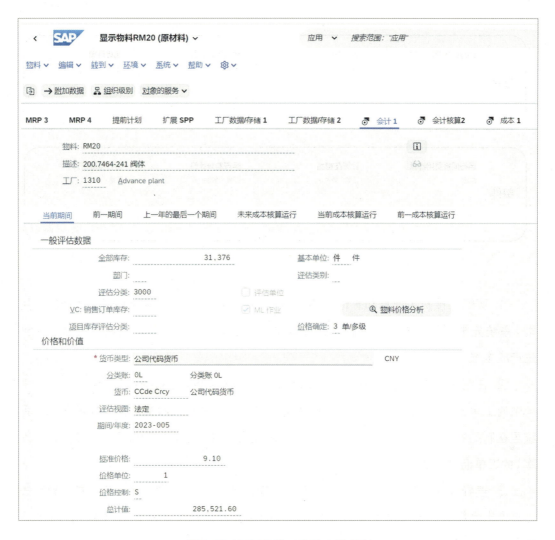

图 6.62　显示物料—会计 1 选项卡

在继续执行中。

③ DLV（全部完工入库）。生产工单已经全部完成，所有产成品已经完工入库。

④ TECO（技术完结）。生产工单已全部完工入库或部分完工入库，但因为某些原因，不再需要继续执行生产指令，通过人工干预确认，直接在生产工单上打上"技术完结"标识。

⑤ CLOSED（关闭）。生产工单完全关闭，不再执行任何生产指令，也不允许任何成本费用的调整。

生产工单期末的处理流程，包括了实际间接费用计算和重估、在制品WIP计算和运行、差异计算和运行、订单结算等。流程包括批量处理和单件处理两种，如图6.63所示。

图 6.63　生产成本期末生产工单批量和单件处理流程

① 实际间接费用计算和重估。实际间接费用计算和重估主要针对间接费用的费用率。系统先根据实际发生费用和统计数量重新计算，然后再将实际间接费用率更新到生产成本里。

② 在制品计算和运行。在制品（work in process，WIP）金额指每个期末，还在生产中的工单里，已经投入的料、工、费总额和该工单已生产入库的产品金额的差额。系统里在制品的计算主要是针对月底生产工单状态是REL（已发布）和PDLV（部分完工入库）的工单而进行的。

③ 差异计算和运行。针对已经全部完工确认的生产工单，投入料、工、费总额减去生产产出金额的结果就是差异。系统里差异的计算和运行主要是针对月底生产工单状态是DLV（全部完工入库）和TECO（技术完结）的工单而进行的。

④ 订单结算。当在制品计算和差异计算完成后，系统对除了生产工单状态CLOSED（关闭）以外的所有工单都会进行结算，并将计算的结果分别过账到财务的在制品和差异科目。

如果是"基于事件"的生产成本处理模式，则不需要做任何的执行动作，系统会根据会计期末生产工单的状态自动处理。"基于事件"处理模式下的"未处理"生产工单的生产成本分析如图6.64所示。

"基于事件"处理模式下的"已关闭"的（包括全部完工、技术完结）生产工单的结算差异，如图6.65所示。

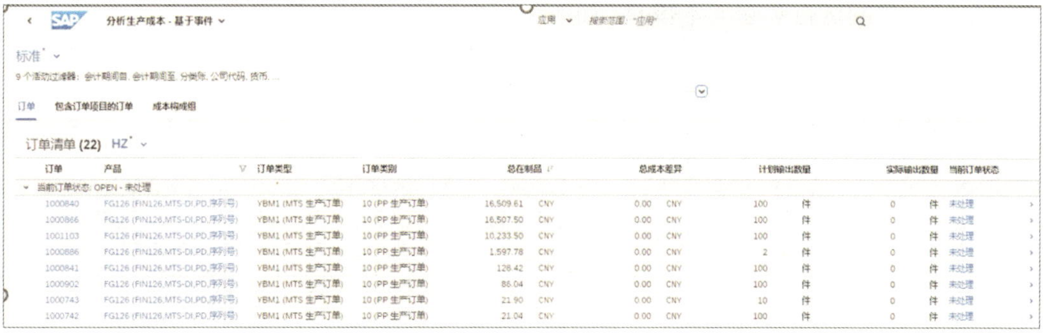

图 6.64　未处理状态的工单清单

图 6.65　已关闭状态的工单清单

4. 产品实际成本核算

本节主要学习和理解SAP ERP公有云系统产品实际成本核算的流程和逻辑。实际成本核算（也称为实际成本还原）主要是对日常运营流程中以标准成本计价的物料，在期末进行实际成本计算并调整相关成本和库存价值的财务管理流程。

业务场景：

艾德望思的成本会计专员在SAP ERP公有云系统编辑和执行实际成本核算运行后，并针对产品"FG226-Advance公司温控设备"实际成本结果进行分析和检查。

相关的业务角色：

（1）成本费用会计（SAP_BR_OVERHEAD_ACCOUNTANT）。

（2）成本会计专员（SAP_BR_PRODN_ACCOUNTANT）。

相关功能：

（1）编辑实际成本核算运行。

（2）显示物料。

执行实际成本核算运行是通过"编辑实际成本核算运行"功能里标准的流程步骤

对每个会计期间进行实际成本核算,如图6.66所示。

图 6.66　编辑实际成本核算运行中的流程步骤

SAP ERP公有云系统会在业务执行流程中自动收集生产成本,并通过以下公式计算产品实际成本和作业类型实际价格。

计算和重估后的产品实际成本=所属期间标准成本+所属期间生产成本差异(包括产品本层产生差异和耗用的下层半成品分摊的差异)。

计算和重估后的作业类型实际价格=所属期间作业类型所对应的实际发生的总金额÷对应期间相应作业类型实际发生的作业数量。

艾德望思的成本会计专员在进行了实际成本核算后,产品"FG226-Advance公司温控设备"的实际成本随之更新,如图6.67所示。

6.3　财务分析洞察

财务管理人员除了需要掌握各业务流程中内嵌的分析功能,还需要掌握公司整体的经营绩效,并为决策层提供建议。SAP ERP公有云提供了公司整体运营和财务状况的实时分析,如销售收入分析、毛利分析、成本细分分析等。实时准确的经营分析可以帮助企业决策层及时掌握企业经营状况和业务发展的健康度。

6.3.1　销售会计核算

销售利润是反映企业经营状况的至关重要的指标。通过利润数据,可以分析公司各类细分业务的利润和边际收益,根据产品、客户、产品组等任意组合查看信息,从而

图 6.67 实际成本的核算结果

了解哪些客户为企业贡献了更大的利润，或者哪些产品不受欢迎，应该淘汰或改进。

SAP ERP公有云拥有强大的获利能力分析功能。通过获利能力分析，企业经营管理人员可以更深入地了解产品、客户、订单或业务单元（如销售组织）等细分市场的获利能力，并从市场导向的角度结合成本会计，提供支持销售计划、产品管理和公司决策的重要信息。

打开"销售会计核算概览"，访问"销售会计核算"中的关键信息和KPI，并深入了解当前趋势。页面中每个卡片都是一个独立的分析功能，用户可以单击进入，并根据各种筛选条件查看分析结果，也可通过拖放的方式重新排列卡片来调整视图，如图6.68所示。

以"新接销售订单"应用为例，根据会计核算的要求，即使一个销售订单已被确认，在交付货物之前，系统是不会生成财务分录的。但SAP ERP公有云有预测会计核算功能，可以根据销售订单登记预测发货和预测发票，扩展分类账OE（承诺/订单条目）能捕获这些未来会发生的交易，为管理者提供未来的销售收入预测。

管理人员在"新接销售订单"中，使用销售订单和发货中的数据来模拟相应发票并进行预测，如图6.69所示。

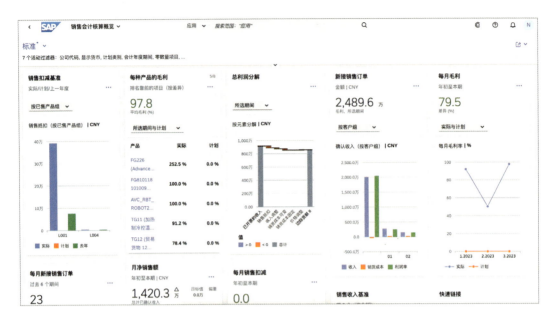

图 6.68 销售会计核算概览界面

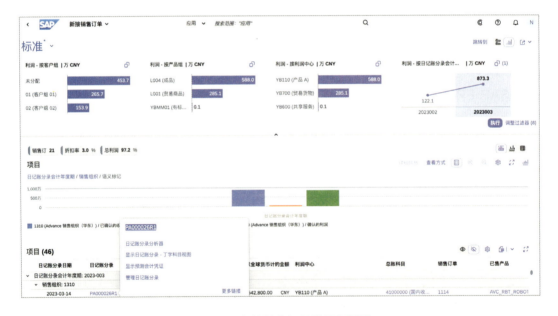

图 6.69 新接销售订单的信息界面

在顶部可以看到对"新接销售订单"的最初分析,如按客户组、产品组、利润中心和日记账分录期间给出的利润统计。要查看所有交易,可在日记账分录会计年度期间上选择"展开节点"→"销售组织"来打开导航树。创建销售订单时,预测会计会模拟相应的发货和发票。模拟结果作为日记账分录存储在扩展分类账中。

基于预测会计的销售会计核算，企业可以提前了解客户、产品、组织等各维度的获利能力信息，指导企业的经营决策。

6.3.2 生产成本分析

分析完企业的盈利能力，来看看生产成本的构成。打开"分析成本（按工作中心/工序）"，选择过滤需要分析的项目，单击"执行"后，可以看到各个工作中心的计划成本及实际成本情况，选中需要分析的成本中心，可以查看其对应的工单构成，最终可以下钻到明细的工单，如图6.70所示。

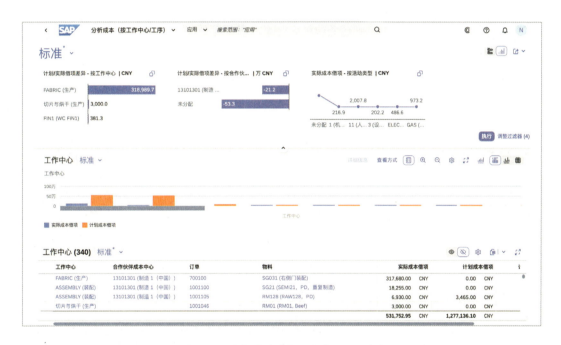

图 6.70 分析成本（按工作中心/工序）

"分析成本（按工作中心/工序）"是企业高效洞察生产成本的重要工具，使用户可以时刻了解每个工作中心或操作的生产能力以及生产成本的计划/实际差异。它提供了详细的成本信息和活动信息，包括特定工作中心或操作发生的实际成本，因此可以进一步跟踪业务活动信息。通过灵活的导航，用户可以查看在特定工作中心或操作下生成的订单，检查成本是否得到如实反映，从而有效解决问题。

这款分析工具展示了每个工作中心/操作的生产能力，用户可以基于提供的信息，分析每个工作中心差异形成的原因，策划合适的应对措施。进而提高生产效率。

6.3.3 成本中心预算

成本中心预算编制是一个组织内部的财务管理过程，旨在规划和控制特定成本中心的经济活动和支出，关注执行情况，跟踪实际支出和经济活动与预算计划的差异，并及时采取调整措施以进行预算控制。

"成本中心预算报表"使用户可以及时查看成本中心的预算执行情况，可显示总预算、实际发生、承诺金额以及剩余可用预算，如图6.71所示。

图 6.71 成本中心预算报表

"成本中心预算报表"提供多个过滤条件，如公司代码、会计年度、成本中心、科目组等，可以快速筛选出用户关注的信息。报表显示预算的计划数据、实际发生额以及已承诺金额。除了默认视图，用户还可以增加分析维度，更改显示图示，按需导航至实际成本和承诺的明细行项目。

"成本中心预算报表"可帮助企业高效管理成本、追踪费用支出、优化业务决策。

（1）高效管理成本。预算报表包含了所有需要预算控制的成本中心的预算使用情况，通过识别成本结构中的偏差来监控进展情况，并做出必要的调整，为公司创造更高的效益。

（2）追踪费用支出。预算报表可下钻至明细支出项目，协助管理层更好地管理资金，及时发现和纠正潜在的预算问题。

（3）优化业务决策。成本中心预算可以帮助企业的管理层更好地了解每个成本中心的数据和运营情况,从而更好地优化业务决策,提高企业的管理效率,减少财务浪费,也可以提升企业的生产效率和竞争力。

6.4 财务智能场景

SAP ERP公有云区别于传统ERP的显著特点是划时代地采用了众多基于智能技术的解决方案和应用,在财务领域,这点尤为突出。

SAP Cash Application由多种有助于现金应用流程自动化的智能服务组成,包括自动对账(将收款银行对账单行项目映射到未清账的应收账款项目或科目),从非结构化付款通知单中自动提取信息,以及提供可配置的自动清算建议。

业务场景:

艾德望思的"从销售订单到收款"流程的最后一步是收取款项。在系统里,通过人工处理收款的流程通常耗时耗力、容易出错。因为财务人员需要手工核对收到的款项,并匹配对应发票以及相应的应收账款。而由于一笔收款可能对应多张发票,或者仅仅是一张发票的部分收款,因此匹配起来并不容易。当公司业务达到一定规模后,每天需要处理的款项很多,手工核对是对财务人员宝贵时间的巨大浪费。这种手动清账工作可能会延误应收账款部门跟进逾期发票,从而导致增加应收账款周转天数和增加一些款项的注销风险。

虽然艾德望思可以设置自动匹配规则来减少相应的人力支出,但是这种方法的有效性通常会随着时间的推移而逐渐下降。而且按照统计结果,自动匹配规则大概只能覆盖30%的场景,剩下的70%仍然需要人工处理。

相关的业务角色:

(1)应收账款会计(SAP_BR_AR_ACCOUNTANT)。

(2)应收账款经理(SAP_BR_AR_MANAGER)。

相关功能:

(1)管理银行对账单。

(2)管理处理规则-银行对账单。

(3)重处理银行对账单行项目。

加入了机器学习的SAP Cash Application解决方案是SAP ERP公有云对上述场景的有效应对,其简化流程如图6.72所示。

图6.72　Cash Application解决方案的简化流程

在Cash Application场景下，机器学习通过学习财务人员过去的手动操作行为来训练匹配引擎，并自动生成新的匹配规则。财务人员通过定期训练该模型，可以确保捕获不断变化的行为，从而调整模型。打开"重处理银行对账单行项目"应用，如图6.73所示。

图6.73　基于机器学习的清账建议

在该应用中，可以查询清账建议的详情，如图6.74所示。

在机器学习的过程中，系统自动生成新的匹配规则，如图6.75所示。

这样，在SAP ERP公有云收到新的银行对账单时，可以将银行对账单与未清账应收账款一起传递到匹配引擎，匹配引擎可以基于机器学习模型自动匹配绝大多数款项并自动清账，而无须手动定义详细规则。对于剩下不能自动匹配的项目也可以生成建议，由财务人员进行审核，以决定下一步的处理。

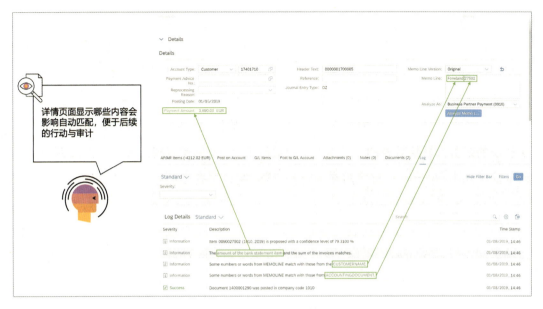

图 6.74 清账建议的详情页面

图 6.75 自动生成新的匹配规则

智能场景小结

SAP Cash Application是一种基于人工智能和机器学习的应收账款自动化解决方

案。它可以帮助艾德望思更有效地管理应收账款，提高财务运营的效率。

（1）提高处理效率，降低出错率。通过使用先进的人工智能和机器学习技术，SAP Cash Application可以自动匹配和清算应收账款，从而极大地提高了处理效率。同时，这种自动化方式减少了人为错误，降低了出错率，确保了财务数据的准确性。

（2）释放财务人员的时间，专注于更有价值的活动。SAP Cash Application将艾德望思的财务人员从繁重的手工作业中解放出来，让他们可以将更多的精力投入到更有价值的活动中，如分析和解决潜在的财务问题，制订更有效的财务策略等。

（3）缩短应收账款周转天数，改善现金流。通过自动化处理应收账款，SAP Cash Application可以加快应收账款的回收速度，缩短艾德望思的应收账款周转天数。这将有助于改善艾德望思的现金流，为艾德望思提供更稳定的现金来源，以支持其运营和发展。

（4）增加企业流动性，改善客户服务。SAP Cash Application通过自动化处理应收账款，有助于提高客户服务水平，更快地响应客户的财务查询，提供更及时、准确的信息，从而提高客户满意度。

简要概括，SAP Cash Application为企业提供了一个高效、准确的应收账款管理解决方案，它利用人工智能和机器学习技术，帮助企业提高财务运营效率、改善现金流、增加流动性，以及提高客户服务水平。

第 7 章 CHAPTER 7
专业服务项目管理

SAP ERP公有云专业服务项目管理解决方案是一个实时透明的一体化项目管理平台，面向以提供专业知识和服务为主的项目型公司，无缝整合公司各部门的业务活动，如项目管理、资源管理、采购管理、销售管理及财务管理等，致力于帮助企业实现高效的项目管理，提升业务执行效率，降低项目管理成本。

本章介绍专业服务项目管理的主要应用场景与业务流程。

学习目标

- 学习专业服务项目管理的核心流程与主要功能；
- 理解项目管理解决方案的管理价值；
- 了解项目管理相关的智能场景。

业务范围

SAP ERP公有云专业服务解决方案以项目管理为中心，涵盖了项目过程管理、收入和开票管理及资源管理等核心流程，并和机会管理、人才管理等其他SAP解决方案共同构成了一套完整的端到端的项目管理解决方案，其业务范围如图7.1所示。

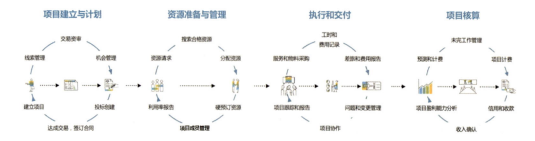

图 7.1 专业服务管理的业务范围

其中项目管理核心功能概述如下。

（1）销售和计划项目。公司和客户签订项目合同后，项目经理建立项目、规划项目周期、计划项目任务、组建项目团队、编制项目预算等。

（2）招募和人员配备。针对每项工作需要的技能，结合可用资源情况，项目经理将具体的项目任务分配给项目组成员，并进行资源预留等。

（3）执行和交付。项目团队完成项目任务，记录工时及各项费用；项目经理确保项目进度有序推进，及时解决问题，保障项目协同合作，并定期汇报项目完成情况，包括项目执行进度、投入及产出等。

（4）项目结算。财务人员负责处理项目预收账款和应收账款、关键节点的项目开票及后续跟进收款等，并能够根据收入与费用配比原则进行收入确认，及时执行项目成本核算和利润分析。

7.1 主数据与项目角色

SAP ERP公有云专业服务解决方案主要服务于以人力为主要成本的专业项目管理公司，帮助客户将正确的资源在正确的时间部署到合适的项目上，并实时分析项目的绩效和获利能力。SAP ERP公有云管理的项目包括客户项目和内部项目。客户项目指向客户提供服务的项目，根据合同约定进行开票和收款，财务上根据一定的规则确认收入和成本；而内部项目是类似研发项目这样的企业内部的项目，以成本收集和过程管理为主要目标。

本节着重介绍面向客户的项目管理。

7.1.1 专业服务项目主数据

1. 客户项目

建立客户项目是项目管理的基础。客户项目包含项目周期、交付内容、活动类型、项目角色等重要的数据,以支持项目团队进行资源计划、工作记录、进度管理等工作。

与财务相关的基础数据包括人力成本单价、物料成本单价、服务报价单价、成本和收入科目等。基于这些信息,财务可根据项目已发生的时间和数量(包括外部服务)开具客户发票并确认销售收入。发票可以基于不同事件进行开具,事件包括项目消耗的工时或物料、固定成本或周期性的服务等。

2. 项目服务阶段

每个项目由不同的项目阶段及其对应的活动所组成,如表7.1所示。

表 7.1 项目阶段和主要活动

项目阶段	主要活动
计划中	制订项目范围的常规计划; 定义工作包; 建立必要的项目角色和(临时)员工的人员配备; 费用初步估算; 收集所有相关信息
合同准备	已添加"开票"标签; 将包含合同类型信息的工作包分配到开票项目; 定义开票计划
项目执行	确定资源分配; 记录工时、物料采购、差旅等费用; 对开票项目进行审核和决定
已完成	此阶段表示工作已交付完成,但财务结算(客户/供应商发票)仍未完成。 用户将无法再记录工时,但仍可执行发票处理、费用过账、成本入账等
已关闭	项目关闭后,无法再执行财务过账

3. 项目结构

项目结构派生自所在的项目阶段,包含三级结构,即项目、工作包和工作项目,其中项目由工作包(基于时间或计量单位)组成,每个工作包中都包含若干工作项目。基本的三级结构在项目计划阶段建立。当项目进行到合同准备阶段,并创建开票计划后,项目抬头将直接创建销售订单,并且销售订单行与开票项目相关联。图7.2显示了一个项目结构示例。

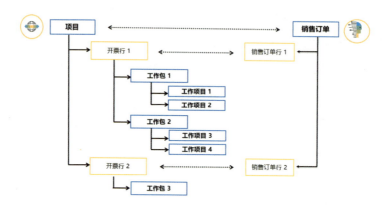

图 7.2　项目结构示例

4. 项目服务费用类型

项目组可以基于工作包输入项目中产生的费用,系统预设的标准费用类型包括住宿、机票、地面交通和餐饮等。

5. 项目服务合同类型

典型的项目服务合同类型如表7.2所示,合同类型决定了项目开票的模式。

表 7.2　合同类型

服务合同类型	服务工作包示例
固定价格	工作包:蓝图设计
时间和费用	工作包:业务实现、流程测试
定期服务	工作包:维护工作
定期服务(基于使用量的开票)	工作包:许可证购买

7.1.2　项目角色与职责

项目角色主要包含项目经理、资源经理和财务会计等。各项目角色根据对应职责与权限访问项目,查看工作内容,执行与客户项目相关的关键活动,包括项目计划、项目执行、项目监控、项目收入和利润确定等。

项目中的管理流程相对复杂,需要不同的角色合作完成。客户项目管理中不同的项目角色及其各自负责的工作内容如图7.3所示。

图 7.3 专业服务项目管理中的主要项目角色

7.2 专业服务业务流程

SAP ERP公有云专业服务解决方案是一个集成的项目管理平台,可以帮助企业快速创建和计划客户项目、搜索和分配可用资源、管理和监控项目执行以及处理不同的开票场景。通过将销售订单与项目管理集成,企业可以创建发票,并根据项目成本和收入配比原则,执行收入确认并评估项目获利能力。

艾德望思咨询服务公司既可以通过自己的员工交付项目,也可以购买外部员工的服务。外部员工的服务可以借助系统中的采购审批流程进行采购。内部员工和外部员工在系统中记录实际服务于客户项目的工作时间,并添加各类注释进行说明,以方便项目经理进行审批。当然,一些常规的工作记录也可以设置为"不需要审批"。

项目进行到一定阶段时,项目经理可以基于当前项目中的所有未清开票数据,准备开票建议清单。开票建议指开票计划项目的汇总,同一项目的多个开票建议可以合并创建开票请求以进行后续处理和开票。

收到项目经理的开票建议清单后,开票员进行检查并创建销售发票。后续由财务人员进行收入确认。

以上客户项目的管理流程归纳为项目计划、项目执行和项目结算,如图7.4所示。

图 7.4 专业服务项目管理流程

下面结合艾德望思的项目管理案例,详细介绍项目各阶段的业务流程。

7.2.1 项目计划

业务场景:

艾德望思的项目经理根据客户的需求和内部资源的情况,建立一个新的客户项目"温控设备设计方案",同时他需要定义项目的主要工作,如项目周期、角色配备、成本计划、开票计划等,以便合理规划项目任务、人员、成本、产出和收入等。

项目角色:

项目经理(SAP_BR_PROJECT_MANAGER_PROF)。

相关功能:

(1)创建客户项目。

(2)计划客户项目。

1. 创建客户项目

项目管理的起点是先在系统里创建一个项目,并保存项目的基本信息,如该项目对应的服务组织、成本中心、利润中心、项目经理、工作包、货币和日期等。项目经理可以为项目组成员指定额外的项目角色,比如项目伙伴、项目会计、项目总监等。具备这些项目角色的用户可以查询或编辑项目计划。同时,项目经理可以通过设置"公开项目参数"来决定项目内容是否可以被其他项目的项目经理搜索或查询。

为了防止业务上的潜在冲突,系统在项目经理创建客户项目时,会自动做一些信息验证和过滤工作,例如,在客户列表中,仅显示该项目服务组织的销售范围所许可的客户记录。这些验证功能得益于项目管理与销售、采购、财务等业务的紧密集成。需要注意的是,客户项目一旦被创建,项目标识、客户名称、服务组织或利润中心等信息将无法更改。

除了标准功能,SAP ERP公有云为关键用户提供了很多灵活的增强功能,以支持项目的个性化管理。项目经理可以自定义资源,增强界面功能与业务逻辑,如项目经理可以在表单和表格添加额外字段;重分类或重命名字段;隐藏特定字段等。

本例中,艾德望思的项目经理使用"创建客户项目"功能来建立一个新的客户项目,并录入一些关键信息与配置信息,如服务组织、成本中心和利润中心等。"创建客户项目"的界面如图7.5所示。

图 7.5　创建客户项目的界面

2. 计划客户项目

"凡事预则立，不预则废"，好的计划是项目成功的开始，计划项目是项目管理的关键阶段。项目经理需要制订一份能够同时满足项目的质量要求和交付进度要求，并能将成本控制在预算范围内的项目计划。

项目经理通过"计划客户项目"功能建立项目工作包、制订成本和收入计划、计划资源分配、定义开票项等。以下详细介绍项目计划中的主要工作内容。

（1）建立工作包。项目工作包中定义了工作的范围与交付的服务。工作包的类型有基于时间来统计的工作，如按小时交付的咨询服务；也有基于计量单位来统计的工作，如编制一定数量的报告模板。有一点要注意，计量工作量用于开票或计算项目收入，而项目工作量用于计算项目成本。

在艾德望思的案例中，项目经理为客户的"温控设备设计方案"项目定义了需求调研、方案蓝图、方案验证和方案交付四个项目工作包，并针对每个工作包进一步定义工作项、工作量和持续时间等。这四个工作包组成了本项目的工作结构，如图7.6所示。

工作包建立后也可以被删除，但前提条件是此类工作包尚未记录任何实际工时，并且没有任何费用过账。

在团队计划方面，项目经理需要为每个工作包指定需要的项目角色、技能、工作量并估算相关的费用等。项目经理也需要管理工作包相关文档，以满足项目组、客户、财务、审计的各项要求。项目团队计划如图7.7所示。

图 7.6 项目经理建立工作包计划

图 7.7 分配项目角色和计划团队工作量

（2）制订成本计划与服务价格清单。控制项目成本是项目经理一项非常重要的工作，并在很大程度上决定了项目最终是否盈利。影响项目成本的因素一方面是项目的工作量，另一方面是成本中心或资源所对应的成本价格。若未启用资源管理，成本价格按照项目或交付组织的成本中心的价格进行计算；若已经启用资源管理，则采用为角色配置的成本费率或已配置资源的人员费率作为成本单价。项目经理应根据成本中心或资源的费率，以及各个工作包中的项目工作量，提前做好成本计划，并定期监控成本的发生情况。

服务价格是影响项目是否盈利的另一个关键因素，项目经理可以维护项目特定价格以管理收入与毛利。项目经理先查询项目中各项服务的默认标准价格,如果客户项目有效期在标准服务价格有效期范围内,系统会显示标准价格。如果标准价格的定价不适用于本项目,项目经理或订单管理专员可以定义项目特定价格从而改写标准价格,以满足项目的需求。

(3)建立资源计划。专业服务项目成功的关键因素就是用对人。项目经理可以基于每个工作包对技能和时间的需求为项目角色分配合适的资源。

当项目计划完成后,艾德望思的项目经理把项目状态从"计划中"改为"合同准备",并开始建立资源计划。系统为项目经理或资源经理提供便捷的资源查询,如员工的联系信息、工作地点、技能、过往项目经验等。项目经理还可查询工作包持续时间内的员工可用时间;雇佣关系结束时间早于工作包结束时间的员工;每个日历年度内,员工每月的时间(按小时或天)可用性等。如果启用资源管理,系统还可以基于员工每天的工作时间计算资源可用性,此时人员配置将由资源经理执行。

项目经理通过配置资源的链接,搜索合适的人员,并将其指定到项目。对于特定资源需求,项目经理可以通过申请资源的链接,向资源经理申请项目角色需要的特定资源。资源经理收到此申请后,可以进行资源查找与配置。

艾德望思的项目经理确定好资源人选后,在系统中把每个资源分配到对应的工作包,并进一步计划该资源对应的工作量,如图7.8所示。

图7.8　为项目工作包定义资源及工作量

(4)开票计划。有序的开票计划可以提示财务部门按期向客户开具发票并及时收款,以提升现金流周转效率。在项目的合同准备阶段,项目经理可以建立和编辑项目开票信息,为开票计划做准备。

首先,艾德望思的项目经理需要建立一个或多个开票项。对于每个开票项,需执行以下几个步骤:

① 选择合同类型。合同类型反映了客户项目的费用结算方式,分为固定价格、时间和费用、定期服务结算等不同类型。不同的开票项可以选择不同的合同类型。

② 检查开票项对应的默认物料与物料描述。由于开票项将对应销售订单中的订单项,因此开票项对应的物料描述应尽量描述准确,以符合业务需求。如果希望使用一个系统中尚不存在的物料,可以通过"产品主数据"功能创建新物料。同时,在产品主数据的分销链详细设置中,需要选择正确的类别组(category group):PSFP(固定合同价格)、PSTE(时间和费用合同)或者PSPS(定期服务合同)等,以确保客户合同可以使用此新建物料。

③ 将各工作包分配给开票项。系统自动将所有的工作包分配给第一个开票项。如果项目包含多个开票项,则需要重新分配工作包,以保证为每个开票项至少分配一个工作包,但同一个工作包只能指定给一个开票项。注意,不能移除已经指定了开票项并产生了单据(比如借项凭证申请)的工作包。

④ 检查利润中心。系统默认使用项目的利润中心设置每个开票项。当项目状态为合同准备或执行中时,可以修改开票项的利润中心,但需要选择有效期内的利润中心,即利润中心的开始和结束周期应覆盖项目的开始和结束周期。一旦开票项生成了业务单据,如借项凭证申请等,则不能再修改该开票项的利润中心。当工作包被重新分配给一个不同利润中心的开票项后,该工作包的利润中心亦随之更改。

⑤ 录入开票金额相关信息。相关信息包括待开票金额、金额上限、开票触发条件等。如果合同中包含可以单独销售的物料或服务(即与收入会计相关的物料),根据IFRS要求,需要指定该物料单独出售的价格,并且不能修改。

艾德望思的项目经理在系统中定义的客户项目开票项如图7.9所示。

在开票项清单中,可以查询更多信息,如计划收入、开票项状态和项目细分结构(WBS)等。如果需要拒绝开票或修改其他订单相关明细信息,需要切换到销售订单进行操作。随着项目计划细节定义完成,系统从业务角度可以自动汇总工作量,同时计算

图 7.9　项目经理在系统中定义的客户项目开票项

财务计划成本和计划收入。

当项目经理创建并保存至少一条开票项时，系统就会创建一个销售订单，每个开票项对应销售订单的一个订单行。项目经理也可以输入客户参考信息（如客户下达的采购订单编号）和日期，并保存在销售订单中，从而便于业务人员对关联业务进行搜索。

当开票项建立完成后，项目经理就可以建立开票计划。开票计划是针对每个开票项进行一次开票或多次开票的排期。开票计划包含供内部使用的开票说明，开票金额以及开票到期日期等。如果希望基于一定的时间间隔重复开票，如按月、按季度进行开票，系统会基于开票周期，自动创建周期性的开票计划。

当一个开票项对应的是"时间和费用"类型的合同时，可以为该开票项定义金额上限，并设置一个阈值以便快速发现潜在问题。项目进行中，项目经理需要对比金额上限来监控可开票的收入情况，系统提供以下几个相关指标。

（1）净金额上限。净金额上限指净开票金额的上限。

（2）上限使用金额。上限使用金额指需开票的工作量中已过账的金额。

（3）上限使用百分比。上限使用百分比是"上限使用金额"占"净金额上限"的百分比。

（4）成本完成百分比。成本完成百分比指实际可开票工作量的成本占对应工作包的总计划成本的百分比。

7.2.2 项目执行

项目执行是否高效直接决定了项目能否如期完成并实现预期利润。本节重点讲解企业如何借助项目管理平台敏捷高效地执行项目任务。

业务场景：

项目下达后，项目状态由"合同准备"更改为"执行中"。艾德望思的资源经理实时查看资源使用情况，确保资源的合理使用；项目组成员根据分配的任务实时记录工作完成情况，如完成的工时、产生的费用及相关采购订单的完成情况；项目经理监控项目执行状态，了解项目进度、效率、费用等各项指标，根据需要进行项目资源调配。

项目角色：

（1）项目经理（SAP_BR_PROJECT_MANAGER_PROF）。

（2）资源经理（SAP_BR_RESOURCE_MANAGER）。

（3）员工（项目组成员）（SAP_BR_EMPLOYEE）。

（4）采购员（SAP_BR_PURCHASER）。

相关功能：

（1）项目资源管理。

（2）管理采购订单。

（3）采购收货确认。

（4）供应商发票。

（5）时间记录。

1. 资源管理

由于一个公司通常有很多项目在同时进行，为了提升效率，资源经理通常会优先关注资源使用异常的项目。那么资源经理是如何快速判定异常的资源使用呢？这里就要讲一个"阈值"的概念。阈值类似一个临界期间或临界值，一旦资源使用状态达到或超过阈值，就需要引起资源经理的特别关注并进行相应处理。阈值的定义适用于所有资源管理的应用。

表7.3列出了几个常用阈值及其含义。如果项目经理或资源经理未设置阈值，系统会使用默认阈值来提示资源的使用情况。

表7.3中提到的资源请求表示需要为某个工作包对应的项目角色分配具体资源。由于一个工作包可能需要多个角色，因此，相同项目工作包可能会显示多个资源请求。资

表7.3 常用阈值示例

阈 值	含 义	默认值
到期期间	确定资源请求何时到期。到期期间的计算规则：当前日期加上指定周数。该期间内发生的资源请求在超出了到期期间时，即被视为到期	4周
逾期期间	确定资源请求何时逾期。逾期期间计算规则：当前日期加上指定周数。如果资源请求在该期间内尚未配置资源，则被视为逾期。过去开始的未处理请求也显示为逾期	1周
可用能力	确定资源是否具有可用能力。如果资源的平均利用率低于或等于此阈值，则该资源显示为具有可用能力	70%
超额预订	确定资源是否超额预订。资源平均利用率等于或高于此阈值的资源显示为超额预订	110%

源经理接到资源请求后，需要根据资源可用性来合理调配资源。资源可用性表示资源在何时以及何种程度上可被分配。资源经理会通过系统实时监控资源状态的各项指标，包括资源请求、资源可用性、已分配资源量及超额预定天数等。

另外一个资源经理非常关注的指标是整体资源利用率，表示在特定期间内资源总的占用程度，计算公式为

$$资源利用率(\%) = 已分配时间 / 资源可用时间 \times 100\%$$

除了监控资源的各项关键指标，资源经理需要基于收到的资源请求，查找合适的资源并管理项目人员配备，修改或删除资源分配等，以保证公司各项资源的合理利用。

艾德望思的资源经理可以通过"项目资源管理"功能实时查看项目资源使用情况，如图7.10所示。

2. 时间记录

在专业服务领域，大多数的项目成本都是人工成本，因此帮助项目成员便捷、灵活并及时地记录项目工时就非常重要。SAP ERP公有云为项目组成员记录工时提供了一个简洁易用的时间记录功能——"我的工时表"。

打开"我的工时表"，艾德望思的一位项目组成员可直接查看到指派给自己的工作项目"需求调研"。项目成员在该任务上直接记录实际发生的工时即可。系统会根据该项目成员的资源费率及发生的工时自动计算人工费用，计入项目成本。

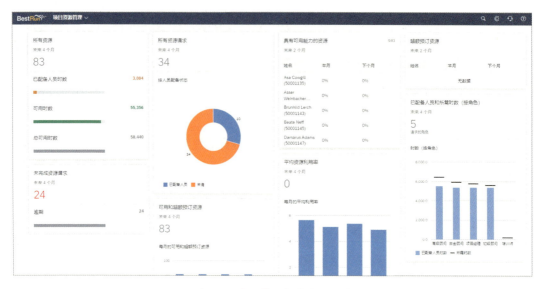

图 7.10 通过"项目资源管理"功能查看资源使用情况

员工只有被分配了项目任务后才可以对该项目进行时间登记,这些项目任务会出现在"我的任务"区域中。项目成员使用的"我的工时表"如图7.11所示。

图 7.11 管理"我的工时表"

员工可以按周或按不同条件(客户项目、任务类型、是否开票等)自助查询目前被分配的任务,以及每项任务累计的时间记录等。

利用"我的工时表"功能,项目成员除了可以记录项目工时以确保项目及时开票和收费之外,还可以记录和项目无关的各项任务,如行政管理、培训、差旅等。系统在"我的任务"区域默认显示所有任务。

在某些情况下,项目成员可能无法及时录入工时,这时系统也支持项目经理或部门经理替代员工进行时间记录。除此之外,项目经理可以快速导入新员工、审批工时记录以确保时间记录的数据质量,并在需要的时候查询员工时间利用率等信息。

3. 项目采购——服务与物料

专业服务的项目管理中有时会涉及采购业务,但专业服务项目中的采购主要是非库存类别的采购,不会涉及库存类物料的实际入库,也不会增加账面库存。非库存类别的采购主要包括服务采购、消耗型物料采购和第三方订单处理。

(1)服务采购。项目管理中可能会订购外部服务,由外部服务公司确认采购订单并执行服务。服务完成后过账,相关财务人员基于供应商发票进行付款。

(2)消耗型物料采购。项目人员基于客户需求或内部项目请求,创建消耗型物料的采购订单并发送给供应商。供应商将物料发送至公司,货物接收人执行收货确认。根据供应商发票和付款条件,财务人员支付货款。注意,因为采购对象为消耗物料,这里的收货是对供应商履约的确认,只产生费用,而不会有实际入库。

(3)第三方订单处理。采购员向供应商下达采购订单,为最终客户订购物料。供应商直接将物料运送给最终客户,系统中进行"收货"检查并过账,无须执行采购入库或向客户交货。最后由财务人员基于发票向供应商付款。

在项目型采购业务中,采购员可以为服务型物料建立主数据,或者在采购订单行上录入短文本以指定需要的服务。有时项目中会需要进行计划外的服务采购,采购员可以为此类服务定义金额上限,或建立预算可用性控制。

仍以艾德望思的项目采购为例,具体看一下消耗型物料采购的处理流程。采购员首先在系统中建立一个新的采购订单,如图7.12所示。

与一般的库存物料采购不同,采购员在消耗型物料的采购订单中无须输入物料代码,但需要指定消耗型物料组,并在物料行细节中将采购成本分配给对应的科目,如图7.13所示。

当采购的消耗物料确认交付时,采购员在"过账采购凭证的收货"功能中执行过账,并确认收货,如图7.14所示。

执行收货后,该笔费用采购被系统确认,并将相应的成本记入相应项目。

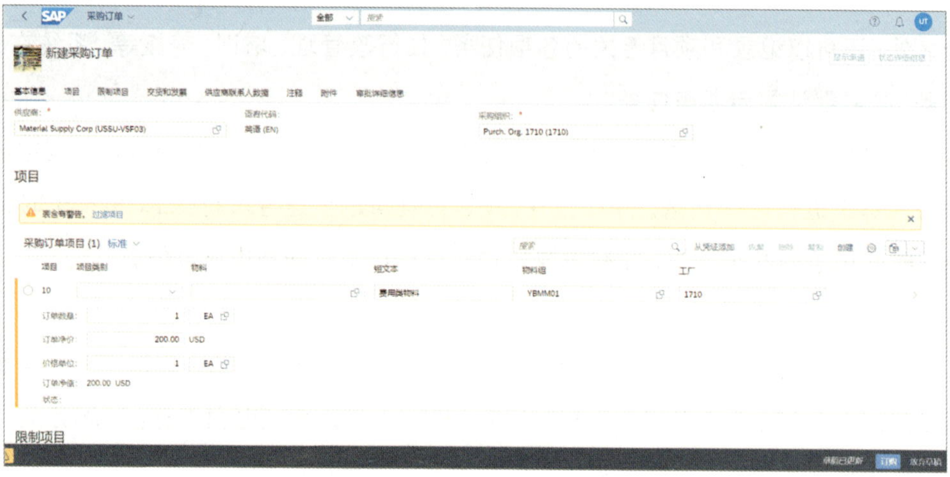

图 7.12　管理消耗型物料的采购订单

图 7.13　采购订单行项目的科目分配

图 7.14　过账采购凭证的收货界面

在"创建供应商发票"功能中,开票员可以基于采购收货的相关文档,建立并显示供应商发票。开票员可以为供应商发票指定相关的采购订单行,还可以参考前置文档指定的关联会计科目,编辑供应商发票,如图7.15所示。

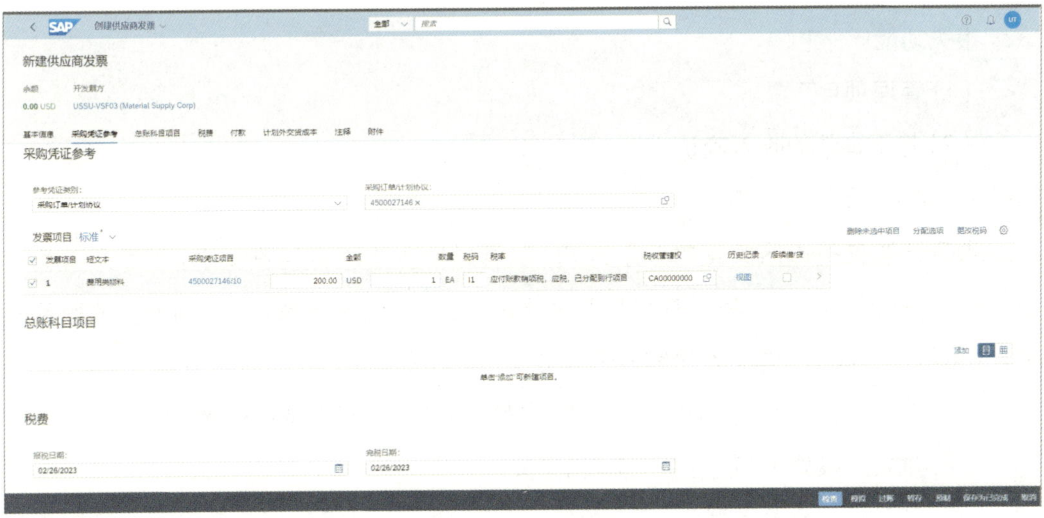

图 7.15 供应商发票的创建

系统可以比较供应商发票与对应的采购订单是否存在数量和金额的差异。如果预定义了基于采购收货的发票验证规则,系统会比较供应商发票和相关采购收货的数量和金额。一旦差异超过容差限制,发票可以过账,但是系统会自动阻止付款,并触发审批流程,由相关负责人员决定是否对发票进行付款。

7.2.3 项目结算

专业服务的项目通常持续数月甚至跨年。在项目执行过程中,成本在不断增加。根据收入与成本配比原则,财务上需要根据一定的规则及时确认成本与收入,从而真实体现当期收益和利润。由于项目成本在工作包执行中会自动统计和归集,因此本章重点介绍项目开票和收入确认的部分。

业务场景:

随着艾德望思的项目推进,开票员需要及时按照合同类型及与客户约定的规则开具发票,财务则基于会计准则对项目收入进行确认。项目全部完成并且全部收入都确认完毕后,项目结算结束,项目经理更改项目状态为"关闭",该项目不再产生任何财务过账。

项目角色：

(1) 开票员（SAP_BR_PROJ_BILLG_SPCLST）。

(2) 项目经理（SAP_BR_PROJECT_MANAGER_PROF）。

相关功能：

(1) 管理项目开票。

(2) 基于事件的收入确认。

1. 项目开票

项目开票支持不同类型的开票方式，以满足业务管理多样性要求，项目开票类型分为基于固定价格开票、基于时间和费用开票、基于使用量开票、基于周期性的服务开票，也可基于预收款开票。无论哪种开票方式，都需要满足以下条件才可以开票。

(1) 该项目的"使用项目开票"设置为"是"且完成了开票基础配置。

(2) 项目阶段处于"执行中"或"已完成"。

(3) 开票项的合同类型为：固定价格、时间和费用、基于使用量及周期性服务。

(4) 开票项至少有一个开票计划。

开票员可以根据管理需要进行部分开票或全额开票，也可以根据项目实际情况注销或延期开票。

以艾德望思的一个项目开票请求为例。开票员为"温控设备设计方案"项目的两个不同开票要素准备开票：一个是时间费用类型，一个是固定类型，如图7.16所示。

图 7.16　管理项目开票信息

开票员可以针对不同的开票要素执行开票准备。如有需要，开票员可以和项目团队进行核对，必要时可以编辑开票信息，如开票的时间、金额等。检查完成并确认后，开票员提交开票，开票凭证随之创建。开票员进行开票准备的工作界面如图7.17所示。

图 7.17　开票员进行开票准备的工作界面

开票员处理完项目的所有开票请求后，该项目的开票工作即可完成。需要注意的是，由于客户需求在项目过程中会发生变化，项目可能会临时产生待开票项。在项目"已完成"阶段，开票员应再次检查是否有未完成的开票项，并及时进行处理。待全部开票项都完成开票后，项目状态才能改成"已关闭"。

2. 基于事件的收入确认

当项目进行到一定阶段，财务人员需要及时进行项目收入确认。基于事件的收入确认可以基于固定价格、时间和费用及定期服务等不同合同类型进行，收入确认的依据是系统中已经过账的项目开票及相关联的成本发生。尚未产生会计分录的活动或业务是不会参与任何收入确认的。

在实际业务中，开票或活动的记账有时会发生错误。项目经理或财务人员可以借助"管理项目收入确认问题"功能进行相应调整。同样，在期末结账时，财务人员会对一些活动或事件的过账做核查，如有错误则需进行调整，确认无误后进行过账。期末的收入确认完成后，财务部就可以为该阶段出具一份完整正确的项目收入报告，不再需要额外的项目核算。

项目经理可以在"报告项目实际值"中获取最新的收入确认数据,同时针对"时间和物料"类型的项目,项目经理可以在"进行中项目的明细报告"里查看详细的当前项目进展情况。

艾德望思的财务人员使用"基于事件的收入确认-项目"功能对项目交易产生的每一笔收入进行确认。收入确认过程很透明,财务人员可以从收入确认日记账详细分析其关联的成本或业务发生的源头文件,并基于会计原则分析收入确认的金额。

系统可以通过额外的属性,如客户组等,为项目经理或财务人员提供增强的成本管理数据。系统同时支持成本和收入确认的调整功能,或在需要时记录应计金额,如预期损失或未实现成本等。"基于事件的收入确认-项目"的界面如图7.18所示。

图7.18 "基于事件的收入确认-项目"界面

"基于事件的收入确认-项目"与总账直接集成。基于配比原则,一旦确认完成,相关费用将被立即计入项目成本,对应的收入也被计入收入账户,毛利与利润能够准确地体现在当期损益表与销售成本报表上。

7.3 项目管理分析洞察

SAP ERP公有云内置分析工具,将商业智能运用于整个项目管理生命周期,帮助艾德望思咨询服务公司的项目管理实现事前计划、事中监督和事后分析,使管理者更清晰地了解业务运营状况,及时发现业务运营中存在的问题或潜在风险。艾德望思咨询服务公司的业务用户借助SAP ERP公有云提供的报表、KPI分析驾驶舱,以及核心数据服务视图(CDS View)等功能,可以自定义业务分析的维度、内容、指标等,满足不同层面不同领域的分析需求。以下举例说明。

1. 资源分析

项目经理可以详细分析项目组成员的工作任务,结合员工的可用时间和技能,实时分析员工的工作效率和效益,还可以分析员工承担工作任务的完成情况,如是否已开票、成本是否超预算等。此外,还可以按照企业业务维度,如资源类型,查询工作任务完成情况和完成时间,从而更好地监控项目执行状态。项目人员配备分析举例如图7.19所示。

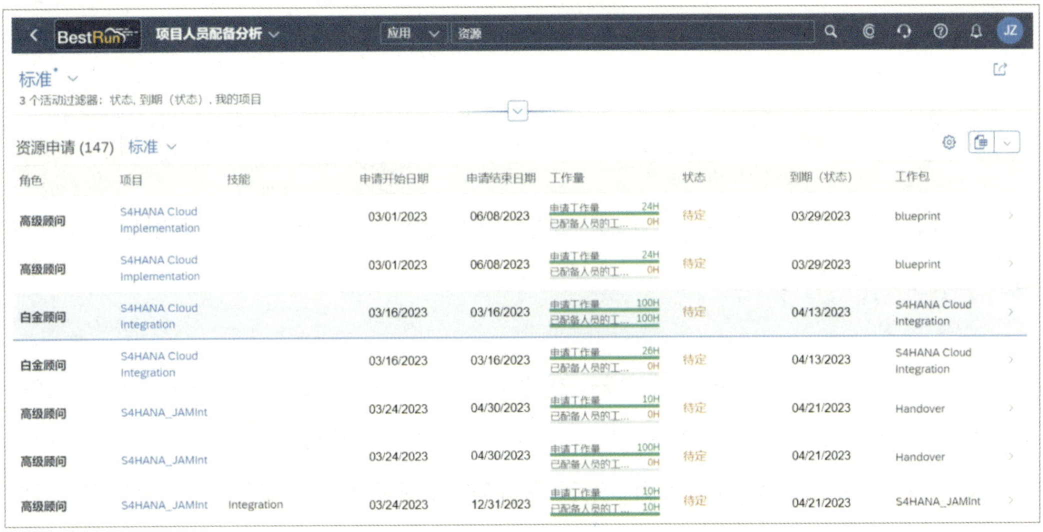

图 7.19 项目人员配备分析

2. 项目盈利分析

财务人员可以按照项目结构、会计科目等维度,实时对比分析计划收入和成本、实际收入和成本、计划利润和实际利润等财务指标,从而全面掌控项目盈利状况与财务健康水平。项目获利能力分析示例如图7.20所示。

图7.20是从财务视角展示的项目获利能力分析,不仅展示了实际收入、实际成本及实际利润,还从是否确认、应计、递延等不同维度展示了项目开票和收入确认等不同业务阶段的收支情况,从而为财务管理者提供了全方位项目盈利洞察。

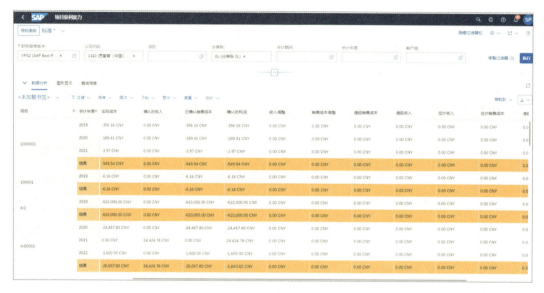

图 7.20　项目获利能力分析

7.4　项目管理智能场景

项目管理成功的关键之一是合理的项目成本估算，项目经理必须把项目成本估算信息提供给上级，以待批准。

业务场景：

由于数据不足或预测技术不完善，或者由于人力、心理和政治上的更多原因，很多项目达不到预算和时间上的要求。人们往往过于乐观，失于管控；或者过于悲观，保留过多安全缓冲，从而导致执行不力。无论哪种原因，结果都是项目计划和管理不善。因此，客观且合理的项目成本估算就显得尤为重要。

相关的业务角色：

项目经理（SAP_BR_PROJ_MANAGE_COMM，SAP_BR_PROJ_FIN_CONTROLLER）。

相关功能：

（1）预测模型。

（2）项目财务控制员概览。

项目成本预测是SAP ERP公有云开箱即用的模型之一，可以帮助项目经理利用项目历史数据提出可靠的成本计划。它将机器学习与参考类预测结合使用，通过学习过去项目的执行模式，项目经理现在可以根据算法而不是主观标准得出项目成本预测。

基于历史数据的项目成本预测使项目经理不仅可以在计划阶段预测项目的总成本，还可以在项目执行期间持续预测。此外，项目经理还可以深入了解较低和较高的预测值，从而了解预测值的相对准确的范围。

项目经理可以分析成本预测间隔，并将成本预测与计划、承诺以及实际成本进行比较，并获取成本预测的图形或表格视图。机器学习可以实现更准确的项目成本预测，降低预算超支的风险，同时减少手动工作，把项目控制在预算范围内。

使用这个模型的具体步骤如下。

（1）打开预测模型Predictive Models的应用，选择预测模型"项目成本预测"，如图7.21所示。

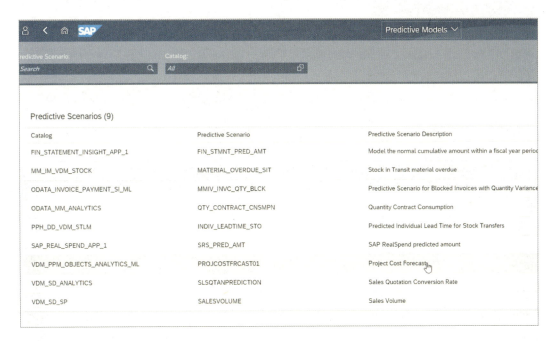

图7.21　预测模型列表

（2）单击DEFAULT建模上下文，如图7.22所示。

（3）选择Project Cost Forecast模型，然后单击Train按钮，如图7.23所示。

（4）在Train Model屏幕中输入合适的描述。单击"+"，输入数据集（这些是在回归预测上下文中称为独立变量的训练过滤器），多次单击"+"，输入多个训练过滤器，如图7.24所示。

图 7.22　选择建模上下文

图 7.23　开始训练

图 7.24　训练模型

（5）添加训练过滤器后，单击Train按钮进行训练。模型训练成功后，即可使用，如图7.25所示。

（6）预测成本可以在Project Financial Controller Overview中的Planned Projects卡片中查看，如图7.26所示。

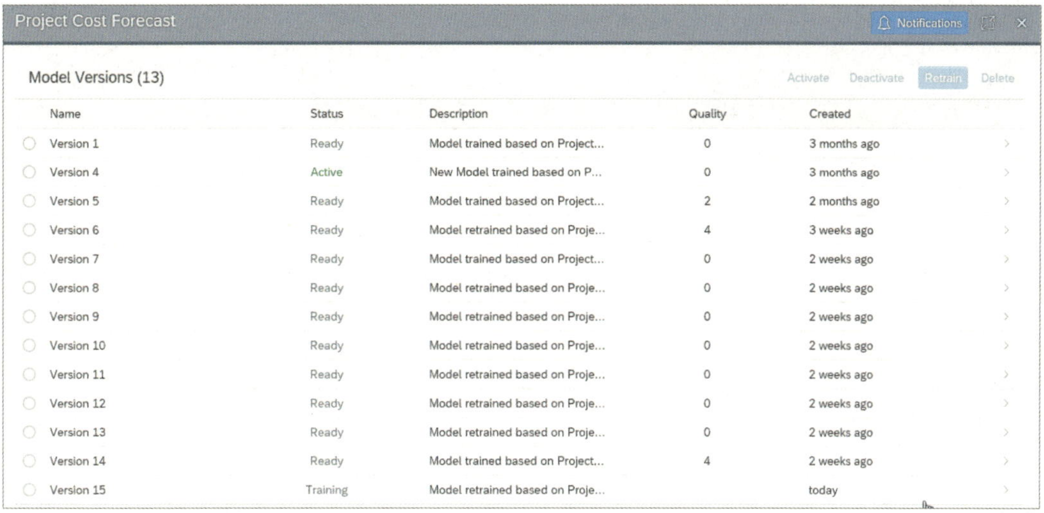

专业服务项目管理 第7章

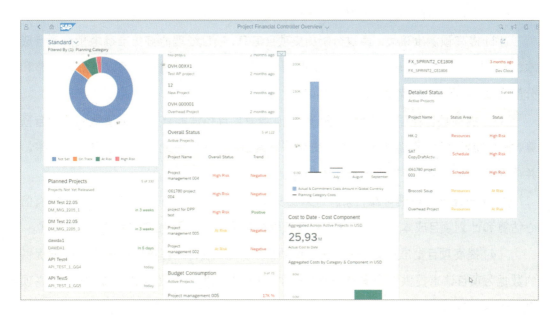

图 7.25 训练的结果－模型版本

图 7.26 项目财务控制者概览

（7）选择列出的一个项目，然后单击 Predict Cost。系统会运行回归算法，并显示生成的结果。单击该结果将打开包含详细信息的弹出窗口。在此还可以查看预测成本值的范围，如图 7.27 所示。

（8）在预测结果的页面上还可以查看更多信息，如计划成本、实际成本、预测上限、预测下限和预测成本值相对应的图形。相同的详细信息也可以通过表格形式来展现。

339

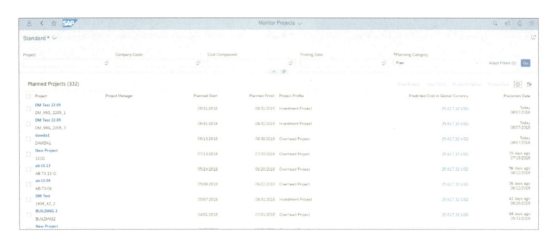

图 7.27　查看预测的项目成本

智能场景小结

项目成本预测在项目管理中具有重要价值，主要体现在以下五方面。

（1）提高预测准确度。通过分析历史项目信息，项目经理能够更准确地预测项目成本，从而有利于成本管理和控制。这使得项目团队在项目执行过程中可以更好地调整和分配资源，确保项目按照预期的成本和进度顺利进行。

（2）提高项目管理灵活性。项目成本预测使项目经理能够更加灵活地调整项目预算，根据项目进度、资源情况和市场变化等因素进行优化，有助于提高项目的成功率，并确保项目能够在竞争激烈的市场中保持竞争力。

（3）增强项目管理可靠性。通过对历史数据的分析和验证，项目经理可以更有信心估算和计划项目成本，有助于提高项目管理的可靠性，为项目的成功奠定坚实基础。

（4）提高项目批准的成功率。在申请项目预算时，项目经理可以根据成本预测提供的数据为项目请求提供有力支持，有利于项目获得上级部门的批准和支持，从而提高项目申请的成功率。

（5）帮助项目经理从事务性工作中解放出来。通过使用现成的预测模型，项目经理无须投入额外的人力、财力和时间来预测项目成本，从而让项目经理将更多的关注投向增值性任务，如客户需求、项目规划、项目团队激励等，有助于项目经理提升工作效率，保障项目成功。

第三部分　应用篇

Part 3

第 8 章 CHAPTER 8
客户案例

8.1 全球化运营案例——星童医疗

星童医疗技术（苏州）有限公司(以下简称"星童医疗")创立于美国硅谷 Palo Alto 和中国上海。除了在硅谷设有研发和销售中心，星童医疗还在上海和苏州分别设立了研发、生产和营销中心，主要业务是研发、生产、销售用于体外诊断和生命科学的分析仪器、软件、试剂、生物传感器等产品。市场主要分布在中国、美国、欧洲和亚太地区。

星童医疗创始人兼首席执行官谭洪博士（见图8.1）毕业于西安交通大学，赴美留学取得电机工程硕士和博士学位。在读研期间，他参与了美国宇航局高能太空望远镜的研发和发射工作，负责设计瞄准和跟踪控制系统。毕业后，他在美国多家公司担任研发工作，曾经在Iomega、Seagate、Maxtor等数据存储技术公司供职。

图 8.1 星童医疗创始人兼首席执行官谭洪博士

在硅谷工作期间,谭洪博士对生命科学领域产生了浓厚的兴趣。他了解到,以基因泰克为典型代表的众多生命科学公司,覆盖了生物制药、基因工程、医疗器械等领域,不断地产出创新成果,而大量技术人才和资本的涌入也同时推动着高科技领域创业精神的急剧发酵。

这位完全不懂生物技术的自动控制工程师发现,冰冷的仪器和看似枯燥的代码不仅可以在医疗领域帮助医生更好地诊治病人、减少痛苦,也可以帮助科学家更好地研究生命的奥秘并造福人类。

这是一件多么有意义且有意思的事情!

当时的硅谷聚集了丰富的技术和资本资源,拥有天时地利人和。不能等,立即行动。2000年,谭洪博士创立了Wave Crossing公司,研发出广泛用于光通信系统的自聚焦透镜。2001年他又创立了ForteBio公司,从事生物层光干涉检测技术(BLI)的发明和产业化。BLI技术属于无标记生物分子分析方法,是抗体和蛋白新药研发的重要平台技术。离开ForteBio后,谭洪博士又从零开始重新创立了Access Medical Systems,推动新技术在生命科学和体外诊断领域的发展。其后以星童医疗(ET Healthcare)的品牌进入中国体外诊断市场,以小鳄生物(Gator Bio)的品牌进入全球生命科学市场,成为一家横跨医药两大领域的先进技术公司。

小鳄生物在生命科学领域提供的产品主要是Gator系列BLI分析仪器、分析软件和几十种不同功能的基于光纤技术的生物传感器。BLI技术是生物技术研发中必不可少的一种先进的检测方法与监控方法,也是在物质分子水平进行快速、微量分析的先进方法。这些分析仪器和生物传感器主要应用于生命科学实验研究和新药及疫苗的研发;客户主要集中在新药研发企业和医学科研机构。科学家曾经利用BLI技术加速了抗癌神药PD-1抗体的研发和生产。今天BLI技术已经成为抗体分析的标准技术。图8.2所示为Gator系列分析仪。

图 8.2 Gator 系列分析仪

在体外诊断领域,星童医疗研发和制造循环增强荧光免疫分析仪及配套的诊断试剂和耗材。客户主要是各类医院、第三方医学检验实验室等医疗卫生机构。体外诊断

(in-vitro diagnosis, IVD)是指在人体之外,通过对人体样本(血液、体液、组织等)进行检测而获取相关信息,进而指导和帮助医生诊断和治疗疾病或恢复病人机体功能的产品和服务。

体外诊断被誉为"医生的眼睛",是现代检验医学的重要构成部分,其临床应用贯穿疾病预防、诊断与鉴别诊断、治疗效果评价、预后评估等疾病发生发展的全过程,在促进医疗卫生事业发展和维护全民健康中起到了至关重要的作用。

超过20年的连续创业,经历过无数挑战和困难,谭洪博士在不断的经验总结中意识到,想要带领集团发展成为横跨体外诊断和生命科学的世界级领先公司,核心团队的打造、高水平专利技术的研发和创新、研发成果快速产品化和商业化、资金的筹措和高效利用都是决定成败的关键因素。

随着星童医疗产品的不断更新升级,业务也在不断地发展和扩张,星童医疗早先应用的管理软件已经很难支持业务规模的扩大和产品多样化、复杂化的发展。大量手工数据和过多人工干预的流程不仅严重影响业务流程处理的时效性、连贯性和数据的准确性,而且人效过低造成用人成本居高不下和过度依赖老员工个人经验也成了企业做大做强的瓶颈。企业的经营风险、管理风险和财务风险随着业务的快速成长也日益凸显。

投入建立一个全面高效的业务管理平台,进行数字化转型的需求变得越来越迫切。

谭洪博士认为"随着产品的每一次升级和工艺的更新,产、供、销的各环节不仅仅需要面对大量新增的原材料、半成品和产成品的管理和生产,还需要应对供应链上内部和外部的协同沟通,更需要进行实时有效的成本监控并提供收益利润等分析数据给管理层做决策。如果没有一套适合星童医疗今天以及未来10年发展规划的先进管理系统,这些需求是无法实现的"。

2020年,管理层通过慎重选型,最终选择了在全球ERP管理软件领域占有率第一的SAP公司旗下的ERP公有云产品,开始对企业核心业务流程进行改造、创新与整合,迈出了企业数字化转型坚实的一步。

星童医疗选择与SAP合作,旨在实现三大能力构建:全球业务符合规范,降低全球布局发展的风险和成本的能力;赋能创新,及时响应市场的能力;供应链协同,支持业务全面线上处理的能力。

项目由SAP交付服务团队负责交付。历时5个半月,项目范围横跨财务、销售、市场、研发、生产、采购、仓库和IT 8个部门,超过50名双方项目组成员共同参与。

新系统部署的过程充满了挑战和阻力,这是因为SAP ERP公有云系统的交付,不仅是一个ERP管理软件的应用,它更是企业全体员工都必须面对的一次全面变革。重塑组织架构,业务流程标准化再定义,流程中企业各部门权责重新划分、各工作岗位的重新规划和定义、全新的系统操作要求、业务流程控制和绩效考核关注点等各方面都发生了或大或小的变革。这些变革促使所有员工不得不离开原有的舒适圈,抛弃一些固化的思维和已经习惯的做事方式,通过学习系统的新功能和新理念来适应企业数字化转型带来的变革。

正如谭洪博士所说:"这就像生命成长的过程,美丽蝴蝶的背后是化蛹成蝶的厚积薄发。只有不断地学习和蜕变,才能适应内部和外部环境的变化,让自己变得更好。企业是这样,人也是这样。"

最终,项目管理层和项目组的核心团队克服了重重困难,按计划顺利实现了SAP ERP公有云、SAP费用云(SAP Concur)的落地。借助SAP全球领先的云解决方案套件和行业卓越实践,星童医疗全面打通了端到端的业务流程,建立了产供销协同的优化机制,实现了工厂信息化及精细化管理,提升了采购及仓储的信息化水平,建立了规范有效的全面财务核算体系。

谭洪博士表示:"这是一个非常成功的项目。通过与 SAP 的合作,我们全面提升了运营能力,推进了全球业务发展,SAP帮助我们把业务运营能力提高到了国际一流水平。"

星童医疗在SAP ERP公有云项目上线后,获得了很多收益。

(1)高效支持全球化运营。星童医疗作为一个全球布局的国际化高科技公司,在多个国家都拥有本地员工和业务往来。面对当地客户、供应商和政府管理部门,星童医疗现在能够轻松按照当地的语言、法规和币别要求提供报表和往来表单。例如在中国使用的语言是中文,使用中国会计准则;在美国使用的语言是英文,会计准则是US GAAP;而在欧洲,语言要求较复杂,使用IFRS会计准则。

在先前的系统中,因为无法同时支持多币别和多语言操作,不同国家不能按照同样的标准在同一个系统里记录销售业务信息,导致后续很难快速准确地提供统一维度的数据给管理层。而现在管理层可以便捷地进行不同国家和地区的市场销售分析对比,例如,哪些产品在美国卖得好更赚钱,哪些则在中国更畅销、单位获利率更高;哪些销售数据的波动来源于公司自身和产品本身;哪些波动来源于汇率市场大幅波动等。这些数据能帮助管理层快速反应并决策是否需要调整销售运营策略；是否扩大或缩小产品生产规模；是否启动汇率避险措施等。

这主要受益于SAP ERP公有云提供的32种语言，预定义的51个国家或地区的本地化功能，并支持从业务到报表的多币种核算体系。系统可以根据不同国家和地区的要求，允许当地员工使用各自国家语言和币种输入业务数据和查看报表。集团管理层也可以用各自喜欢的语言和币种直接查看集团各国报表，不用再通过下载、翻译后才能查看。这样不仅高效快速，也有效地防止了人工再加工的错漏，降低了信息安全风险。

（2）快速支持新业务发展和新员工成长。在过去，运营、生产、供应链等各环节的数据无法实现及时共享，业务也没有完整规范的标准流程的支撑，使得日常业务执行过程中更多是依赖于老员工的个人经验和判断。可是老员工的个人经验值是无法快速复制到新增工厂和新产品线的，这就使星童医疗的业务扩张和发展受到制约。

在全面引入SAP ERP公有云销售、生产、采购、供应链、财务和成本标准解决方案后，星童医疗不仅打通了产、供、销端到端流程，也实现了业务、财务和分析一体化管理。通过复制标准业务流程，不仅可以支持新工厂新产品线快速独立运营，加速新产品的上市，还实现了一岗多责的高效人力资源使用，新员工也可以借助系统快速成长并胜任岗位工作。现在，星童医疗的管理与运营井井有条，生产现场的工作场景如图8.3所示。

（3）多维度的分析报告支持企业快速决策。SAP ERP公有云提供的分析报表和实时洞察也是以前无法做到的，不仅可以快速提供各部门业务和管理层所需要的各种数据，还可以通过数据追溯查询到所有相关的业务凭证记录，从系统凭证的详细信息还可以很清楚地看到所有新增、修改和删除的历史操作痕迹，完全做到了"有数可依，有证可查，有迹可循"，解决了以前"提供数据难，查证数据操作历史更难"的问题。

有了实时数据分析的加持，业务人员实现了生活和工作平衡，不用在加不加班的矛盾中苦苦挣扎。例如，每个月底或季度末，管理层都需要财务人员提供整月的销售运营分析报表，用以帮助调整销售和生产策略。以前，这些庞大且交错纵横的数据，有的存

图8.3　技术人员监控生产过程

储在系统里，有的存在业务人员的Excel里，甚至有的信息还需要从微信、邮件的历史记录中提取，整合和匹配检查数据源就需要耗费大量的时间，通常需要加班加点好几天才可能提供。

自从SAP ERP公有云在星童医疗应用后，客户群和地区分类已经通过日常客户主数据维护流程存储在系统里，日常的销售成本和收入统计通过每天产品发货、发票开立等流程自动生成，财务会计凭证也基于业务凭证自动创建。所有相关销售业绩和利润也按照系统配置好的逻辑存储在对应的数据表里。

财务人员可以随时利用系统报表工具快速抓取报表，再也不用担心需要加班核对Excel数据和整理报表了。不仅如此，财务部门在月底还可以通过系统对业务数据进行追溯和检查并协助销售、供应链等业务部门调整发错货、开错票的业务，更好地支持业务发展，这在系统上线前是不可想象和基本无法完成的任务。

SAP ERP公有云系统不仅给星童医疗带来了世界一流的管理方式和理念，帮助企业实现了管理的全面升级，还有助于星童医疗的员工个人职业规划和成长。在使用系统工作的过程中，员工发现可以通过学习掌握先进的云系统，理解系统各种管理和流程的设计理念，提升个人能力。于是所有员工开始主动学习和研究如何更优化流程和深化功能应用，这不仅让企业和员工实现双赢，还提升了客户和供应商的体验，打开了多赢的好局面。

2022年，星童医疗位于苏州工业园区的又一新厂房正式投入使用。该厂区占地面积1万余平方米，其中万级、十万级净化车间3000平方米，设有5条仪器生产线和3条试剂生产线以及P2实验室。同时，产线全面升级，可以满足未来5~10年的生产需求。图8.4记录了新工厂启动仪式的热烈场面。

图8.4 星童医疗新厂房启动仪式

随着星童医疗不断深度布局，SAP交付服务团队也一路陪伴与支持。2022年7月至9月的短短12周内，新产品线的业务在SAP ERP公有云系统中全面落地，为新产品线和新工厂的正式投入使用和正常运营提供全面支持、赋能和保驾护航。星童医疗在2023年开始引入了SAP ERP公有云最新的合并报表模块，以合并星童医疗7家公司的财务报表，并满足内外部合规要求。

作为入选"2022未来医疗100强"榜单的非上市企业，星童医疗在SAP ERP公有云系统的不断支持下，产品和市场都在快速创新和成长。最近，星童医疗推出了Pylon IRIS新一代全自动免疫分析仪，该仪器已经成功入选年度最具创新性医疗科技产品TOP100（见图8.5），并且已经成为医院门急诊以及中心实验室的理想之选。

展望接下来的几年，星童医疗计划更多地投入新技术和新产品的研发，并借助SAP ERP公有云管理平台继续进行全球市场的开拓和全球化运营能力的提升。

图 8.5　Pylon IRIS 全自动免疫分析仪

8.2　智慧企业案例——大明矿业

新疆大明矿业集团股份有限公司（以下简称"大明矿业"）的铁矿位于哈密地区，在当地乃至整个新疆，大明矿业都是一个非常突出的矿业转型代表，是新疆唯一一家拥有矿业采掘工程技术研发中心的矿企。

大明矿业董事长许明（见图8.6(a)）酷爱机车骑行。每天清晨，如果没有其他特殊事务的安排，他都会骑着心爱的摩托车到大明矿业位于乌鲁木齐的办公室上班，如图8.6(b)所示。

从事矿业工作22年之久的许明，毕业于新疆医科大学，在创建大明矿业之前曾当过十几年的医生。当以一名医生的视角审视采矿时，许明的愿望就是为这个人们眼里的高危行业输出一剂良药，或是一个处方。简单地说，就是要创造一种"不死人"的矿山生产方式。许明15岁上医科大学，教育中对生命的尊重已然铸成他的基因。

(a)许明

(b)骑行上班

图 8.6 新疆大明矿业董事长许明

1997年,大明矿业应运而生,许明开始了矿业王国的全新征程。那些日子里,他夜以继日地研究和分析国内外知名矿企的案例,希望以精细化的管理彻底扭转传统矿业企业的旧有运营模式。

度过艰难起步阶段的大明矿业,逐渐迈上了一条发展的快车道,成为业内公认的黑马。虽然从规模上来说,大明矿业仍是个地区小矿,但是许明的目光一直关注着必和必拓以及力拓等国际矿业巨头。

早在2009年,许明就启动了"数字化矿山"和ERP项目建设,希望借助信息化手段,进一步促进生产和管理体系走向规范化和标准化。凭着这些信息化积累,大明矿业在其他矿企问题丛生的时候,仍能在忽高忽低的市场环境下屡屡渡过难关。

尝到了信息化建设甜头的大明矿业又将目光转向了SAP。

2018年,许明邀请SAP及帛丝云商(SAP咨询公司)的专家们到他位于乌鲁木齐的家中,讨论大明数字矿山建设布局,畅想大明矿业未来的数字矿山模式。

"初见许总,他给我的感觉是精力充沛,精明睿智,他对于矿山资源的价值实现与实现路径有非常深刻的理解。在那次会面时,我们三方对大明矿业的生产模式和管理要求也进行了深入的讨论。譬如采矿要准备多大的工程量;采矿必然会形成地下空间,那么它的危险是什么,又来自什么地方等。在洽谈中,我们深入了解到许总的管理理念其实就是以财务绩效为核心对企业进行管理。因此,在考虑大明矿业数字矿山架构时,我们提出了一种将ERP管理系统与其他外围系统并行的顶层架构,简单来讲就是什么东西在SAP ERP公有云中实现,什么东西放在外围系统中,例如矿下的监控、安全保障等业务都通过中台来实现。这样保证了ERP的纯净性,也帮大明矿业奠定了一个长期发展的IT系统基础。"帛丝云商创始人及首席架构师李洪波先生表示。

在许明看来,数字化的分析洞察可以帮助企业在财务流程中及时发现风险。推而广之,这就意味着数字化和信息化的管理系统是评价矿山资源的重要数据基础,也能保障生产、经营、管理、环境、资源、安全和效益等各种目标的实现,从而帮助企业提高整体效益、市场竞争力和适应能力。

企业信息化建设伴随着企业的发展不断更新迭代,是一个从固化到优化,再到固化的循环过程。不管是管理理念还是管理工具,都需要与时俱进。这也是为什么在2012年初就已经有信息化基础的大明矿业,在2018年经过反复比较,最终选择SAP ERP公有云系统的原因。

许明认为,SAP产品蕴涵先进的管理理念,能够在业务上最大限度地满足大明矿业生产个性化的需求。与此同时,利用SAP强大的业务功能,大明矿业可以更好地实现业务财务一体化,帮助企业进行平稳的数字矿山转型。

对精度的极致控制,决定着矿企的效率和效益。大明矿业对SAP ERP公有云系统同样寄予厚望:希望通过SAP ERP公有云实现多部门、多班组的协同作业;采集生产大数据,预防性维护生产计划和设备;围绕SAP ERP公有云平台,形成新一代数字化的业务财务一体化运营的端到端方案;管理三级矿量、下达生产任务,执行监控、安防、质量、人和设备一体化。

2019年7月,由帛丝云商实施的大明矿业SAP ERP公有云项目正式上线。通过SAP ERP公有云系统与Surpac系统、帛丝云商中台系统、手持终端的解决方案相集成,实时链接生产计划与生产执行,使生产操作更简单,生产数据更实时、更精准,生产管控更便捷,生产效率与生产管理得以巨大提升。

项目的成功上线,是由大明矿业以及SAP合作伙伴帛丝云商一百多个日日夜夜的艰苦努力积累而成的。

帛丝云商当时派驻在大明矿业实施现场的项目经理杨阳回忆说:

"我和我的团队从2018年的10月份就驻扎在新疆的矿区,还记得我们当时经历了好几种交通工具才辗转到达项目地点,要先搭乘飞机到达乌鲁木齐,再由乌鲁木齐转火车去哈密,然后还要经历4个多小时的大巴车车程才能到矿区。戈壁滩上非常荒凉,生活条件很艰苦,也没什么娱乐节目,我们把所有的精力都放在项目实施上面。那段日子虽然很苦,但每个人都很有干劲儿,当然最终的成果也是可喜的。

"当时,SAP ERP公有云在中国的矿业行业还没有成功案例,可以说我们是'第一个吃螃蟹'的人。我记得项目之初,许总就一直强调生产过程的精细化管理以及对于安全生产的要求,当时我并没有多么明确的概念。直到我们跟随施工人员下到900多米深的井下,我才明白生产过程中的各个流程,或者说生产动作的管理精确度是多么重要。许总对于生命的敬畏让我敬佩,我和我的团队也在项目实际实施中跟矿长赵宗义以及他的团队进行反复的流程推演和模拟,以求将管理精细度最大化。当时并没有类似的经验可以借鉴,为了完成许总的嘱托,我们当时的任务艰巨程度可想而知。

"采矿行业不同于传统制造业,没有BOM,也没有MRP,井下的安防系统、环境以及风水电管理都有特殊的行业要求,并且采矿作业的布局要根据矿脉的走向调整,这将决定你需要用什么方式和从什么方向去采掘,也就是许总说的工程量。这些都对最终的生产计划产生影响。我们最终的方案是借助帛丝云商中台进行接口的开发,将大明矿业的地质勘探系统Surpac与SAP ERP公有云集成,最终实现用SAP ERP公有云系统管理生产计划。除了管理颗粒度精细化的问题,矿企还要面临井下的各种突发状况。采矿是地下作业,在地下空间形成之后,需要考虑其可能引发的地质灾害、应力释放,所以对于采矿作业动作的拆解以及各个工作的精细化管控是至关重要的。井下的生产作业我们是通过帛丝云商中台来实现的。

"大明矿业SAP ERP公有云的成功上线不仅帮助客户将整个数字矿山系统打造得更加精细和严谨,对于帛丝云商来讲,也是非常宝贵的项目经验。我相信,SAP ERP公有云是客户真正需要的云,大明矿业也会依托SAP ERP公有云取得更好的发展。"

早在2010年,大明矿业就已经开始实施采矿工艺的变革,采用了无底柱分段崩落法的采矿模式,改变了传统生产模式的"大空间、多作业面"导致的安全不可控、生产管理协调难度大的生产状况,实现了"集中联合作业"。这种采矿生产模式既保证了公司在采矿生产中生产环境的安全又兼顾了采矿效率,是冶金矿领域率先实现转型升级的企业。

在部署SAP ERP公有云系统之前,大明矿业已经有了一些数字化和信息化的基础,但由于此前的系统存在短板,在生产过程控制上始终没有做到全面覆盖,后期的二次开发也没有达到预期。

大明矿业技术与信息化副总经理张龙表示,通过引入SAP ERP公有云的标准管理模块,并结合基于自身生产现场的管理经验而开发的矿业信息化管理系统,大明矿业以数字化手段达成"精益生产"理念的落地,同时完成了ERP和MES系统集成,横向贯通了采购、供应链、生产计划、生产进度流程、质量管控等流程,真正实现了财务与业务的有效集成和管理。图8.7为张龙在会上分享数字化矿山实践经验。

图 8.7　技术与信息化副总经理张龙分享数字化矿山实践经验

当所有的信息集成共享后,大明矿业能够全面、及时、准确地掌握企业生产的资源、成本、安全、产品和市场需求等信息,实现大明矿业生产价值链的系统化管理(采矿、运输和选矿的价值链,支持生产调度管理,将生产过程中的人员、设备、技术、安全、质量和环境管理进行有机的结合)和矿业生产过程数字化管理,为今后的生产监控、改善和风险防治提供数据支持。大明矿业的SAP ERP公有云及数字矿山管理系统如图8.8所示。

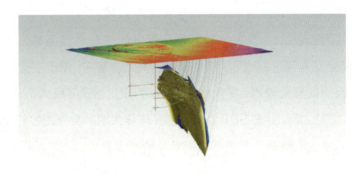

图 8.8　基于 SAP ERP 公有云扩展的大明矿业数字矿山管理系统

大明矿业的管理平台切换到SAP ERP公有云系统之后,把短流程、高效率、低成本的管理和下达生产任务及执行监控等环节固化到数字化矿山平台上,形成新一代数字化运营的端到端解决方案。

据大明矿业矿长赵宗义介绍，2010年初他刚加入大明时，矿山的员工多达700余人，现在已经缩减到150人左右，而产量则是过去的两倍。现在大明矿业的天湖铁矿已经发展成新疆目前机械化程度最高的地下矿山，全员劳动生产率达到一万吨，位居行业前列。

曾经参观过多家国营大矿的赵矿长认为，从规模和知名度来说，民营企业出身的大明矿业只能算是个弟弟；不过倘若以理念和运营的实效而言，大明矿业恐怕可以排在行业的前列，他认为，很多矿山如果托管给他们，工程成本可以直接降低50%。

"原来没有SAP的系统，我要查数据，需要翻他们的报表，查每张表单，找不同人员。现在不需要了，直接登录系统，要查哪一天谁干什么活，可以直接调出来。我现在半个小时能够干完的活，在以前得用两个小时。"

"我们是精益化的管理方式。每一个环节都是设定好的，譬如打孔需要多长时间，装药需要多长时间，工人必须按照要求完成。以SAP系统为例，它里面有一个配工单，井下的安全状况和设备情况等可以及时从手机App进行更新，后台马上就会显示。"图8.9为赵宗义在介绍大明矿业的数字化生产实践。

与传统的手工方式相比，数字化和智能化带来的提升是显而易见的，各种生产信息、设备信息、安全信息等可以一目了然地显示在井上大屏中，便于主管人员进行便捷、高效的决策，从而降低安全隐患，提升生产效率，为企业带来了巨大价值。

从2019年到2022年，SAP ERP公有云已经陪伴大明矿业走过了三年多的时间。而在这期间，大明矿业追求精益生产模式的脚步从未停止。

随着公司业务的发展，如今的大明矿业已经不满足于当前的矿量，新矿山的扩展已经被提上日程。而这也对大明矿业的信息化系统提出了更高的要求。在项目管理及设备维修和备件管理等方面需要对信息化系统进行强化。

图8.9 矿长赵宗义介绍数字化生产实践

在经过与SAP合作伙伴帛丝云商的多次讨论后，大明矿业最终决定使用SAP现场服务管理（Field Service Management，FSM）云，系统上线之后，整个矿山的生产现场过程管理全部在FSM云中进行实现。除此之外,大明矿业也将对SAP ERP公有云中的业务流程进行持续优化。

引入FSM云之后,大明矿业将把矿山每天的生产模拟成一个服务项目,同时建立每个项目任务的层次关系,这样更有利于按项目来核算每天的生产成本(可以进行横向和纵向的对比),进一步为生产成本核算的自动化提供有效的帮助。FSM云与SAP ERP公有云无缝集成,并与帛丝中台等系统一起,共同构建了大明矿业数字矿山的信息化基础。大明矿业致力于打造国内矿业行业的明星企业和数字矿山典范,矢志不渝。

1997年,许明创立的大明矿业从废弃的"天湖矿井"起家,他用胆识和精细化管理的能力,不仅挽救了废弃矿井,还把"不死人采矿"的生产方式作为他追求的目标。在二十多年后的今天,大明矿业的天湖铁矿已经实现了自动化和智能化管理。大明矿业成为哈密首家同时取得绿色矿山、国家级高新技术企业、专精特新、自治区企业技术中心的民营企业。最近几年,大明矿业经常被政府指定,要求当地其他矿企到实地进行参观和学习。作为高新技术企业,大明矿业正在组建以高科技应用研究为主要方向的研发中心,同时将天湖铁矿建设成为智能采矿示范区,为新疆矿业转型发展走新型工业化道路,提供技术支撑,对标全国乃至世界先进矿山。

大明矿业还计划将管理进一步下沉,这就会涉及大量数据交互,因此基于数据交互的网络化平台也需要进行搭建,最终才能真正实现向智能制造的转型,完成生产制造的新一轮变革。大明矿业也期待与行业内外优秀企业、人才展开更加深度的、跨界的合作,把管理颗粒度做得更加细致和极致,进一步打造覆盖矿业企业全价值链的、稳定和可靠的全面信息化管理解决方案。

8.3 数字化转型案例——青岛花帝

青岛花帝食品配料有限公司是山东省平度市一家致力于缔造中餐味道标准化的民营企业。公司专注食品配料的研发、生产和销售近三十年。旗下拥有青岛花帝食品配料有限公司、青岛大厨四宝餐料有限公司、青岛花帝商贸有限公司、江苏大厨四宝食品有限公司等多个子公司,销售渠道遍及全国,并扩展到东南亚、俄罗斯、非洲等国家和地区。

创始人张福财现任青岛花帝食品配料有限公司董事长,创业前在平度城里当过搬运工、车间设备维修工,也当过工厂采购员和供销科长。1994年初下海经商,投资3.9万元成立百花香精香料贸易公司，经营食品添加剂。几番打拼，生意做得风生水起。一时间，当地人纷纷效仿，平度本地竟增加了四五家做食品添加剂生意的企业。僧多粥少，竞争激烈，同行间互相拼价格，导致利润下降，公司一时陷入困境。

由此，张福财决定扩大赛道，从下游向上游发展，于1998年增资建厂，原公司更名为青岛花帝食品配料有限公司（以下简称"花帝"），实现了从贸易公司向生产企业的业务转型（花帝创业园见图8.10）。不久，公司生产的20多款甜味香精系列产品快速进入市场，并基于以往的渠道网络快速打开了市场销路。

图8.10　花帝创业园

此后，花帝的产品线逐步延伸。2003年，花帝成立"青岛大厨四宝餐料有限公司"，并在当年10月正式量产。"四宝"代表"四个产品"——鸡汁、鲜味汁、肉香宝、法式葱油。该系列的目标是寻天下食材、淘民间美味、汇名菜名吃、立餐业航标。主要价值是针对餐饮企业的成本高和味道不可控的难点和痛点，为中餐发展提供标准化、定制化、个性化的整体解决方案，降低餐饮行业成本，增加经营者利润，赋能餐饮企业。优质的原材、严格的生产标准体系、国内名厨参与和国内餐饮界专家评定，加上营销手段助力，大厨四宝调味料很快走进了全国各地的酒店厨房、餐饮企业与家庭餐桌，产品销售业绩连年升高。

从1994年成立的花帝前身"百花香精香料贸易公司"算起，花帝发展即将进入第三十个年头，主要通过经销商渠道向终端"饭店、酒店大客户"与"小餐饮客户"进行销售。目前,公司的经销商网络从国内拓展到国外,畅销越南、新加坡、韩国、俄罗斯等国家,年产值4亿元,利税近亿元。从企业经营成果看,花帝是中国成长型民营企业的缩影:企业家有梦想、团队有干劲、产品有技术、市场有客户、品牌有影响。不过虽然企业发展得不错,但在快速扩张、亟待规模化发展时,运营管理却遇到瓶颈。

(1)管理团队的协作功效已至上限。

花帝集团就如同一支快速行动队,从接单到物流配送这一系列流程几乎依靠"人盯人"来确保团队的协作力与运营顺畅。所谓"人盯人",即企业内部的信息流转与沟通,大部分依靠"人"来传递。公司内部信息化管理方面,除一套"财务软件"外,其余皆通过各类诉求不一、无数张Excel表格来实现管理与记录,表格与表格之间无法快速自动产生勾稽。好在花帝核心团队大多都是公司的老员工,深谙企业内部经营实际。所以,借助管理团队之间的密切沟通与无缝衔接,表格一度也能对管理、决策起到部分"实时支持"作用。

当企业规模不大、项目不多、精力相对集中时,管理者凭借"口口相传""纸张凭证",加上团队的经验和彼此之间的默契,尚可快速弥补"信息分散"以及"信息滞后"的短板。随着企业销售与生产规模同步扩大,信息内容复杂、信息面分散、信息传递不同步的情况日益突出,信息孤岛现象频频发生,这些降低了沟通的及时性以及团队的协作力,企业整体运营效率也自然降低。

(2)人员储备跟不上,影响了快速扩张。

食品配方的标准由有经验的老员工来制定并执行。由于企业以往的管理手段依靠"人盯人",信息"碎片化",要想开设一家新工厂并顺畅运行,也必然要配备同样一批"有经验"的人员。然而,人员是最难被快速复制的资源。为此,当公司意欲扩大生产时,人员储备供不应求的现象就会凸显。人员配备远远跟不上公司规模化发展的需求。

(3)决策缺乏数据依据,企业"失血点"多。

多年来,公司管理决策大部分依靠"经验",而非数据,导致经营短板多。例如,食品配料需要使用大量包装箱。理论上说,包装箱的数量与大小应通过以往的实际使用数据、季节性差异以及销售量综合分析而确定。企业内部由于缺乏统一的数据平台,无法细致分析过往数据,导致包装箱的采购决策依靠员工经验,造成资源上的浪费。诸如此类的现象屡屡发生,由此产生出很多"看不见的浪费"和"不知道的积压库存"。日积月累的积压使仓库管理与车间高效运营难上加难,企业内部"失血点"多,亟待止血。

（4）产品品质的一次风波敲响了警钟。

药食同源，安全第一。花帝对食品的原材料非常重视，生产过程管理也通过了ISO 9000、QB/T4111、HACCP、22000等体系认证，被青岛市药监局列入食品安全示范企业，车间生产监控接入政府公开监控体系。花帝酱料采用"无防腐"生产工艺，舌尖上是安全了，但产品质量不稳定状态逐步显现。产品在货架、仓库期间出现涨袋、分层现象，企业主动召回产品，并承担损失。董事长认为"人立天地间，诚信第一，金钱损失了还能再挣，信誉一旦失去就很难挽回"。从那次事件以后，花帝通过改进生产工艺，产品质量也逐步回稳。同时企业开始多管齐下抓产品质量，保证原料好、生产工艺正确、各环节的监督到位，生产过程中把控细致、精微。而这个"细致、精微"，需要通过"数字"来把控。企业需要"数字化"来为产品品质的稳定性保驾护航。

（5）现有的管理基础无法支撑企业生产"智能化"与"快速复制"。

为提高对南方市场的反应速度，2022年，花帝位于江苏的生产基地——江苏大厨四宝食品有限公司一期建成。新厂启用后花帝愈加发现自身有不足之处，无论从信息化程度、硬件水平、管理流程、管理的颗粒度都无法满足企业"智能化"生产的要求。例如，原来的生产经验针对的是数十公斤一个搅拌桶，现在"智能化"工厂要启动数十吨的生产规模，各方面的生产要素及资源计划该如何匹配必须依靠科学的计算。没有ERP提供的全面"数据"，企业"智能化"就会缺乏"系统性"与"科学性"，产品品质也无法实现"标准化"。一家公司尚且如此，如果公司希望在多地开设工厂，没有"数字化"，生产标准也无法复制。企业全球化运营，离不开"数字化"的企业管理，如何实现国内、国际一盘棋。企业管理决策的"信息化"与"数字化"迫在眉睫。

（6）企业内部管理制度须匹配上市公司的严格要求。

花帝为加速发展，计划上市募集资金，而拟上市企业，需要在企业各方面满足更严格、更细致的要求。以花帝品类达上千种的调味品为例，上市报告会要求提供各类调味品的成本波动情况以及原因，这意味着要追溯到每类调味品的原材料价格波动情况、趋势预见、利润波动等因素。原来花帝的财务管理模式比较粗放，产品成本、利润，全靠财务人员根据经验分摊。哪些是高盈利的产品，搭赠哪些产品及数量，这一系列问题即使有财务软件，也很难落实到每个细节。显而易见，花帝当前的管理手段、管理基础以及管理颗粒度，无法满足上市公司应具备的精细化管理的要求。

大部分企业家都有一种迎难而上的精神，花帝董事长张福财也不例外。适逢董事长的儿子张一钦刚从美国留学回来，深知规范化管理的意义，他也认为现代企业不能仅依赖"人"的力量，"数字化"技术以及"数字化"背后的管理科学与完善制度将是企业可复制发展的必要前提。

2022年，花帝创始人张福财董事长与张一钦总经理决定启动"花帝数字化转型"项目，企业管理层在调研中了解到公有云应用可以为企业提供快速、灵活和便捷的解决方案。因此，花帝开始寻找可供选择的公有云解决方案，并了解了SAP ERP公有云。经过3个月的筛选以及从系统功能、产品性能、平台安全、成功案例、用户体验、客户服务等多方面评估，公司确定选用SAP ERP公有云。

花帝公司希望通过SAP ERP公有云帮助企业实现以下目标：

（1）提高生产效率和生产计划的准确性；

（2）实现财务管理、采购管理等业务的标准化；

（3）提高对供应链的可见性；

（4）提高与客户沟通和交流的效率。

2022年7月，花帝与SAP铂金合作伙伴上海司享网络科技有限公司（以下简称"司享网络"）达成合作意向，正式启动花帝SAP ERP公有云项目。

近年来，司享网络已为200多家快速成长的企业提供数字化咨询和服务。在司享网络董事长周晓玲女士看来，花帝公司的现状与挑战在中国民营企业极具代表性。在资源有限、人力发挥到极致的情况下，企业迫切需要依靠新技术，依靠外部的智慧对企业资源进行最优化配置，才能提高经营品质，快速撬动与服务更大市场。

凭借自身多年的食品行业数字化服务经验以及对SAP技术所代表的管理理念的透彻理解，司享网络为花帝规划了"三横一纵"数字化解决方案（见图8.11）。

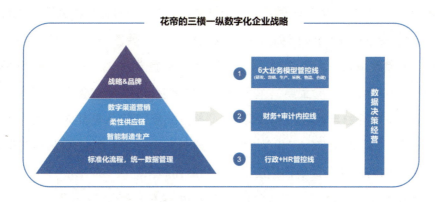

图8.11 花帝的"三横一纵"数字化解决方案

花帝SAP ERP公有云项目聚焦数字渠道营销、柔性供应链、智能制造生产、共享财务管理四大未来管理重心，助力打造业务、财务、分析一体化管理平台，实现花帝销售、研发、计划、采购、仓储、财务、后勤等业务的标准化管理，为花帝的传统产业数字化转型和新产业跨越发展助力，实现企业愿景和长远发展。

项目方案落地包括如下步骤。

（1）梳理流程。梳理指精准把脉，找到企业流程中的漏点与痛点、盲点与难点，把事情做正确之前先确定企业是在做正确的事情。

（2）打破孤岛，实现信息与数据共享。流程梳理后，为改变流程"离散""分割"的情况，下一步是让采购、生产、销售等各个业务环节之间的数据共享，解决信息孤岛问题，提高运营效率。

（3）打通管理链。通过SAP系统，快速搜集经销商等全渠道的销售数据，让销售对账及数据分析更加高效准确。借此也让企业对经销商加强管理，为企业未来的战略设想做好铺垫。

（4）利用数据推动精细化管理。实时数据录入后，实现了数据打通，各类报告与分析实时可得，帮助企业实时掌握企业的运营情况，实现企业全面管理，提高企业管理效能。以花帝的财务管理为例，在数字化转型后，企业成本管理、资金管理、财务分析都做到了更为专业与深入。

企业"数字化"的核心不是一种"技术化的管理手段"，而是对企业管理习惯、沟通文化、决策流程的彻底重塑，对于有些传统的企业，这是一场颠覆的变革。

在花帝项目中，最大的挑战是"改变管理者的习惯"。花帝公司管理团队习惯了传统面对面的沟通和决策方式。董事长"一句话"或"手写的一张纸"都可能变成命令快速传达和实施，现在却需要一套流程后才出一个结果，这的确考验甚至挑战团队的耐心。此时，企业一把手变革的决心和对SAP价值以及"数字化"必要性的认知，至关重要。

所幸，花帝董事长认识到企业"数字化"战略的重要意义。在企业内部各种会议上，董事长将SAP奉为"经验宝典"，将司享网络的团队视作"专家老师"，不容许团队在配合行动上有任何抵触与迟疑。从"不理解""努力配合"到"乐见其成"，六个月的磨合既让花帝的管理团队看清了SAP作为"数字化解决方案"的科学性、灵敏度与实用性，也培训了花帝的用户，并帮助他们适应了SAP的应用。

经过半年的辛苦努力，2023年1月，花帝通过SAP ERP公有云进行了第一次月度结算,过程与结果非常圆满,董事长张福财也对SAP给予高度评价。作为一名变革领导者,他向内部员工发出呼吁:"2023新的一年,新的征程,请全体员工紧跟花帝发展的步伐,携手花帝,运用SAP数字化管理系统,开启花帝流程化、制度化、标准化的新时代。"图8.12为技术人员正在操作数字化加工设备。

图 8.12 技术人员正在操作数字化加工设备

项目上线后,SAP ERP公有云为花帝带来的管理进步是有目共睹的。

(1)管理科学规范,上下游沟通透明、顺畅。

作为从销售起步的企业,花帝永远将客户需求放在第一位。公司为快速满足客户订单,经常出现"临时订单插单""订单赠品随意"的情况。在项目服务过程中,司享网络深入剖析企业管理实际问题,提供了个性化的解决方案,实现了原材料采购、生产计划、产品销售等环节之间的协调和优化,增设了"安全库存""订单提前量""物料规划"等管理环节,实现了企业价值链的可视化和数据化。由于管理章法分明,公司与供应商、客户的沟通效率大大提高,透明的信息也进一步赢得了供应商的理解。

(2)无须很多人,公司新工厂可实现快速投产,并可支持柔性生产。

通过将知识与标准数据化,花帝的管理不仅颗粒度变细,而且不需过多人手,即实现了生产"标准化",管理决策"数字化"。新工厂开业时,除生产线设备和原材料外,公司只需要数位核心人员加上当地招收的工人即可正常运营。复合调味品加工生产最重要的是小料配比,多一点、少一点,口味皆可发生微妙变化。以前配料工作几乎是少数人的"绝活",现在无需有经验的生产员工,只要盯着SAP给出的配料比例,依据物料指示规范下料即可,系统会提示员工何时领料以及领料品种和用量,同时,由于有了专业的

"物料规划"与"安全库存",柔性生产也就成为可能。

(3)快速扩张下依然能实现统一管控和科学决策。

SAP ERP公有云提供了全面的企业管理功能,如财务管理、物料管理、生产管理、销售管理等。通过应用这些功能,花帝实现了全面、实时的企业管理。司享网络还引入了SAP最佳业务实践、深度行业经验和全球企业应用经验,包括财务税务合规等个性化设置,从而助力管理层科学有效地对企业经营全流程中的每一笔数字进行管理,此举也为花帝的快速发展奠定了坚实的管理能力基础。

司享网络总结了本项目的几点成功经验。

(1)企业自身的管理模式要清晰。本项目中,花帝的经营模式与价值取舍非常明确,未来的发展愿景也表达清晰,希望花帝本身专注在产品研发和生产上,市场由经销商去开拓经营。企业提出扩充品类,提高产品品质和生产稳定性,快速扩张等诉求,这些构想与企业当前经营模式吻合,数字化很容易找到发力点。

(2)领导认知到位、决心坚定。不管企业基础如何,只要目标一致、方向明确且不动摇,就算项目周期拉长,数字化依然能够落地。企业内部过程会有各种阻碍困难,企业领导与服务商组成一支团队共同想方设法,一定能克服困难。项目交付后,司享网络的客户成功部门会持续给花帝赋能,期待能让花帝的管理更上一个台阶。

(3)SAP软件与合作伙伴的专业度是前提保障。很多企业在使用SAP前,大多已启用其他软件或有过信息化的应用经验,但信息化对企业进行科学和有效经营帮助有限。项目成功的主要因素来自于软件本身以及合作伙伴的专业能力。一方面,SAP ERP公有云功能强大并提供柔性扩展的能力,非常适合快速发展的企业不断变化的需求;另一方面,合作伙伴司享网络也专注深耕公有云市场多年,建立起了非常专业的服务运营体系,两者的结合为花帝目前和未来的业务发展提供了强有力的支持。

当今中国已步入新的发展阶段。新时代、新思想、新模式、新业态已成为时代潮流。对于未来的发展,花帝公司信心满满。花帝公司数字化转型的成功也为渴望腾飞的中国民营企业指明了方向。不智能无未来,无数字化何来智能——这条路势在必行。

8.4 可持续发展案例——上海克莱德贝尔格曼

随着碳排放的急剧增加,温室效应持续加强,全球平均气温不断攀升。近40年来,人们经历的每个十年都比前一个十年更暖。而全球气候变化则进一步刺激了地球的某些"敏感神经",如北极海冰面积减少、冰川融化等。这如同推倒了第一张多米诺骨牌,进而引起更加复杂和剧烈的气候变化,导致更加频繁和更具破坏性的自然灾害。

减少碳排放和寻求可持续发展是人类共同的课题。有这样一家专注于为客户提供锅炉在线清灰系统、干渣物料输送系统、能源及电力相关行业的可持续能量回收系统、换热系统及空气污染物控制系统的公司,自成立以来,一直以减少碳排放和可持续发展为核心,支持发电、垃圾发电、生物质、石油天然气、海洋业以及其他工业过程中的运营。截至2022年,公司已经帮助客户减少了11 546 016.00吨碳排放。

克莱德贝尔格曼集团是一家全球性企业。上海克莱德贝尔格曼机械有限公司(以下简称"上海克莱德贝尔格曼")隶属于克莱德贝尔格曼集团,专注于为能源及工业客户服务。

克莱德贝尔格曼集团从起步至今始终如一遵循的宗旨是:作为一个值得信赖的产品和解决方案供应商,以最大限度提高能源利用以及工业过程效率,同时最大限度地减少对环境的影响。1924年,克莱德以吹灰器(clyde blowers)起家,迅速成为一家信誉卓著并值得信赖的家族企业,通过制造锅炉清洁设备,忠诚地为蒸汽机车行业越来越多的客户提供服务。图8.13所示为上海克莱德贝尔格曼工厂。

图 8.13 上海克莱德贝尔格曼工厂

上海克莱德贝尔格曼的Shower-Clean-System广泛应用在生物质和垃圾焚烧锅炉中，帮助客户降低蒸汽消耗、保持锅炉清洁并提高锅炉效率，为客户进一步节省运行成本。

在帮助客户降低碳排放，提高效率的同时，上海克莱德贝尔格曼自身也在寻求可持续发展之路。

上海克莱德贝尔格曼在成立之初就选择了SAP系统，在将信息化系统升级到SAP ERP公有云之前，上海克莱德贝尔格曼已使用ECC 6.0系统超过了15个年头，SAP系统在上海克莱德贝尔格曼发展过程中为业务运行提供了重要的支持。但在经历十多年运行以后，机房、硬件设备已经老旧，上海克莱德贝尔格曼的信息化面临很大困难。

2021年，克莱德贝尔格曼集团邀请SAP以及帛丝云商（SAP咨询公司）的专家们就上海克莱德贝尔格曼信息化系统改造升级的课题进行探讨，商讨上海克莱德贝尔格曼信息化使用云的可行性。

管理层对于企业信息化建设有非常深刻与独到的见解，认为企业信息化应该善于借鉴SAP的最佳业务实践来规范自身业务和管理流程，而不是通过一味开发来满足个性化需求。管理层对于SAP标准化的功能非常有信心且充满信任，而这源于早年的SAP项目实施经历。上海克莱德贝尔格曼成立之初，在SAP ECC 6.0系统的项目实施过程中，实施团队在充分分析了业务核心需求的前提下，采用SAP标准流程，按时成功上线。借助SAP ERP公有云系统，实现关键任务流程标准化、自动化，确保企业保持敏捷运营，为迎接未来的挑战做好准备。

在访谈中公司管理层也表示，从上海克莱德贝尔格曼成立至今，ECC系统已经使用了十多年，信息系统的升级是必然。为了适应市场的竞争，公司也在部署由产品向服务转变的业务转型。随着业务的发展，上海克莱德贝尔格曼会有越来越多的收购业务，若按照现有的业务方案进行系统推广，则成本太高，所以更需要实现流程标准化，以减少定制开发和IT运营负担。上海克莱德贝尔格曼期望利用SAP ERP公有云的最佳业务实践来帮助重塑更加标准化的业务流程，提高整个企业的透明度和控制力，帮助企业实现可持续发展，建立一个一流的平台。

从IT系统的角度，上海克莱德贝尔格曼的项目经理也有很多感触：从2021年中开始考虑更换ERP系统，一方面由于之前的ECC系统使用的时间太长，服务器等硬件平台老旧，已经无法再支撑公司的业务运行，而更换硬件对于公司来说投入的成本又太高；

另一方面，随着公司的发展，产品和业务形态已经发生了变化，SAP系统中的部分数据随着业务的变化已经冗余，干扰用户的日常操作，影响工作效率。所以在综合考虑之下，决定从ECC 6.0系统升级到SAP ERP公有云系统。SAP ERP公有云解决方案，不仅能全面承载公司的业务需求，同时一年两次的系统版本升级服务，使公司可以使用到SAP最新的产品和最佳业务实践来优化管理、提升效率。虽然公司对SAP ERP公有云系统充满信心，但是毕竟更换ERP不是一件小事，在做最终决策前，我们的关键用户跟实施伙伴帛丝云商对所有核心业务流程进行了梳理，收集了关键用户在实际业务操作过程中使用的功能清单，跟实施伙伴以及SAP专家一起对SAP ERP公有云进行了评估，验证结果表明SAP ERP公有云能够支撑企业的业务发展，最终才选择SAP ERP公有云。"

1. ECC 6.0 系统升级，成功上云

上海克莱德贝尔格曼主要业务产品包括锅炉在线清灰系统、干渣物料输送系统、可持续余热回收换热系统等，这也决定了在生产过程中，存在多层可选配的半成品部件，物料清单和工艺数据维护难度较大，设备制造和交付周期较长。在启用SAP ERP公有云系统之后，以SAP ERP公有云作为技术核心，秉承绿色环保可持续发展的理念，进一步规范业务流程，优化供应链，利用创新的数字化技术，为上海克莱德贝尔格曼的下一阶段发展打好坚实的信息化基础，也为以后集团内新公司业务推广建立了模板。项目交付内容如图8.14所示。

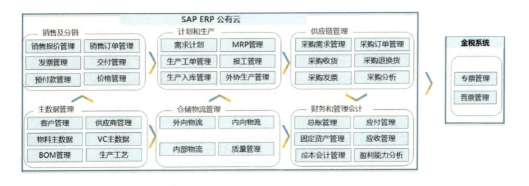

图8.14 上海克莱德贝尔格曼SAP ERP公有云项目交付内容

帛丝云商负责上海克莱德贝尔格曼ECC升级项目的项目经理也对项目交付过程记忆犹新。他回忆说："上海克莱德贝尔格曼从ECC迁移到SAP ERP公有云的项目是2022年3月份启动的，项目启动刚刚两周就遇到了疫情。客户方和我方顾问全部都开始居家

办公,这对于项目实施来说,无疑是一个非常大的挑战。在跟客户管理层讨论之后,考虑到SAP公有云不需要在客户本地部署,用户登录系统不受时间和地点的限制,项目继续转为线上实施。所有项目相关的讨论、培训、测试都通过线上完成。由于SAP ERP云系统7x24h在线,且运行平稳,强有力地支持了项目的顺利进行。如果是在客户机房本地部署ERP,在客户和顾问都不在现场的情况下,则很可能会导致项目中止。经过上海克莱德贝尔格曼和帛丝项目团队4个月的共同努力,项目最终在7月1日如期顺利上线。

本次上海克莱德贝尔格曼从SAP ECC升级到SAP ERP公有云,除了关注技术实现之外,更加关注关键数据的梳理,以及如何让用户更快、更好地理解并掌握系统操作。经过跟客户方关键用户的反复沟通和深入讨论,项目团队对公司的组织结构重新进行了优化,重新定义了销售组织、利润中心、成本中心等数据,以满足上海克莱德贝尔格曼对报表数据的及时与精确的需求。并且,结合公司业务特点和SAP ERP公有云产品功能,在充分理解和分析业务需求的基础上,帛丝团队与客户反复讨论业务优化路径,最终帮上海克莱德贝尔格曼建立了VC+MTO(变式配置+按订单生产)的管理模式,实现了按订单收入成本监控,使业务过程更加合理高效,成本分析更加精细化。"

上海克莱德贝尔格曼专注于能源相关转换和生产流程的创新产品和解决方案,向客户提供产品和服务。由于产品生产周期长,成品交付以后还需要提供一些现场安装和维护,并且交付周期长,成本不容易管控。在SAP ERP公有云系统交付过程中,帛丝云商对上海克莱德贝尔格曼的业务流程进行了优化,实现了在销售订单维度管理整个交付过程。项目经理介绍:"对于产品类的业务,创建销售订单并输入可配置的产品时,系统会自动要求用户输入一些与产品相关的配置信息(如材质、长度等),根据事先配置的相关性逻辑,系统会自动确定这个订单的物料清单。销售订单需求数据和相应的物料清单随即参与物料计划模块的运算,并准确传递到生产供应部门。产品生产完以后,随着发货过程的确认,销售订单成本随即生成,整个过程是紧密相连的。对于服务类的业务,通过使用服务订单和灵活的开票计划,上海克莱德贝尔格曼能准确对客户进行开票管理,实现及时的收入管理。通过这些流程的优化,公司实现了对销售订单利润事先有预估,事后有核算。每个订单的利润都得到了有效的管理。"

2. 云端漫步,赋能企业多重收益

2022年7月11日,上海克莱德贝尔格曼SAP ERP公有云项目成功上线。在上海克莱

德贝尔格曼、SAP以及SAP金牌合作伙伴帛丝云商三方的紧密合作之下,仅用三个月时间就帮助上海克莱德贝尔格曼完成从ECC 6.0到SAP ERP公有云的转型升级,为上海克莱德贝尔格曼的系统建设节省了大量时间成本,同时从成本管控、用户体验、运维投入等各方面为上海克莱德贝尔格曼创造了价值与效益,为公司未来进一步部署数字化企业转型战略奠定了坚实基础。

系统转换上线之后,上海克莱德贝尔格曼建立起高效的管理体系,实现了业务、财务分析和管理一体化,为公司决策提供快速支持。借助SAP ERP公有云,打通了从订单到计划再到供应链执行的业务体系,系统的业务链条贯穿核心部门,拉动业务协同。在业务流程梳理时,也打通了端到端管理体系;建立按单生产的机制,通过产销协同提升交付及时率;帮助销售人员及时掌握生产进度,并及时跟客户沟通异常问题;进一步提升营销力度,实现未来目标。

谈到这次SAP ERP公有云项目,上海克莱德贝尔格曼项目经理有很多直接感受:

"一方面我们能够更灵活、更快速地响应客户需求;另一方面库存准确、账实一致,各项报表随时可以生成调取;在SAP ERP公有云的助力下,我们也实现了订单维度的统一核算,不仅业财一体化程度大幅提高,还能借助内嵌的商务智能套件进行多维分析,为企业经营决策提供了更完美的数据支撑。就拿每月结账为例,以前在月末结账过程中会遇到大量生产工单数据异常的情况。SAP ERP公有云系统上线之后,通过流程进行优化,以及使用最新的月末结账程序,现在财务人员月末结账的效率有大幅提升。毫不夸张地说,以前需要一周才能完成的月结工作,现在只需要2~3天就可以完成,同时,提供的数据报表也更加及时和准确。

"现在系统运行下来,从我们用户的反馈来看,比原来ECC系统好用很多,基于网页访问的Fiori环境更加直观和易用。登录方式改为从网页以后,登录也更加便捷,当员工离开办公室后,随时可以通过连接到互联网的设备,打开浏览器登录系统,进行业务操作,或者查看关键的报表数据。特别是对于系统里需要加增强字段、修改打印表单、制作自定义报表等原来需要开发人员完成的工作,现在由关键用户就能搞定,全部是图形化的工具,拖曳就能完成。现在老的服务器已经停机了,网络和硬件预算也都砍掉了,节约了很多的成本。"

从ECC 6.0升级到SAP ERP公有云系统之后,上海克莱德贝尔格曼完成了业务发展布局的关键一步。SAP ERP公有云系统帮助上海克莱德贝尔格曼简化运营、重塑文化，并且大幅降低了IT运维的难度和成本，提升了系统的安全与合规性，同时也为公司业务的扩张提供了强有力的支持。"提高效率，降低碳排放，可持续发展"是上海克莱德贝尔格曼自成立以来一直秉承的宗旨，依托于SAP ERP公有云系统的敏捷支持，在实现自身敏捷运营、可持续发展的同时，上海克莱德贝尔格曼将为更多的客户提供核心部件的设计和生产，并通过高级数字化服务为能源及加工行业提供解决方案，支持企业绿色、低碳、可持续发展。